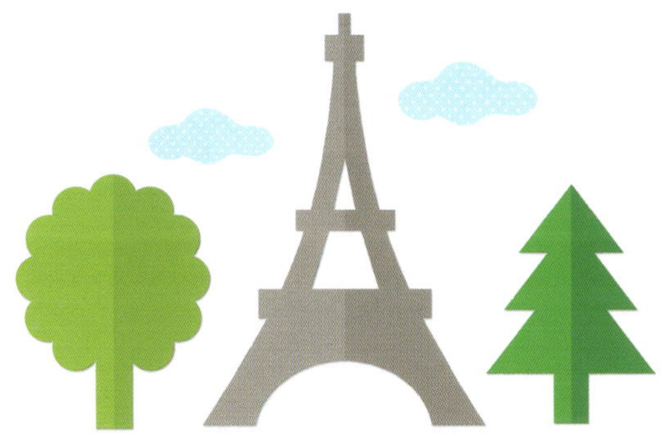

내가 만난
세상오리기

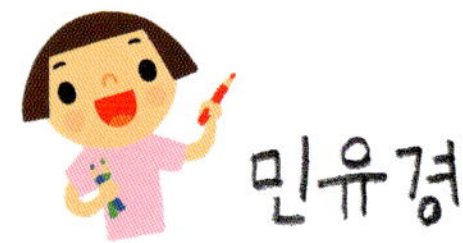

이 책을 지은 민유경 선생님은 대학에서 시각 디자인을 공부했어요. 이후에 출판사에서 어린이책을 만들다가 독립하여 자유롭게 그림도 그리고 책도 만들고 있답니다. 〈내가 만난 계절 오리기〉, 〈미술 놀이터〉, 〈동물원에 간 타요〉, 〈세워서 만드는 동물왕국〉, 〈뛰뛰빵빵 인지자동차〉 등의 책을 그리고 만들었어요.

내가 만난 세상 오리기

글·그림 민유경

펴낸날 2015년 3월 10일 초판 1쇄, 2017년 10월 17일 초판 2쇄

펴낸이 김상수 │ **기획·편집** 위혜정, 김새롬, 조유진 │ **디자인** 문정선, 김송이 │ **영업·마케팅** 황형석, 조재훈

펴낸곳 루크하우스 │ **주소** 서울시 성동구 아차산로 143 성수빌딩 208호 │ **전화** 02)468-5057~8 │ **팩스** 02)468-5051

출판등록 2010년 12월 15일 제2010-59호

www.lukhouse.com
cafe.naver.com/lukhouse

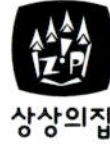

상상의집은 (주)루크하우스의 아동출판 브랜드입니다.

내가 만난 세상 오리기

나, 가족, 이웃

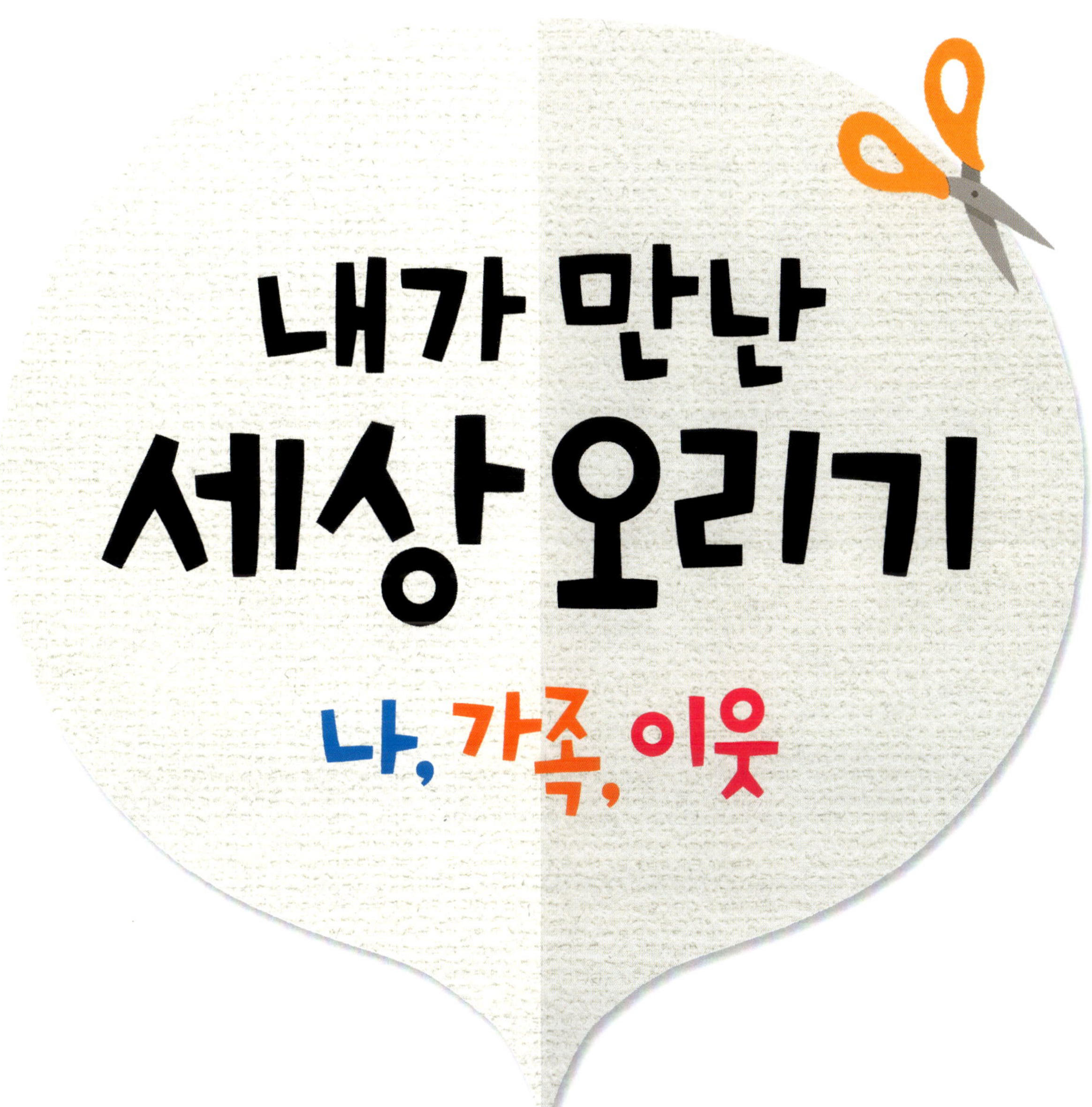

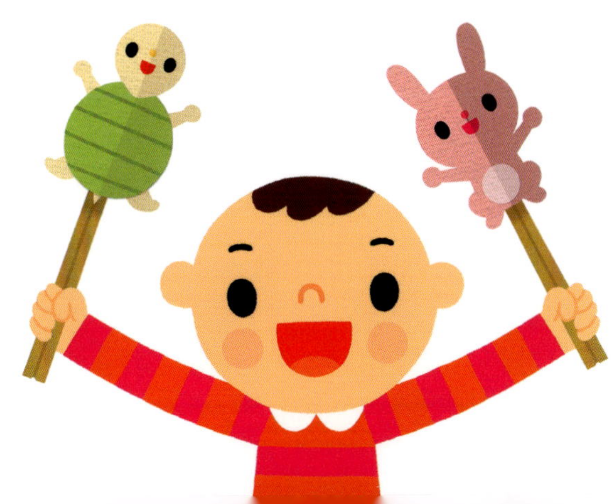

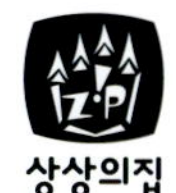

차례

가족과 함께하면 행복해요! 10

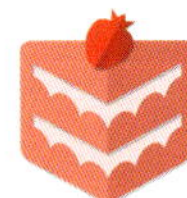 ## 가족을 위한 음식을 만들어요 12

그릇과 요리사 모자 13 / 물병과 컵 14 / 숟가락과 포크 15
달걀 프라이와 프라이팬 16 / 냄비와 저울 17 / 거품기와 뒤집개 18
도넛과 마카롱 19 / 비스킷과 쿠키 20 / 알사탕과 막대 사탕 21
조각 케이크와 생일 케이크 22 / 컵케이크와 푸딩 23

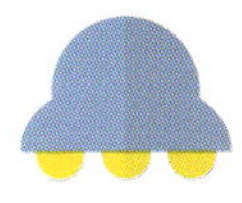 ## 가족을 위한 선물을 만들어요 24

동생을 위한 모빌을 만들어요! 26
액자를 만들어 가족사진을 넣어요! 30
생일 축하 카드를 만들어요! 32
어버이날, 카네이션을 만들어요! 34
엄마와 과일 꽂이를 만들어요! 36
레이스를 만들어 창문에 달아요! 38

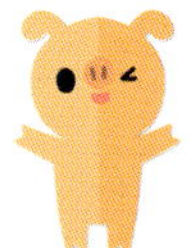 ## 친구, 가족과 함께하는 오리기 놀이 40

손가락 인형 놀이 42
종이 인형 놀이 〈토끼와 거북이〉 44
동화책 만들기 〈아기 돼지 삼 형제〉 46

우리는 정다운 이웃입니다 52

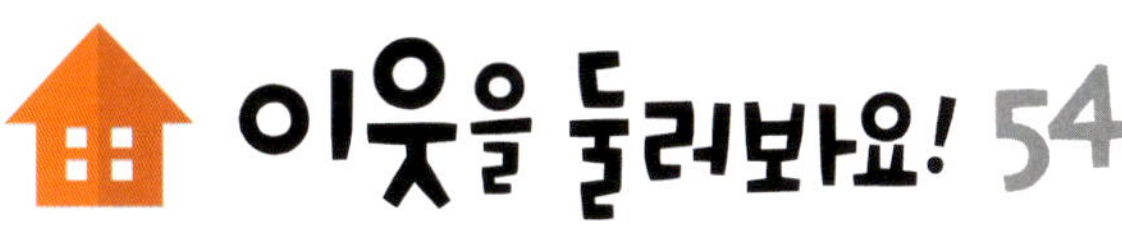 ## 이웃을 둘러봐요! 54

집 55 / 빌딩 56 / 에펠탑과 나무 57

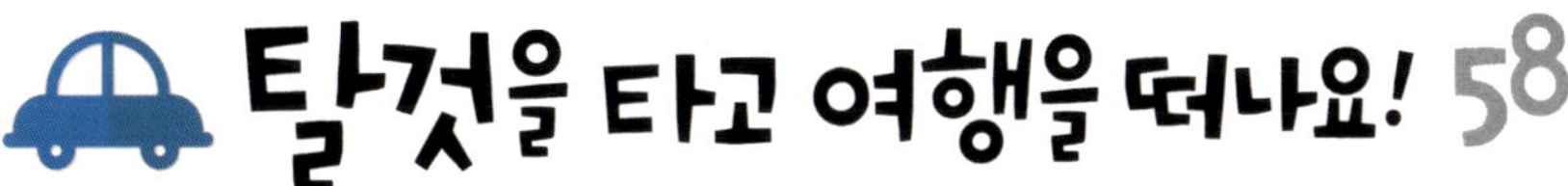 ## 탈것을 타고 여행을 떠나요! 58

자동차 59 / 버스와 포클레인 60 / 기차와 기찻길 61 / 배와 요트 62
잠수함과 해적선 63 / 비행기와 열기구 64 / 헬리콥터와 낙하산 65

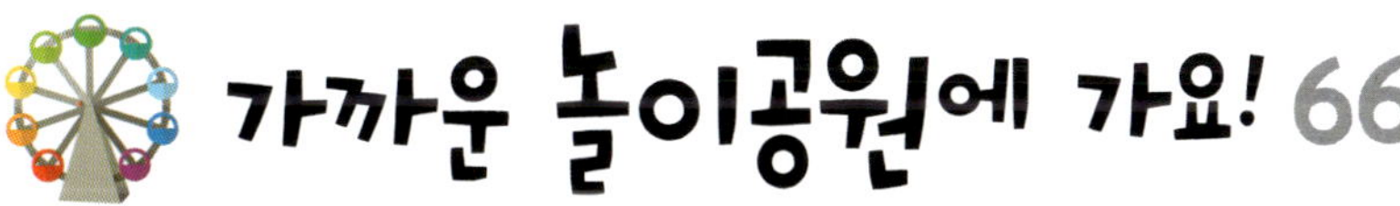 ## 가까운 놀이공원에 가요! 66

바이킹 67 / 우주 관람차 68 / 회전목마 70

나는 어떤 사람일까요? 72

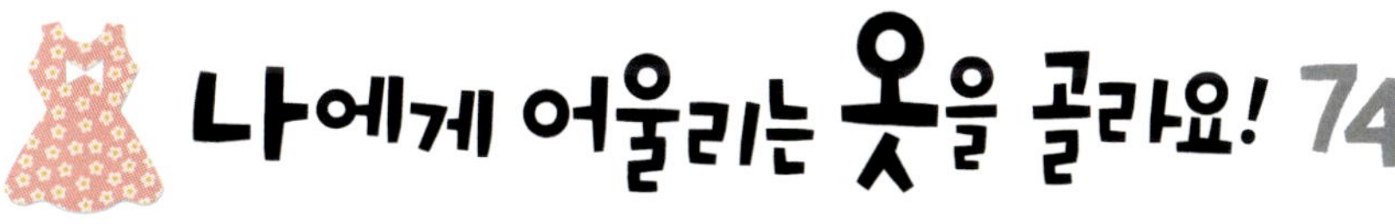 ## 나에게 어울리는 옷을 골라요! 74

티셔츠와 블라우스 75 / 반바지와 치마 76 / 원피스와 수영복 77
핸드백과 리본 78 / 반지와 팔찌 79 / 공주 80 / 왕자 81

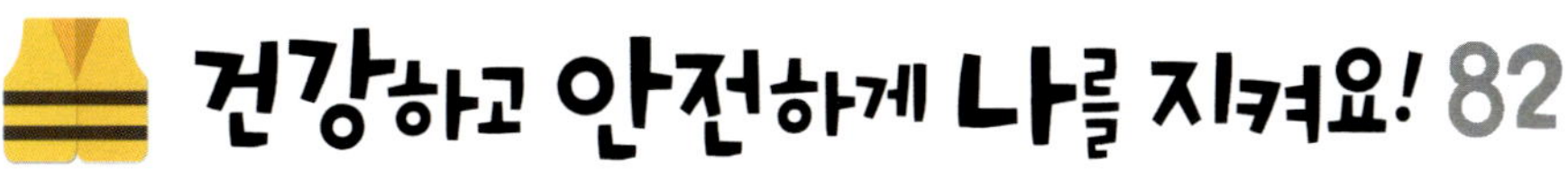 ## 건강하고 안전하게 나를 지켜요! 82

야구공과 배트 83 / 배드민턴 라켓과 공 84 / 축구공과 탁구채 85
튜브와 구명조끼 86 / 메달과 트로피 87

이 책의 구성과 활용

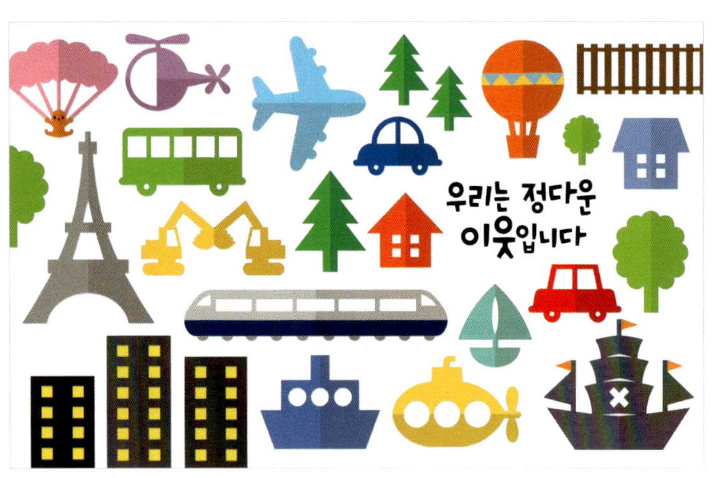

오리고 만들고 놀이하며 배우는
나, 가족, 이웃!

〈내가 만난 세상 오리기〉는 최신 누리과정과 초등 통합교과를 반영하여 주제별 학습이 가능하도록 구성하였어요. 오리기를 하면 소근육이 발달하고, 집중력이 향상되지요. 특히 나, 가족, 이웃의 추상적인 이미지를 구체적인 작품으로 표현하는 과정에서 나를 둘러싼 사회를 배울 수 있어요. 이때 부모는 아이와 함께 나, 가족, 이웃의 이야기를 나누며 생활 경험에서 나온 흥미나 관심사를 교과와 연계하여 자연스러운 학습을 이끌 수 있지요.

대칭 오리기를 통한 창의 테라피!

대칭은 수학이나 과학 분야에서 주로 쓰는 용어예요. 점이나 직선 또는 평면의 양쪽에 있는 부분이 꼭 같은 모양으로 배치되어 있는 것이지요. 도안를 보고 펼친 모양을 유추하며 오리고, 반대로 펼친 모양을 보고 처음 모양을 생각해 보세요. 대칭 오리기는 예쁘고 신기하면서도, 창의적인 사고력을 길러 준답니다.

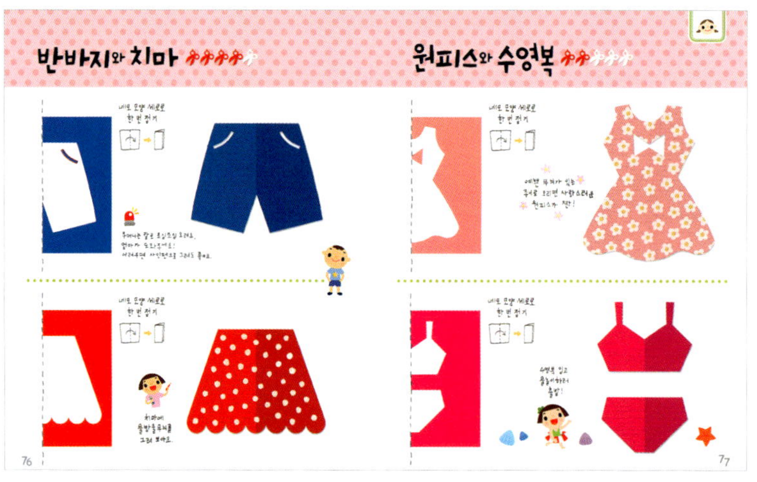

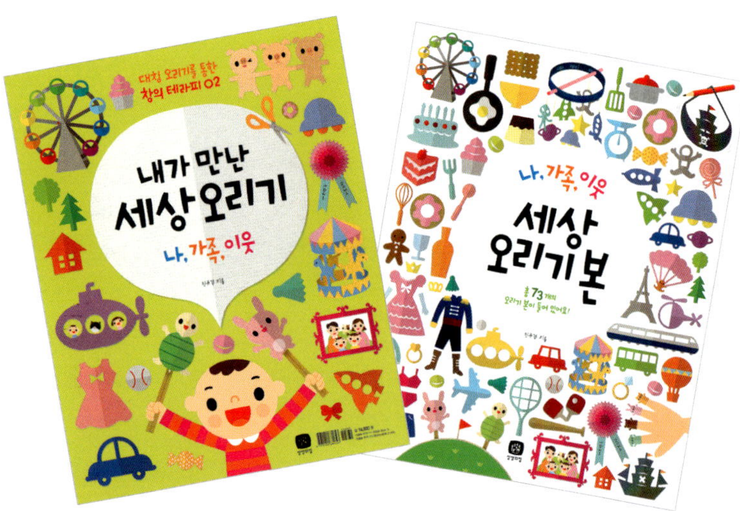

직접 오리고 만드는
오리기 본 별책 부록!

예쁘게 오리고 싶은데 마음처럼 잘되지 않는다고요? 〈내가 만난 세상 오리기〉의 별책 오리기 본에는 도안 73개가 모두 들어 있어 본책과 똑같은 작품을 만들 수 있어요. 오린 작품을 가족에게 선물하거나 장식품으로 다양하게 활용해 보세요. 손가락 인형 놀이나 동화책 만들기 등의 창의적인 활동도 가능하답니다.

준비물

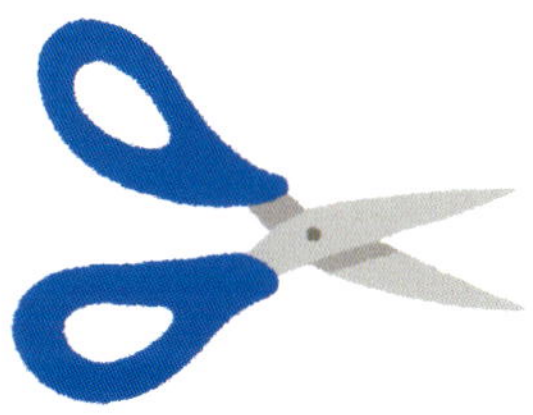

가위

가위를 쓸 때는 다치지 않게 조심해요. 가위질이 서툴다면 날 끝이 둥근 안전 가위를 사용하고 섬세한 오리기의 경우, 부모님의 도움을 받도록 해요.

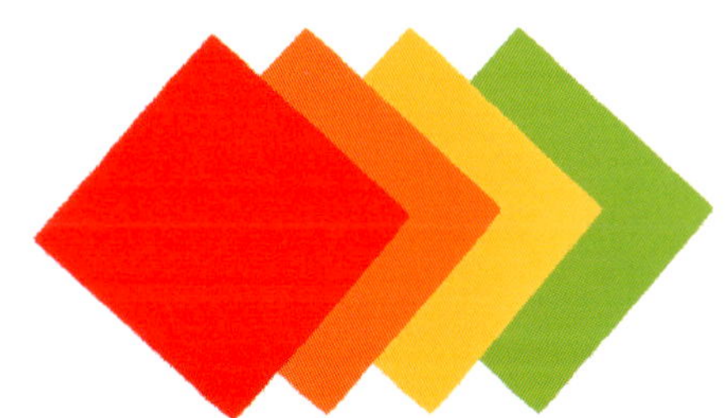

종이

오리기 본 말고도 색종이, 포장지, 한지 등 다양한 종이를 사용해서 오리기를 해 봐요. 종이가 얇아야 오리기 쉽답니다.

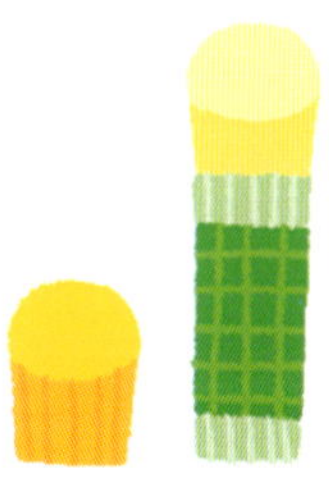

풀

종이를 연결하거나 장식을 붙일 때 풀이 필요해요. 물풀보다는 딱풀이 깔끔하게 잘 붙어요.

색연필

눈, 코, 입을 그려 넣거나 예쁜 무늬를 꾸며 줄 때 필요해요. 선명한 그림을 원한다면 사인펜을 사용해도 좋아요.

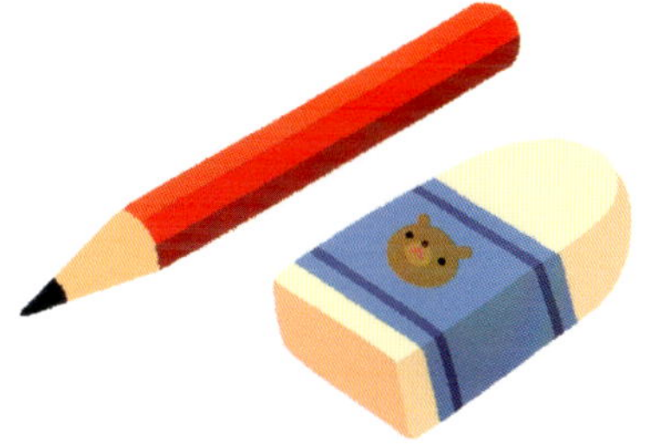

연필과 지우개

오리기 본 말고도 다양한 종이를 사용해 따라 그리고 오려 보아요.

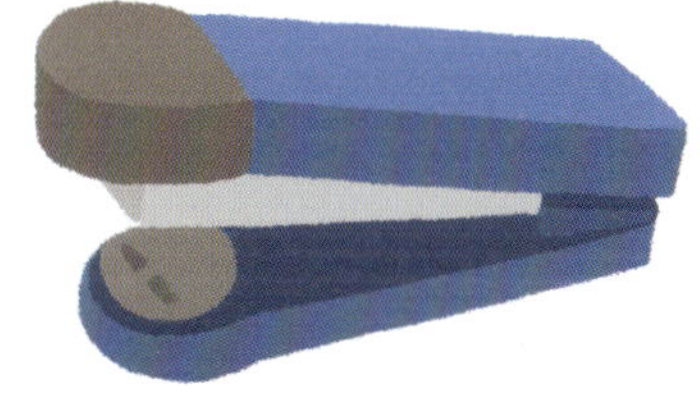

스테이플러 또는 셀로판테이프

종이를 접어 오릴 때 움직이지 않도록 스테이플러나 셀로판테이프로 고정하면 훨씬 편하게 오릴 수 있어요.

다양한 오리기 활용법

별책인 오리기 본을 따라 오리는 것이 가장 쉬워요. 본책에 있는 오리기 도안을 종이에 따라 그려 보는 것도 좋지요. 직접 그려 보면 표현력도 늘고 나를 둘러싼 사회의 특징도 알 수 있으니까요. 종이를 스테이플러나 셀로판테이프로 고정해서 오리면 어떤 오리기도 문제없답니다.

접는 방법

네모 모양 가로로
한 번 접기

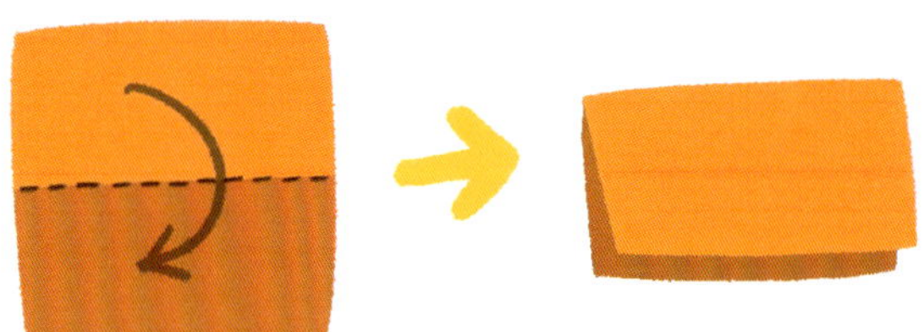

네모 모양 세로로
한 번 접기

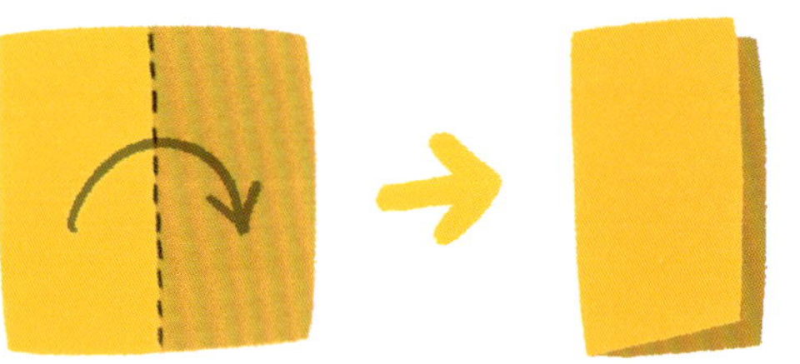

네모 모양 세로로
두 번 접기

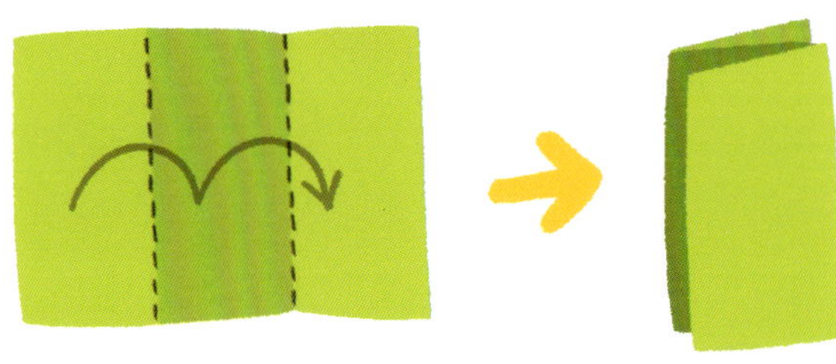

네모 모양 세로 가로로
한 번씩 접기

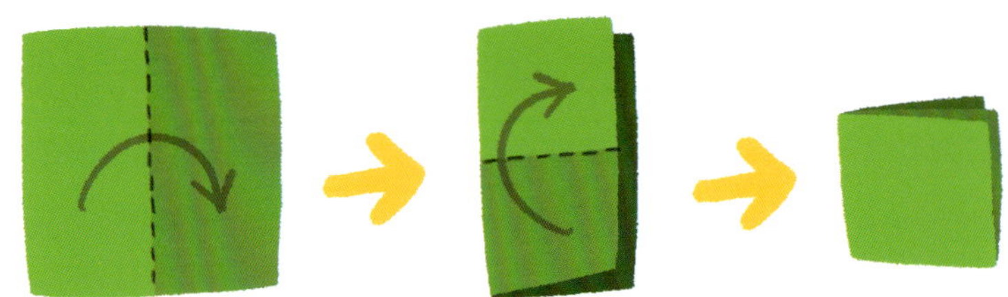

아코디언 접기

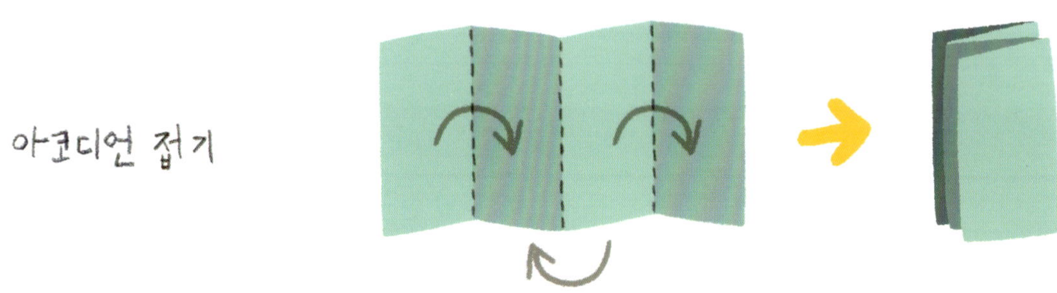

여섯 면 접기

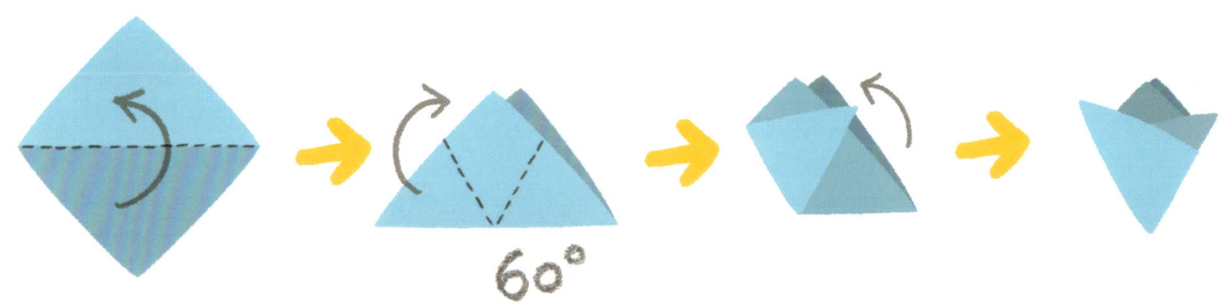

열 면 접기

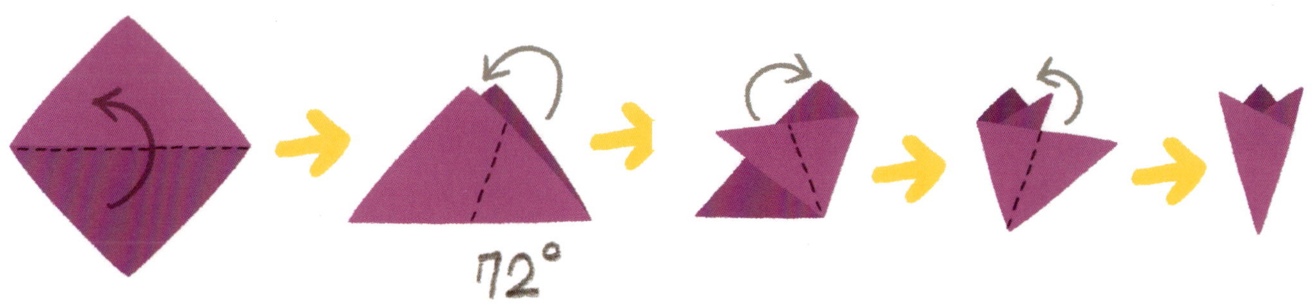

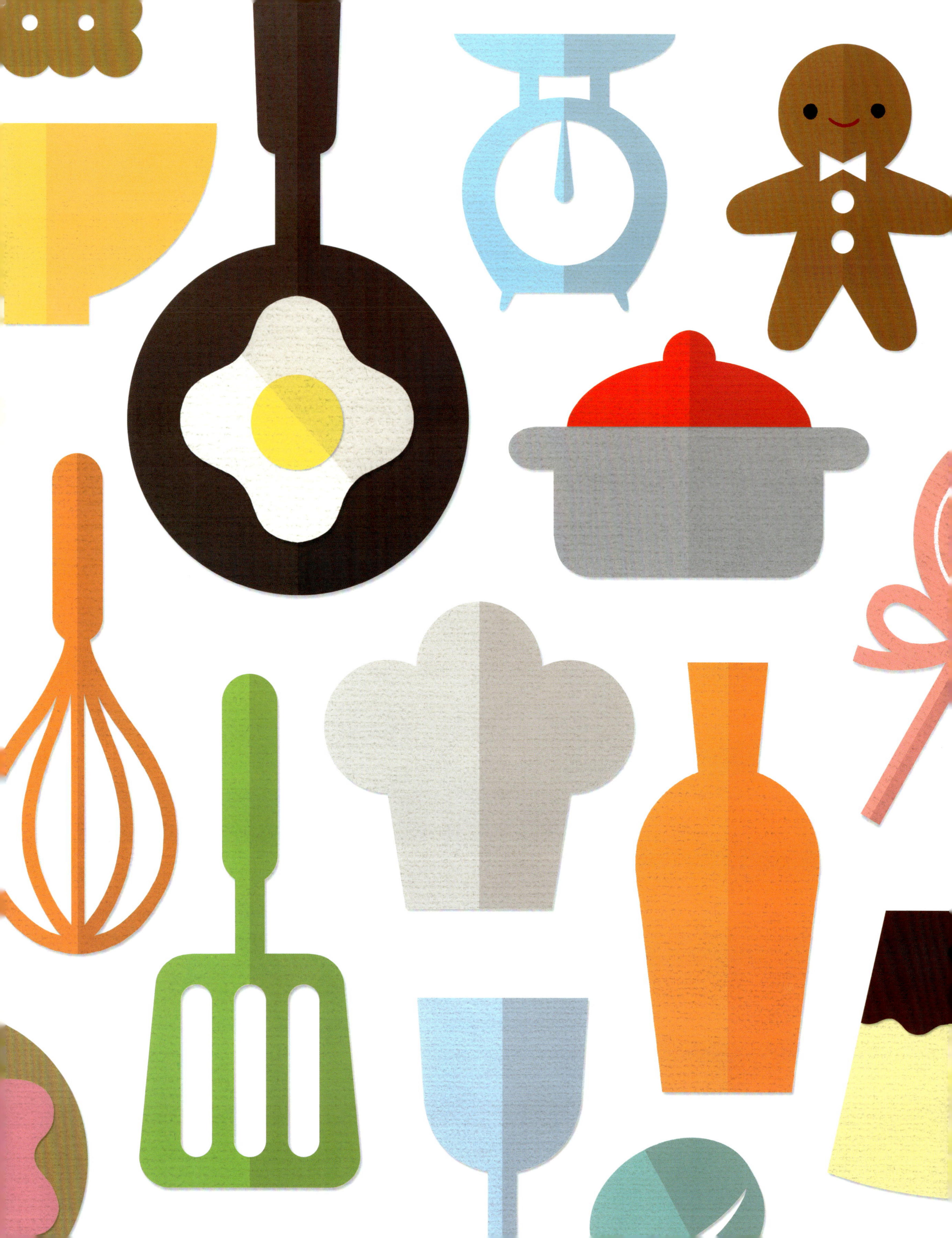

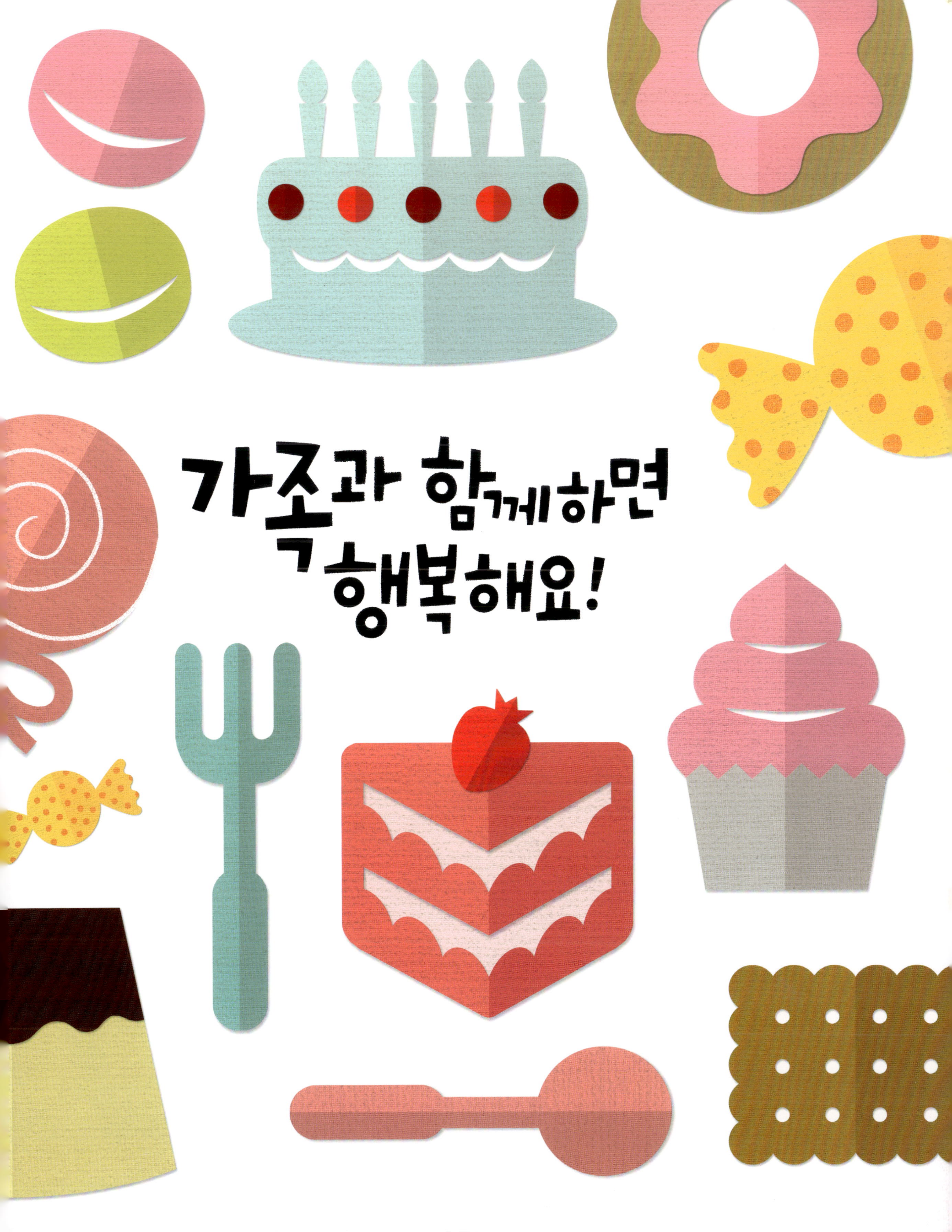

가족과 함께하면
행복해요!

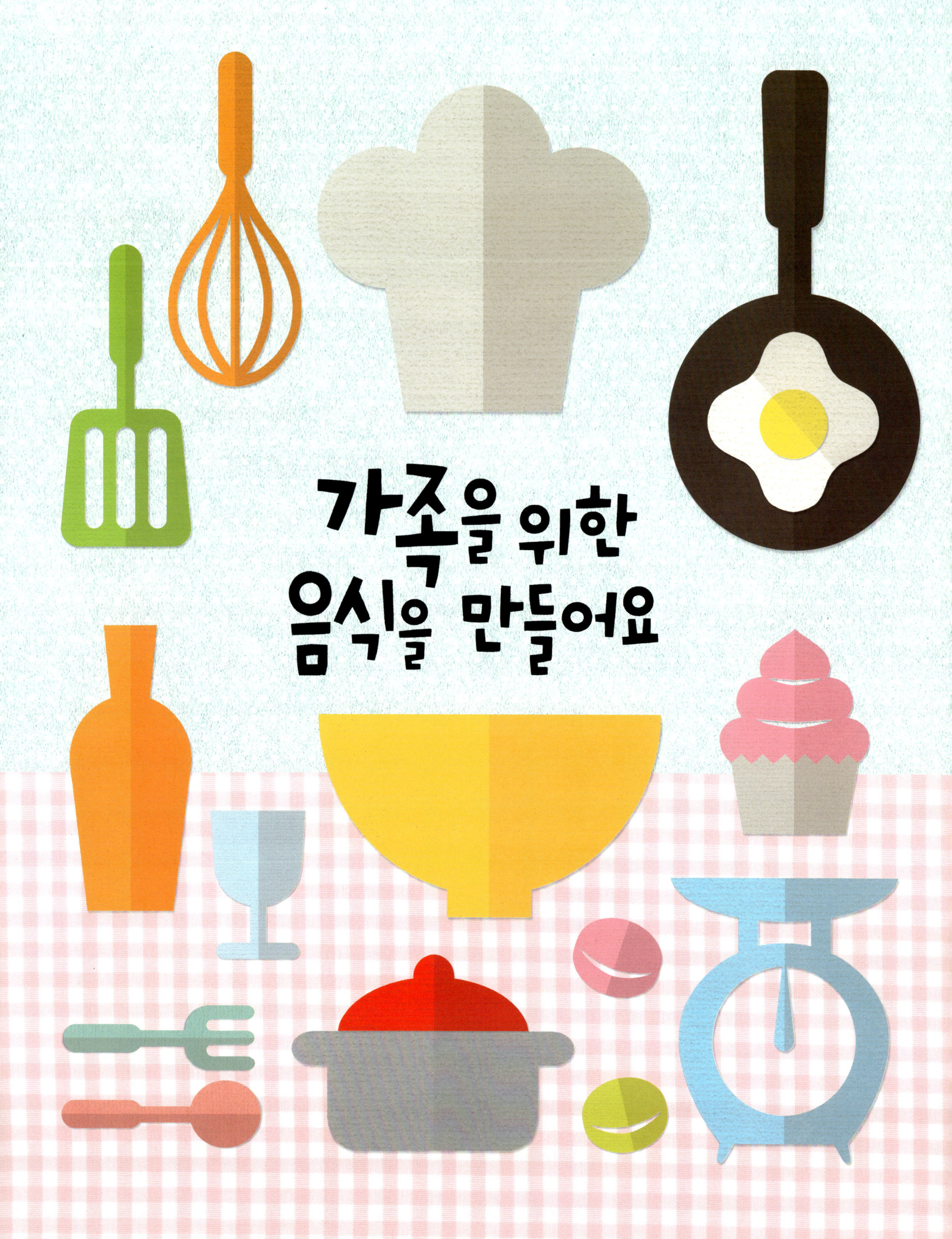
가족을 위한
음식을 만들어요

그릇과 요리사 모자

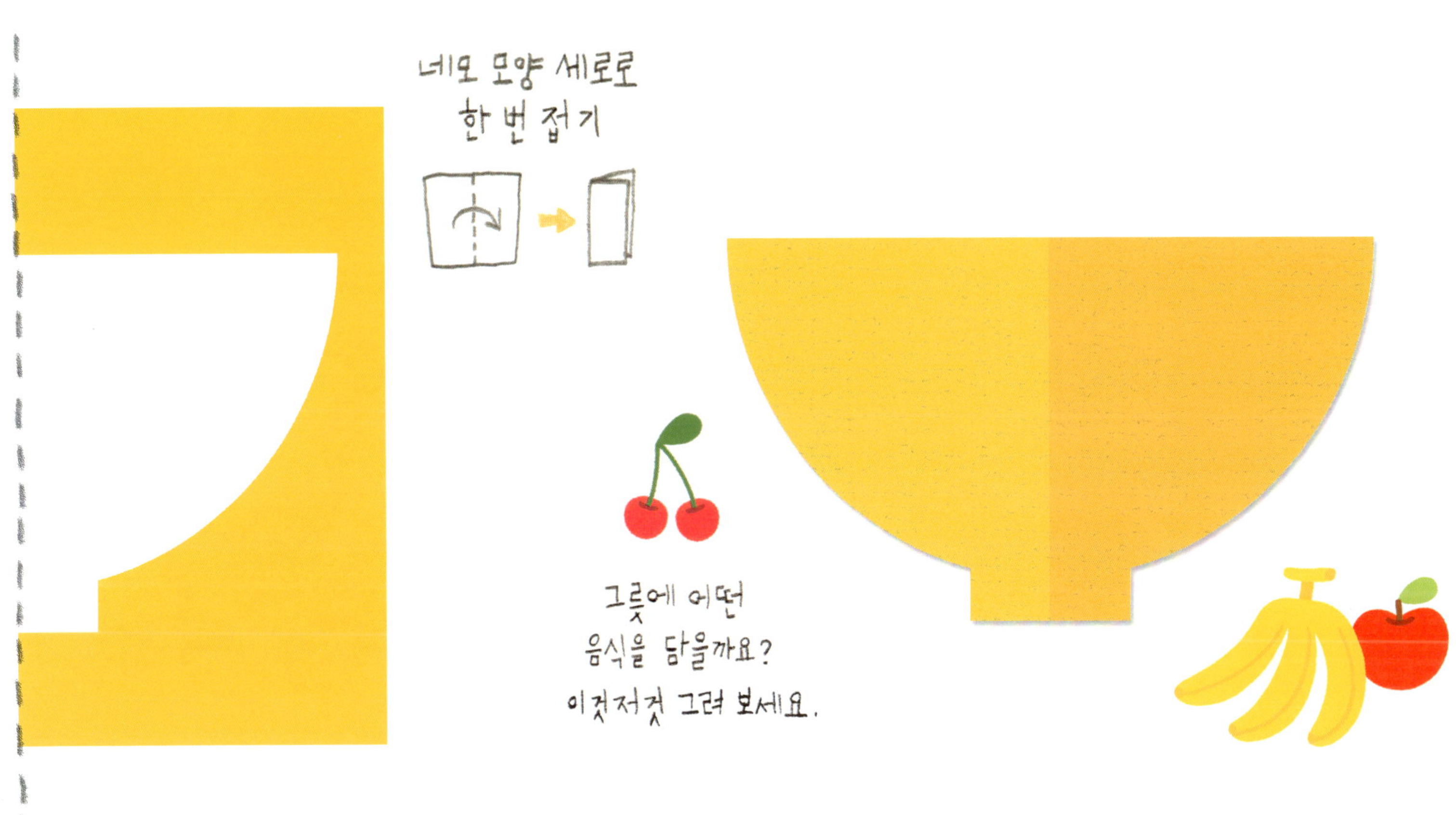

네모 모양 세로로
한 번 접기

그릇에 어떤
음식을 담을까요?
이것저것 그려 보세요.

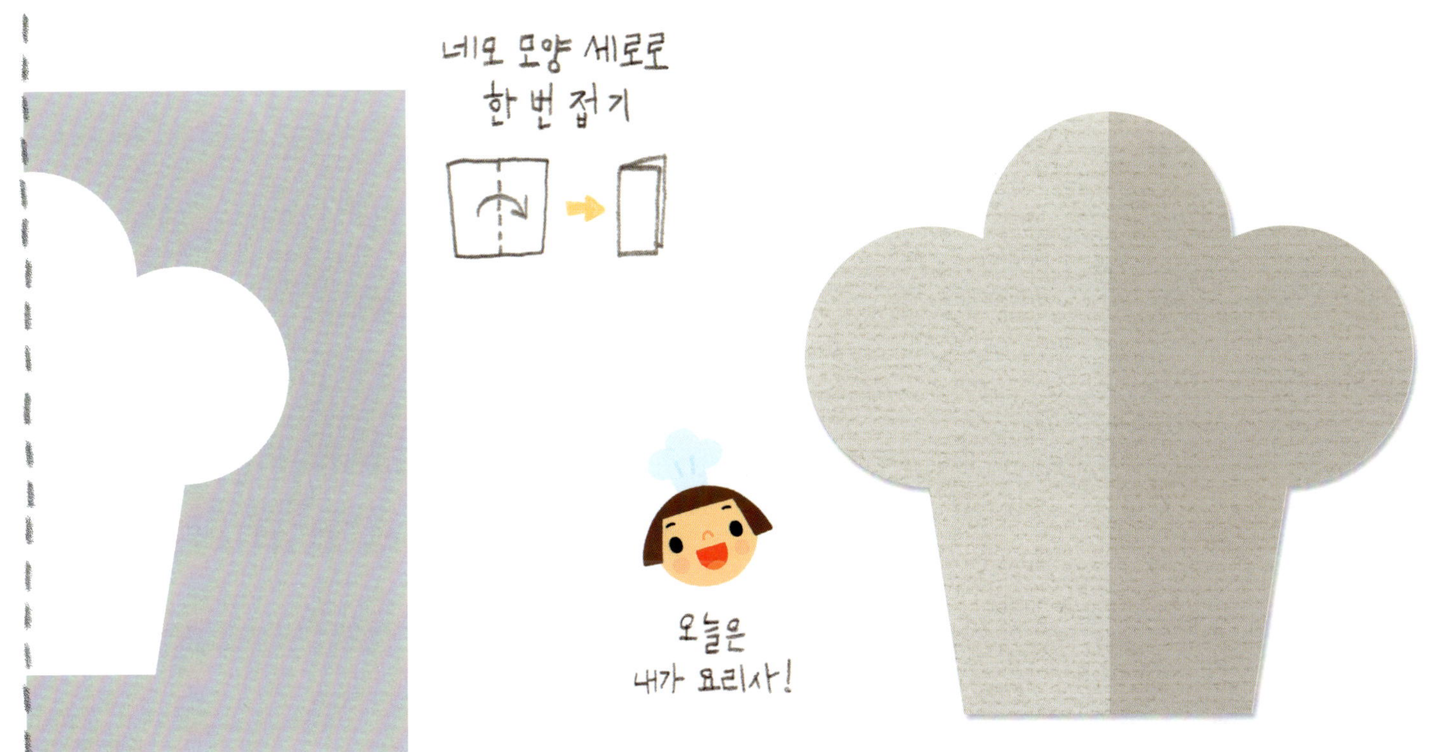

네모 모양 세로로
한 번 접기

오늘은
내가 요리사!

물병과 컵

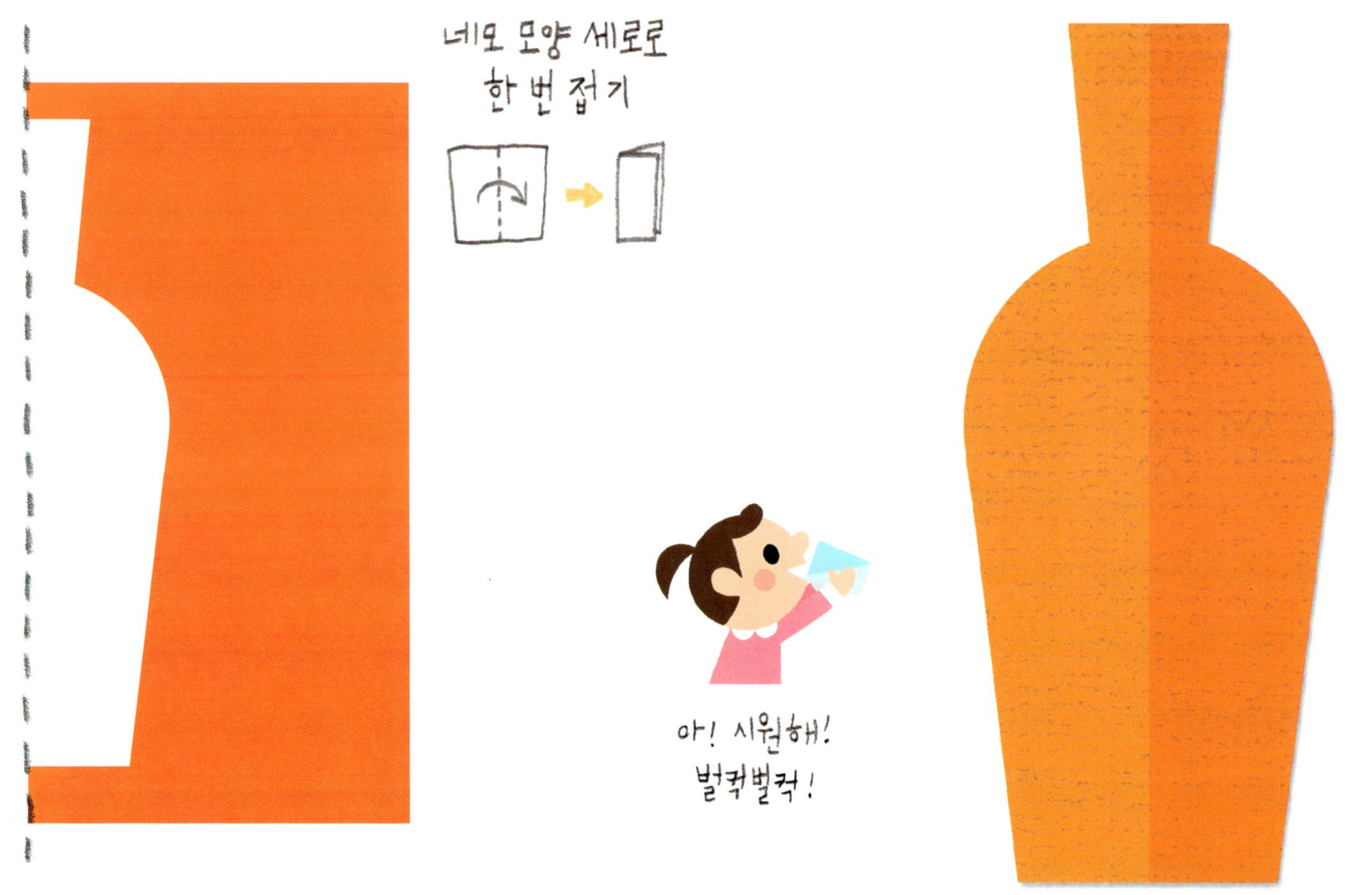

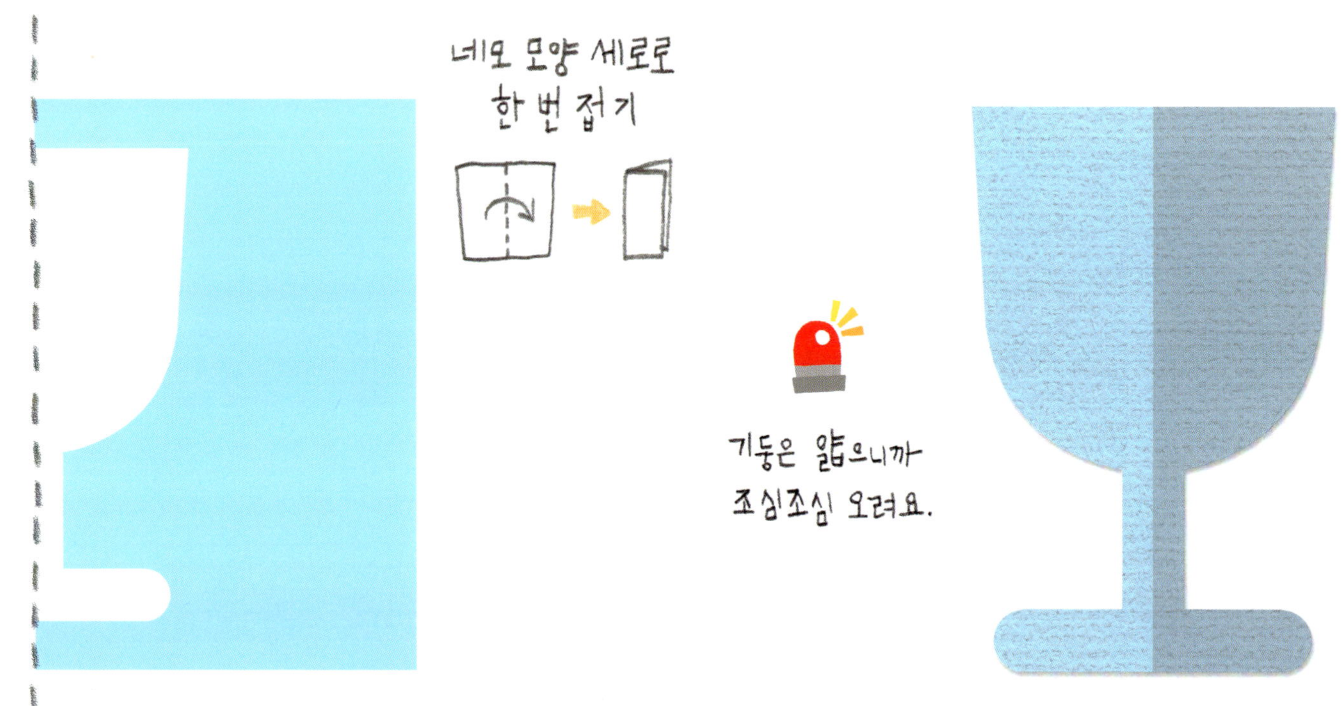

숟가락과 포크

네모 모양 세로로
한 번 접기

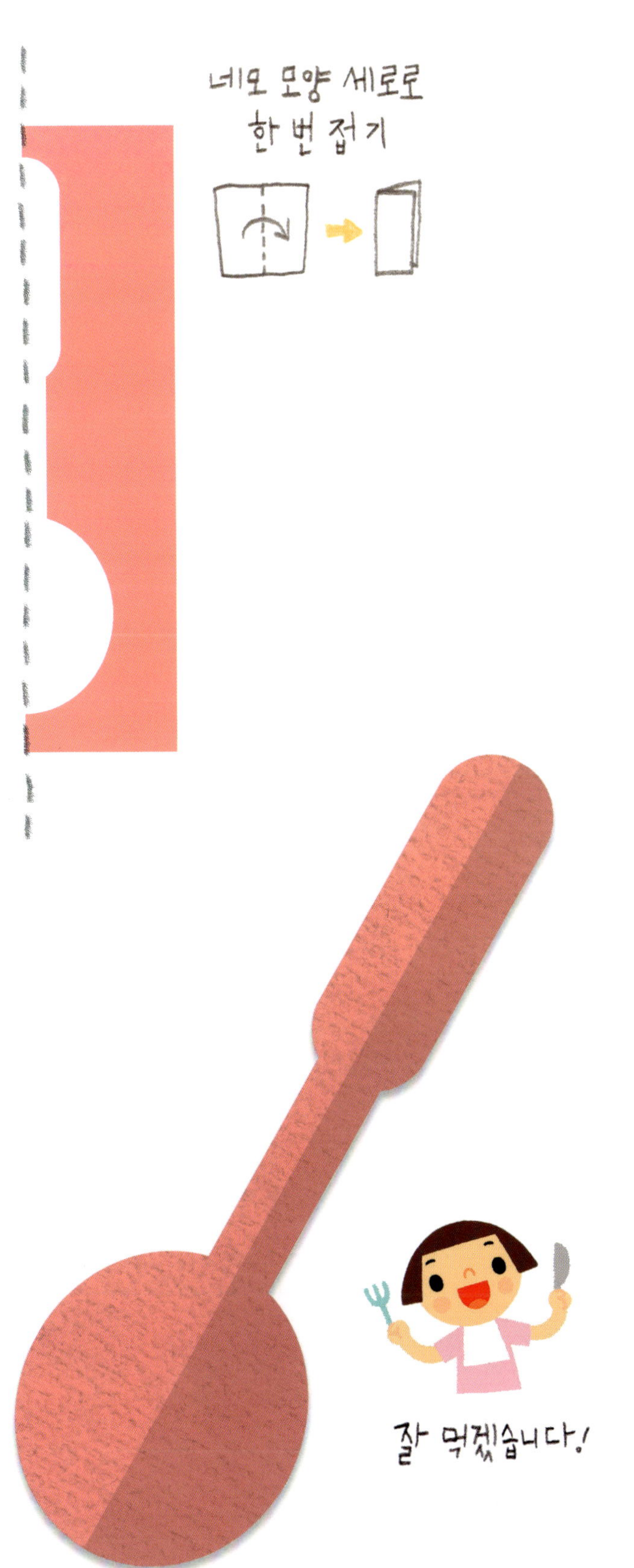

잘 먹겠습니다!

네모 모양 세로로
한 번 접기

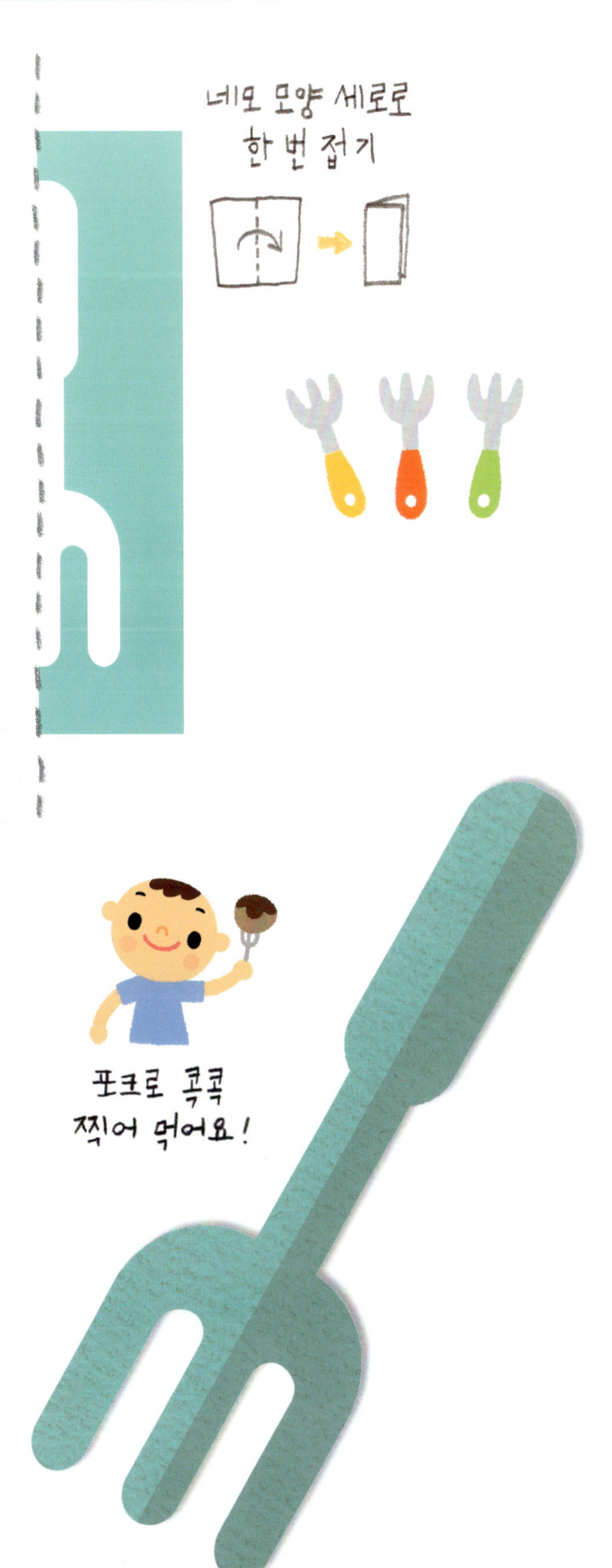

포크로 콕콕
찍어 먹어요!

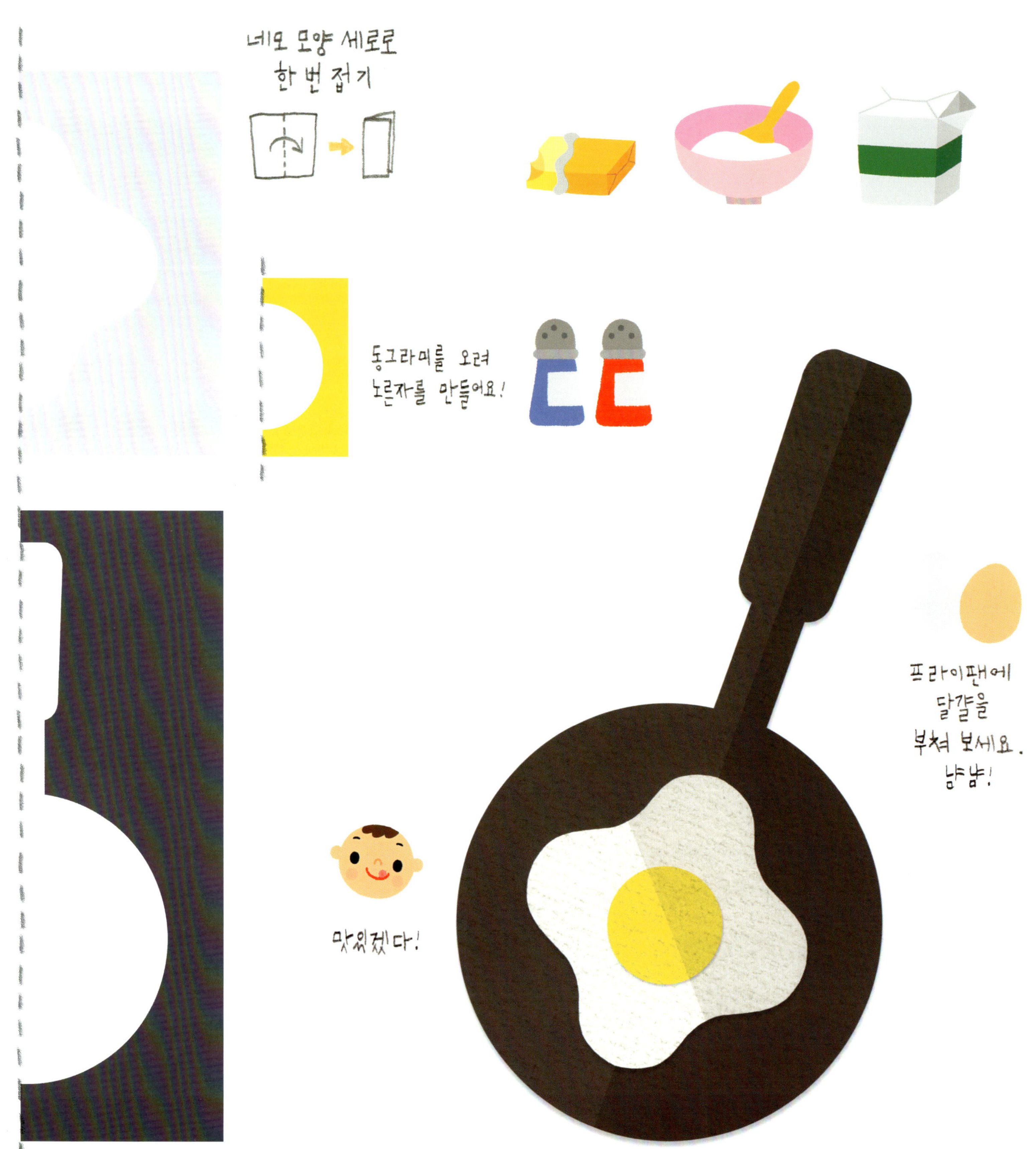

네모 모양 세로로
한 번 접기

동그라미를 오려
노른자를 만들어요!

프라이팬에
달걀을
부쳐 보세요.
냠냠!

맛있겠다!

냄비와 저울

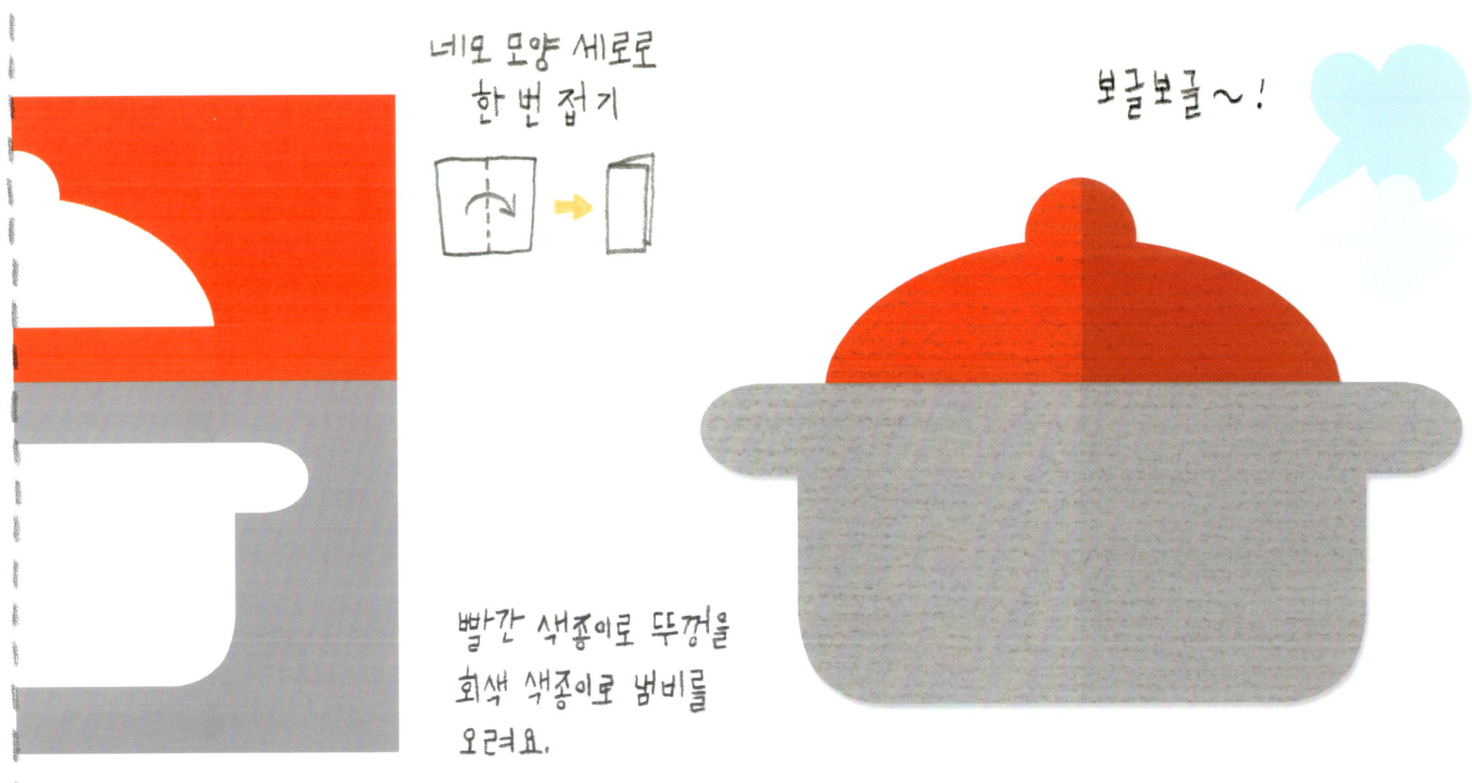

네모 모양 세로로
한 번 접기
보글보글～!
빨간 색종이로 뚜껑을
회색 색종이로 냄비를
오려요.

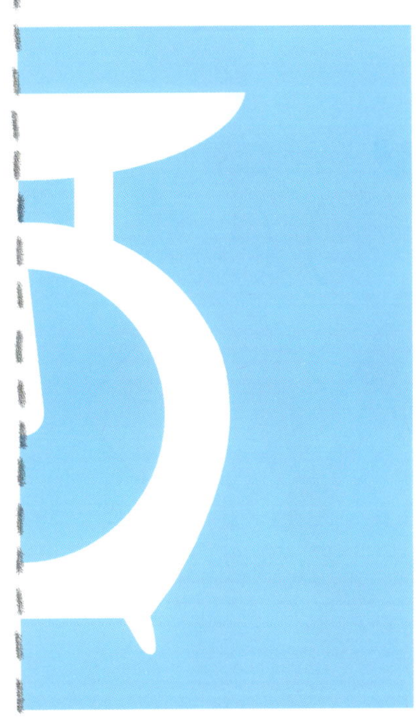

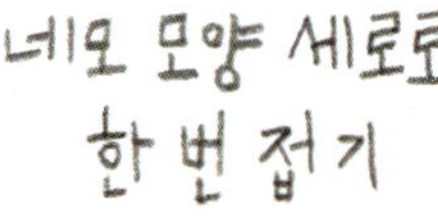

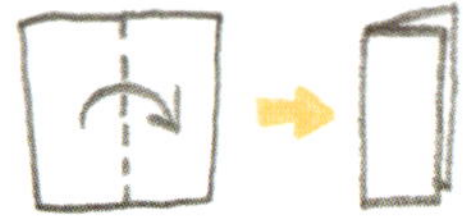

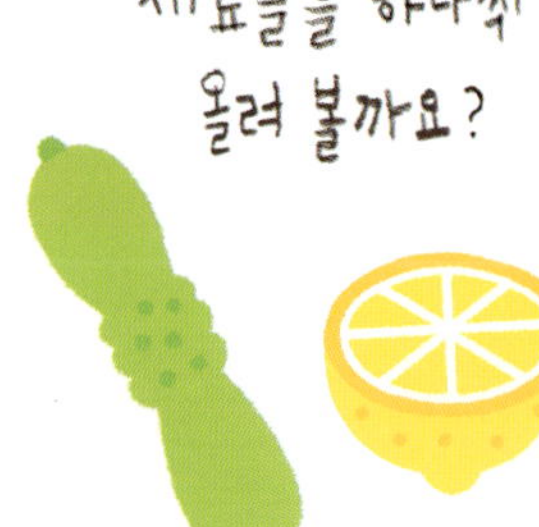

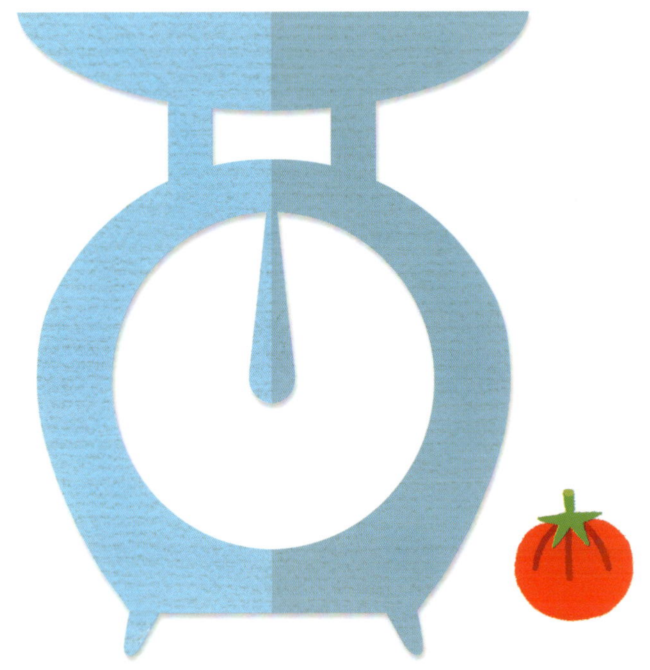

네모 모양 세로로
한 번 접기
재료들을 하나씩
올려 볼까요?

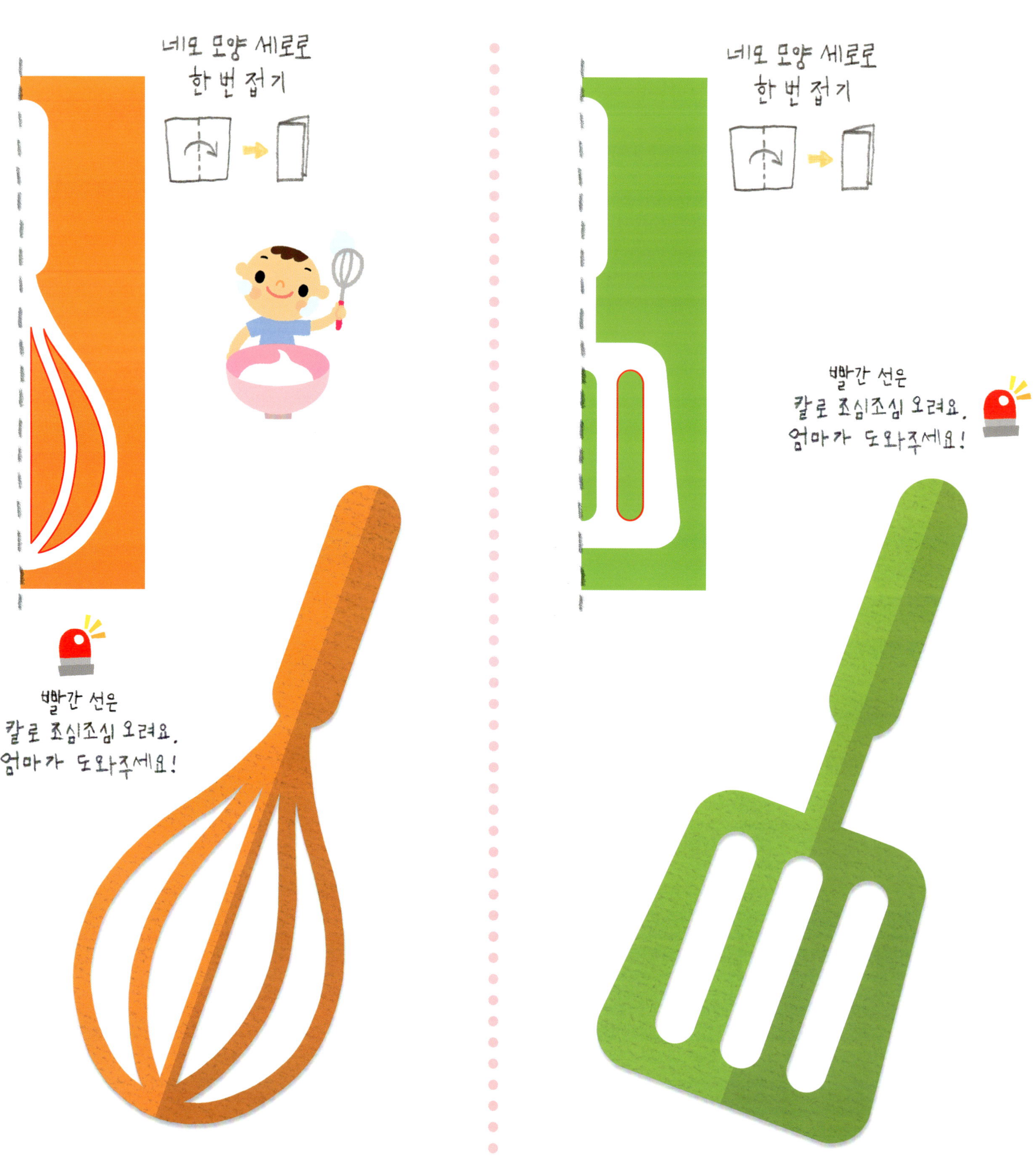

네모 모양 세로로
한 번 접기
빨간 선은
칼로 조심조심 오려요.
엄마가 도와주세요!
네모 모양 세로로
한 번 접기
빨간 선은
칼로 조심조심 오려요.
엄마가 도와주세요!

도넛과 마카롱 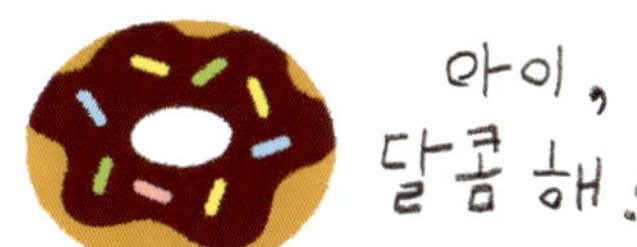

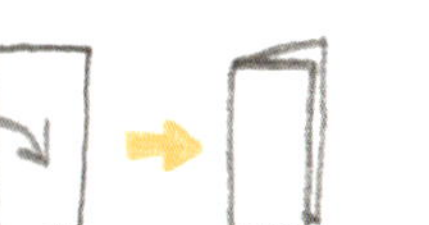

네모 모양 세로로
한 번 접기

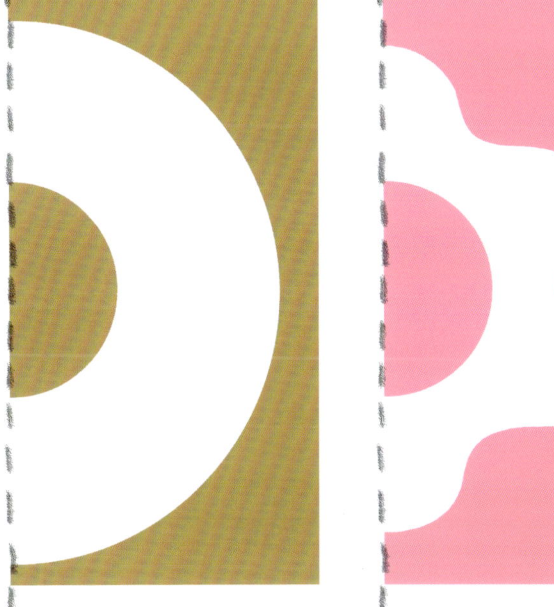

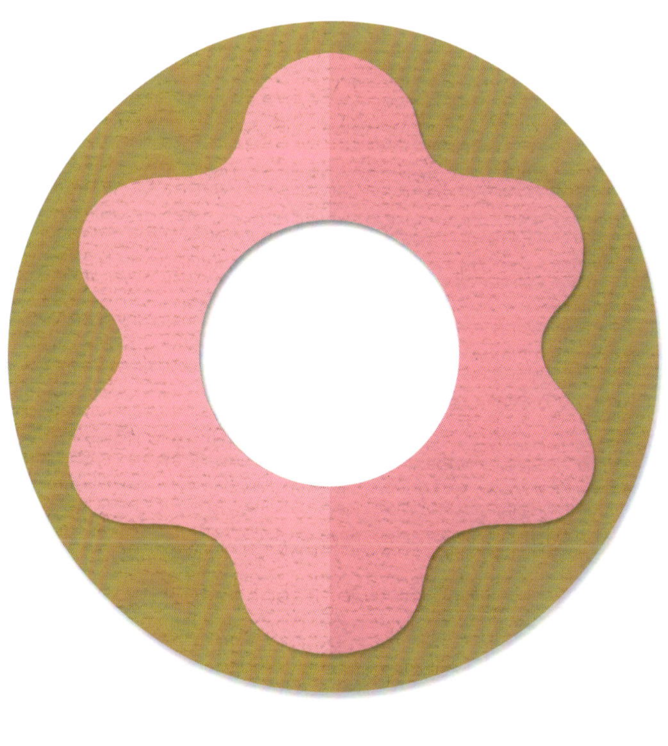

네모 모양 세로로
한 번 접기

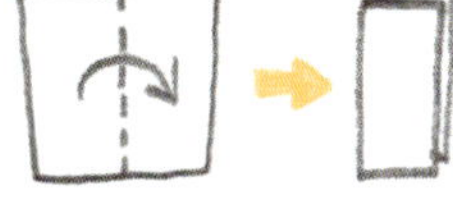

다양한 색의
마카롱을
만들어 보세요.

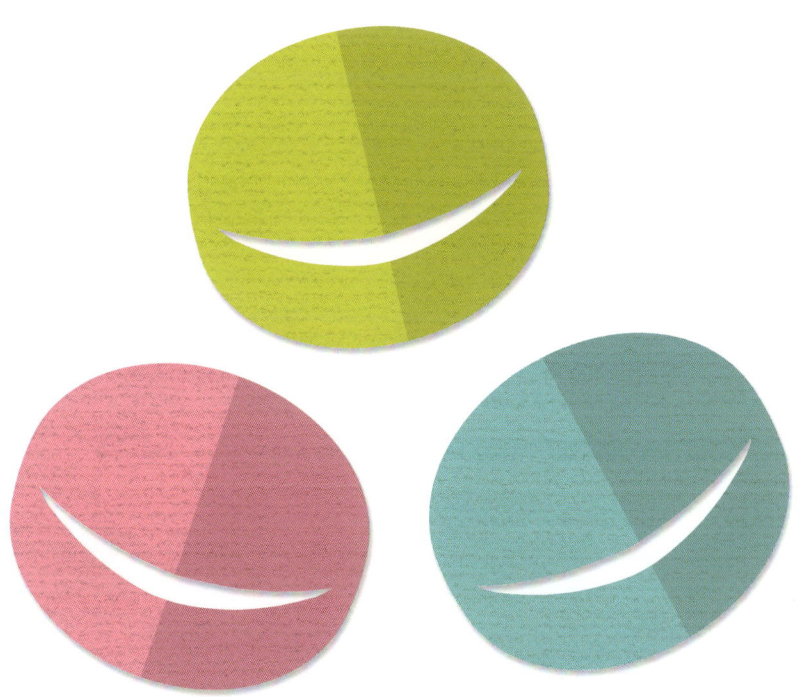

비스킷과 쿠키

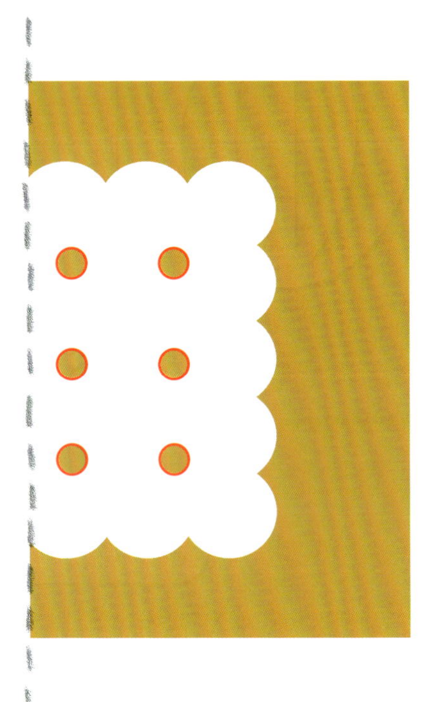

네모 모양 세로로
한 번 접기

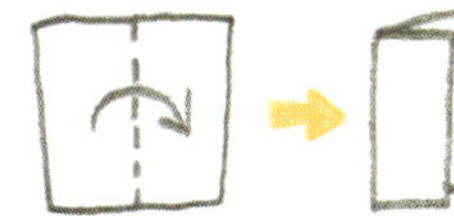

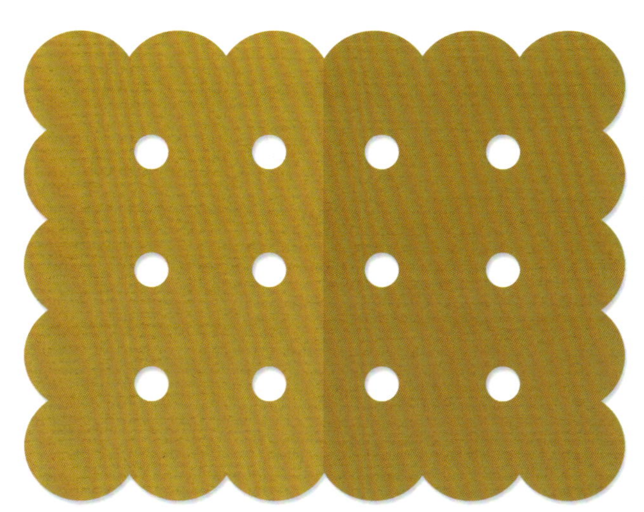

구멍은 펀치로 뚫어요.
어려우면 사인펜으로
그려도 좋아요.

네모 모양 세로로
한 번 접기

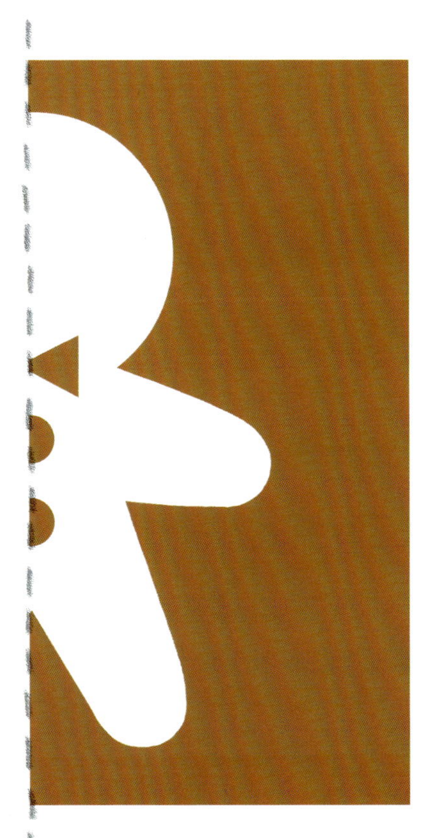

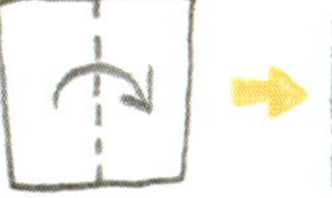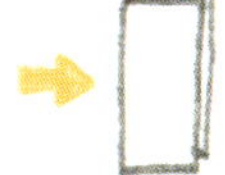

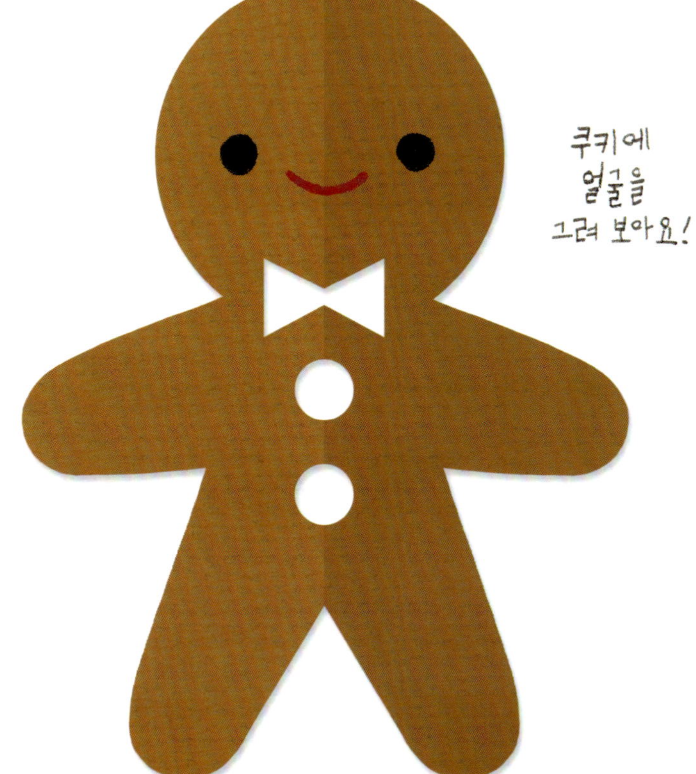

쿠키에
얼굴을
그려 보아요!

알사탕과 막대사탕

네모 모양 세로로
한 번 접기

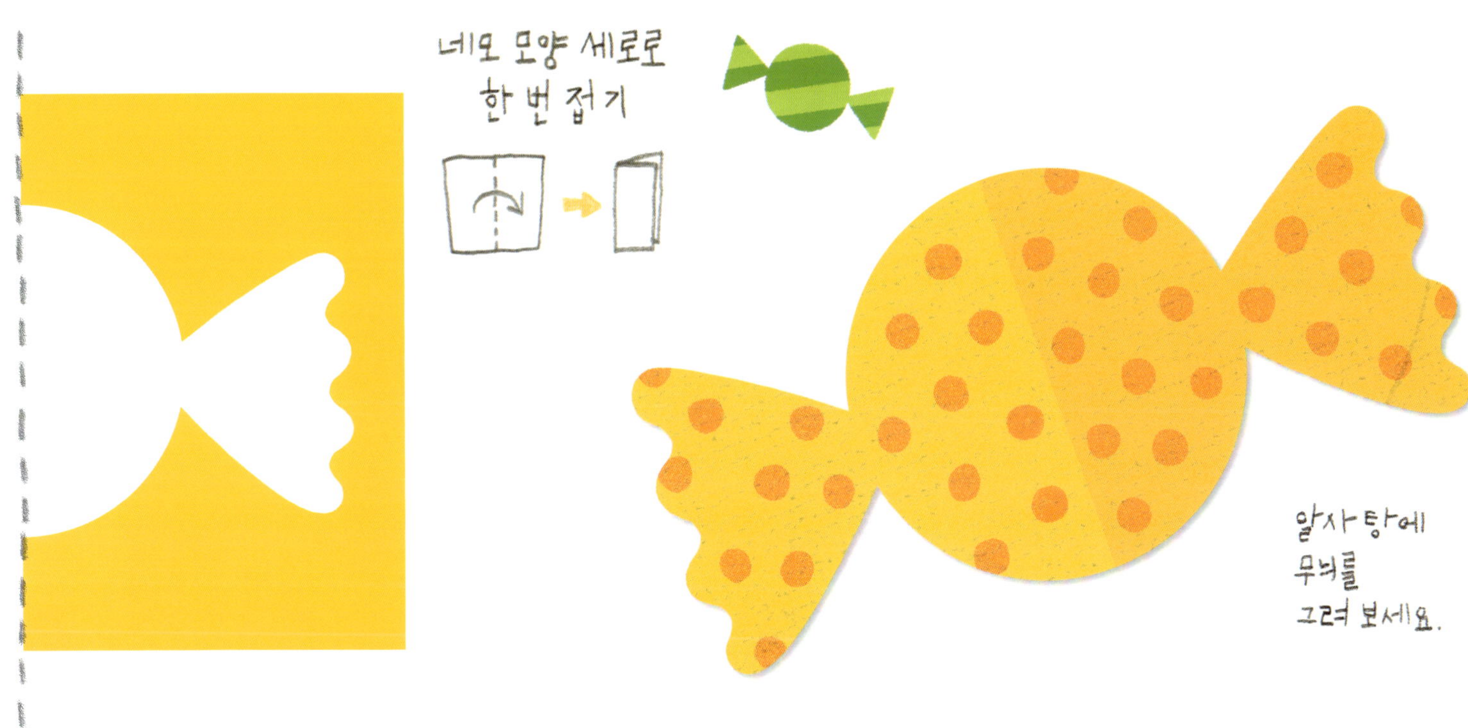

알사탕에
무늬를
그려 보세요.

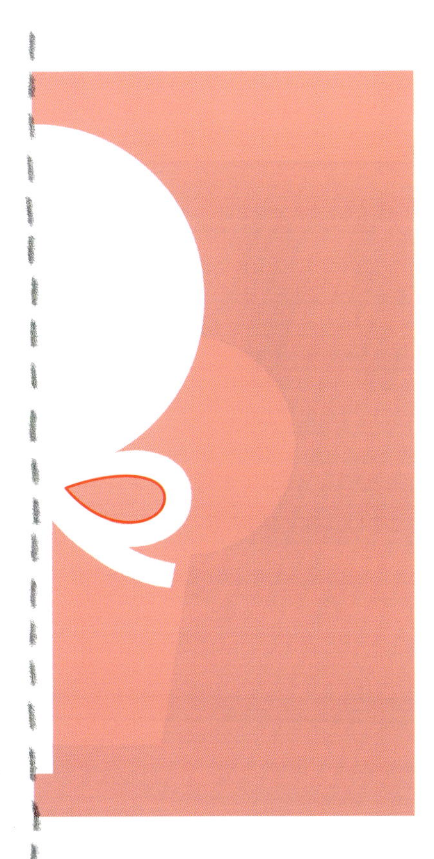

네모 모양 세로로
한 번 접기

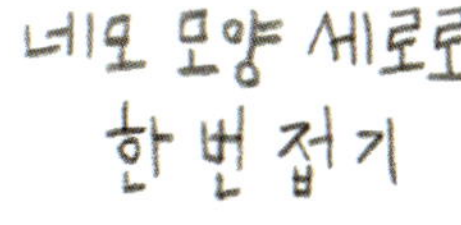
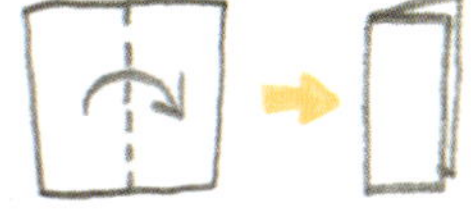

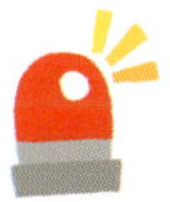
빨간 선은
칼로 조심조심 오려요.
엄마가 도와주세요!

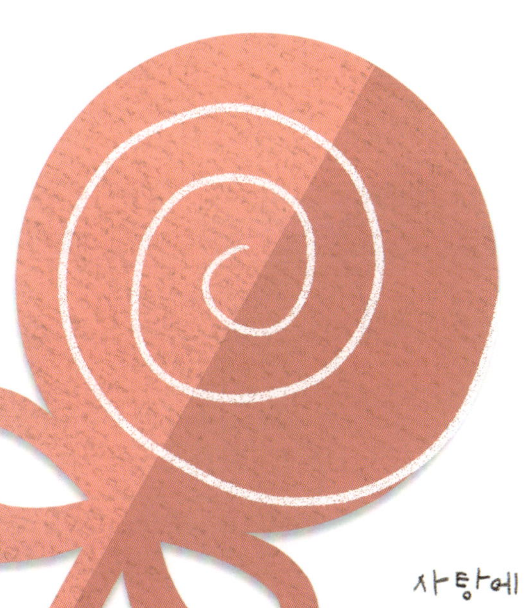

사탕에
소용돌이무늬를
그려 넣어 보세요.

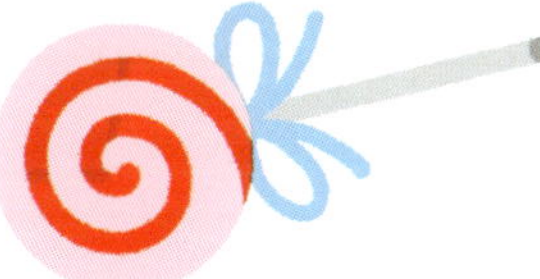

조각 케이크와 생일 케이크

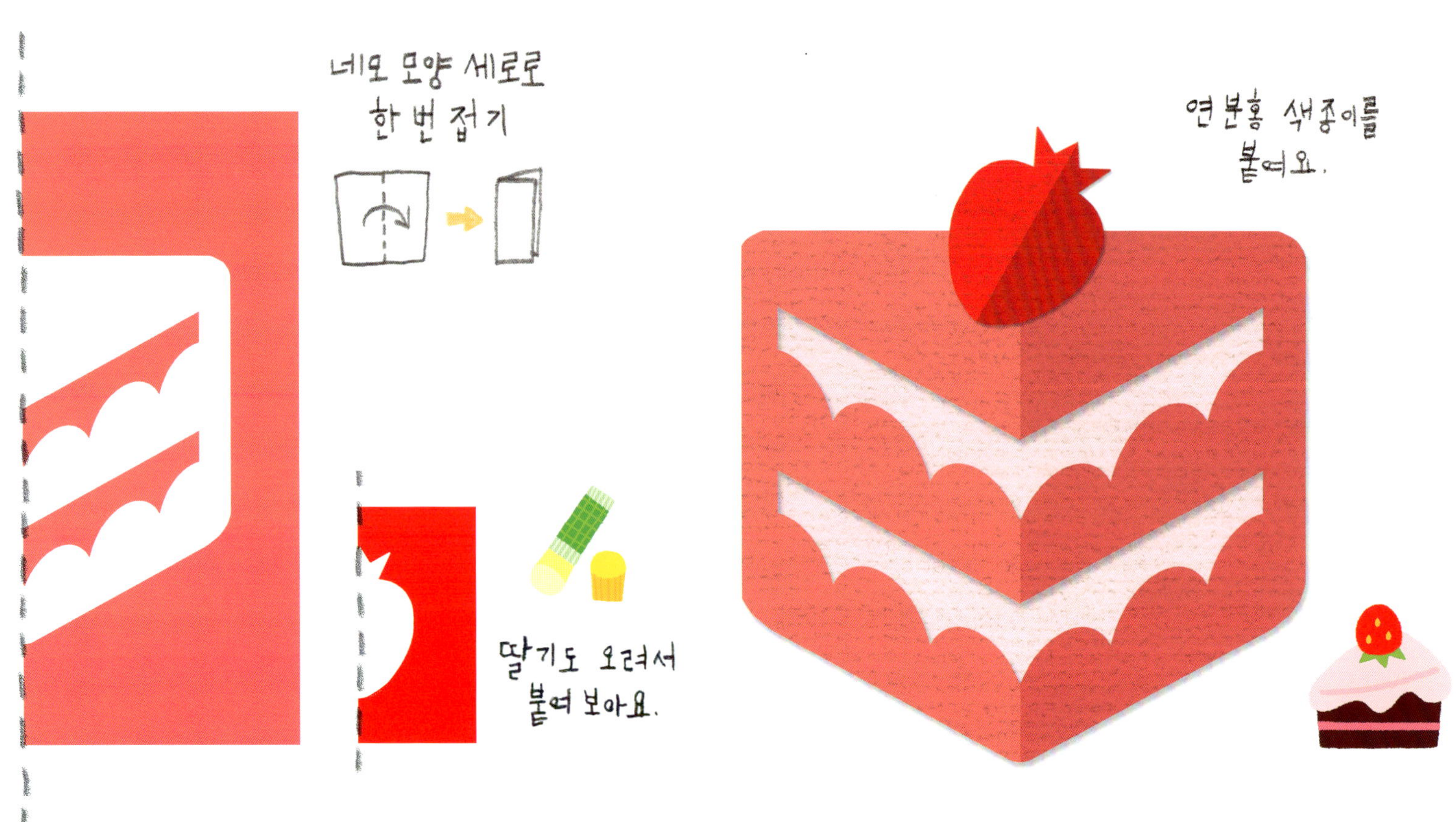

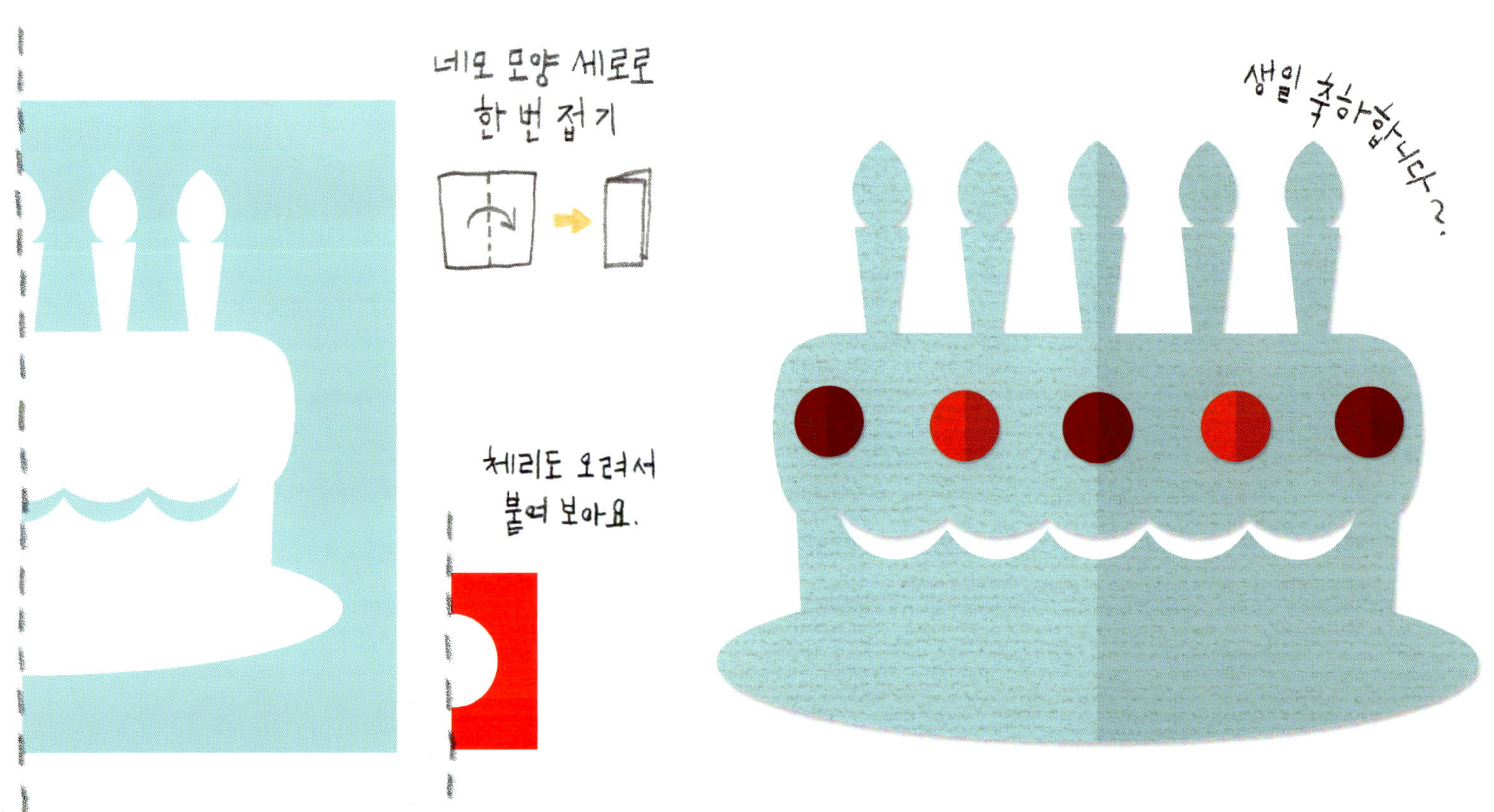

컵케이크와 푸딩

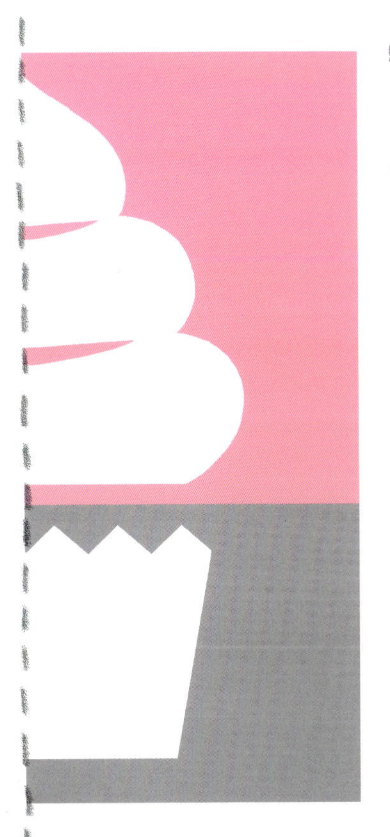

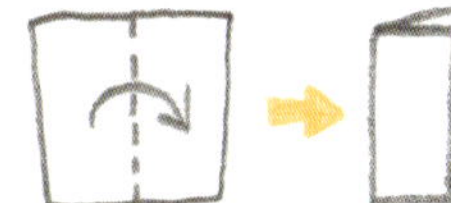

네모 모양 세로로
한 번 접기

회색 색종이로
컵을 만들어서
붙여 보세요.

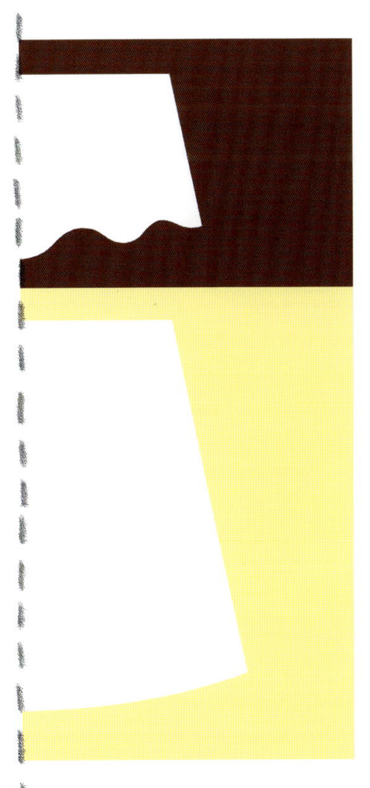

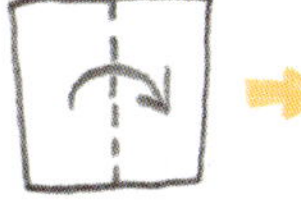 

네모 모양 세로로
한 번 접기

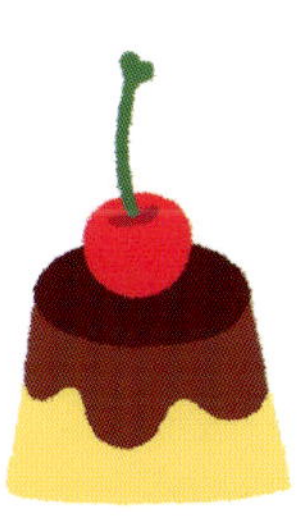

갈색 색종이로
시럽도 만들어서
붙여 보세요.

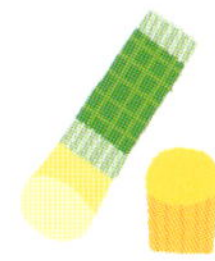

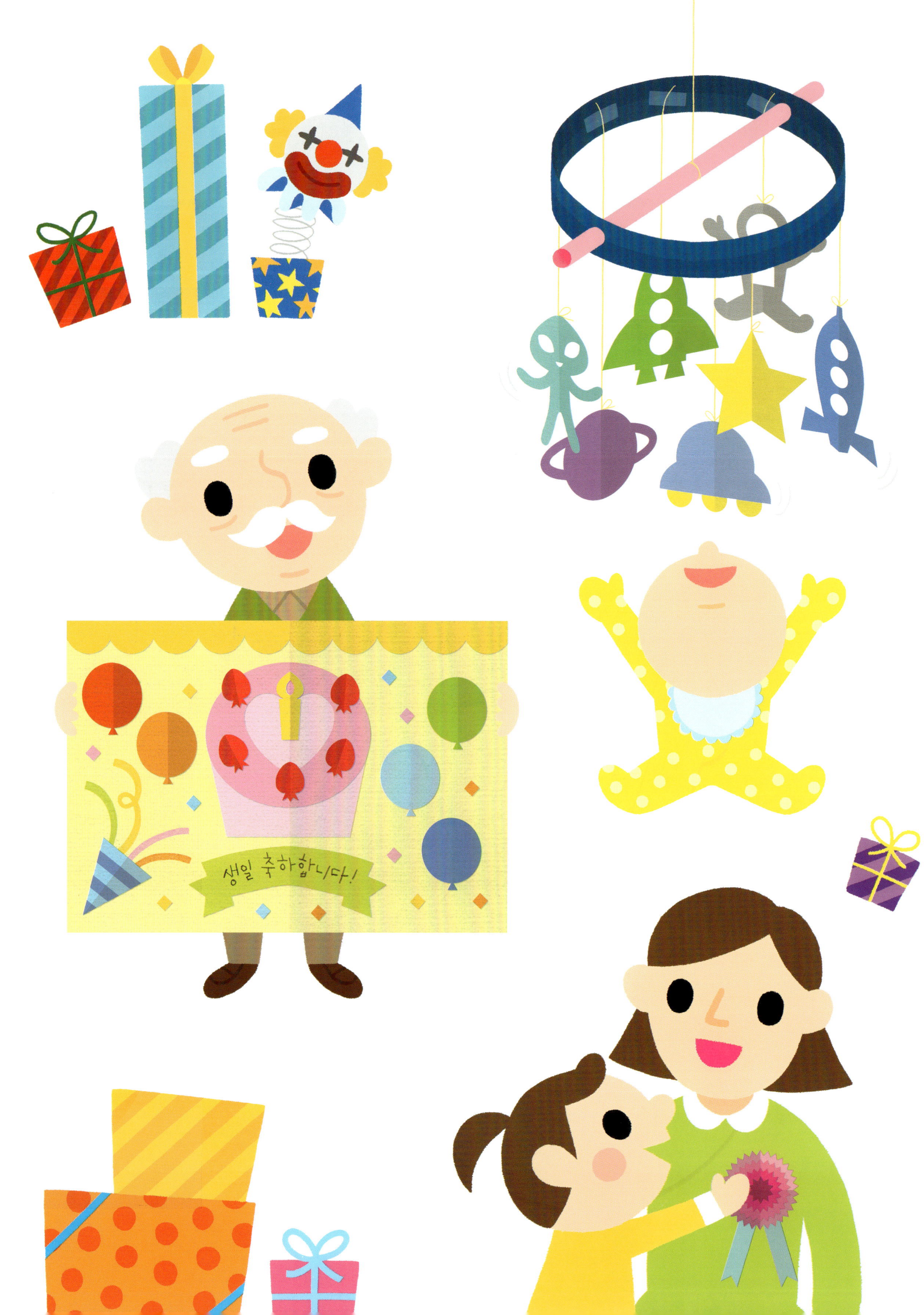
생일 축하합니다!

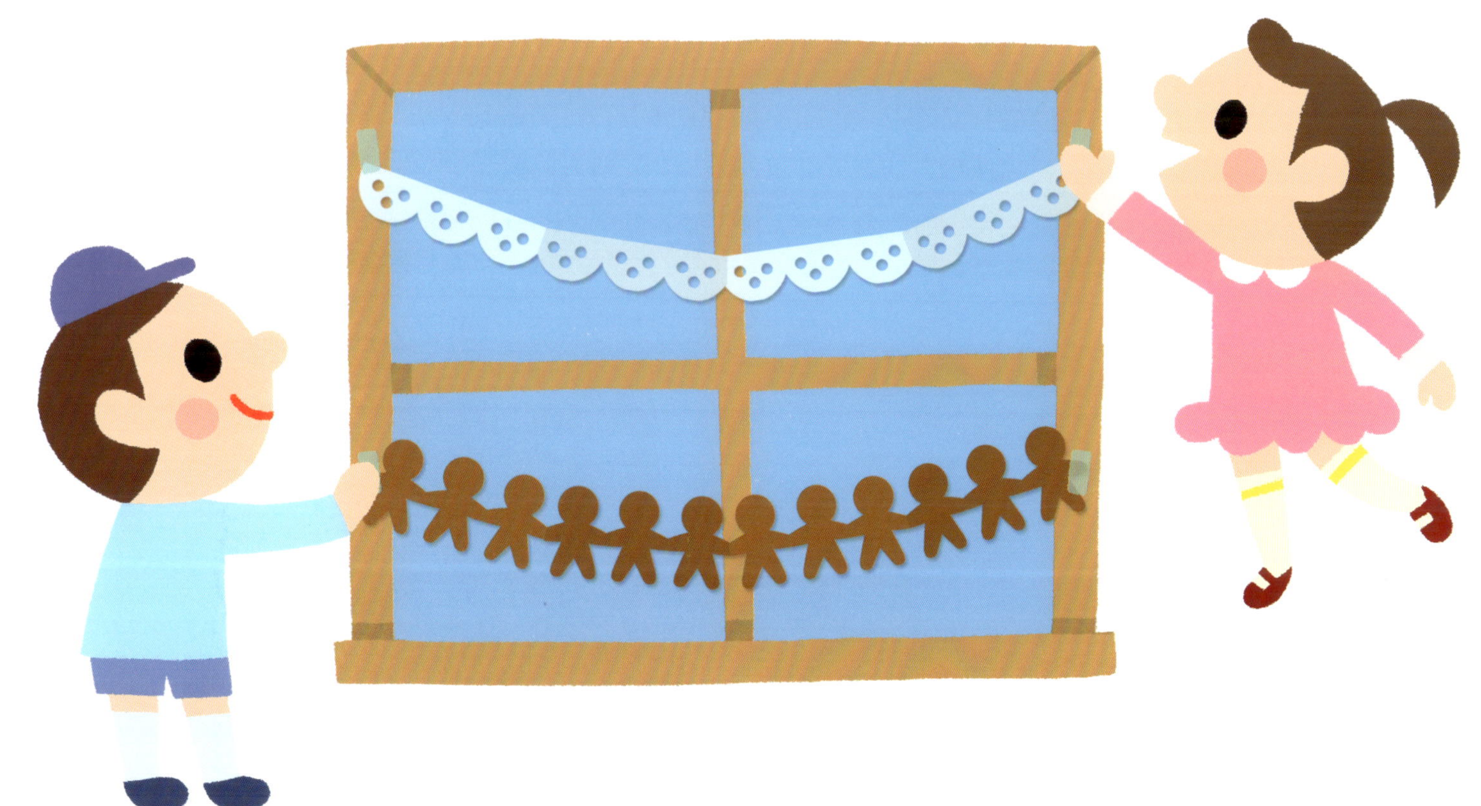

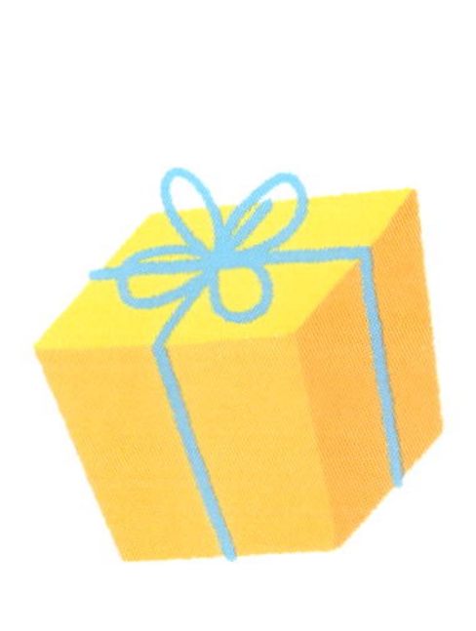

가족을 위한 선물을 만들어요

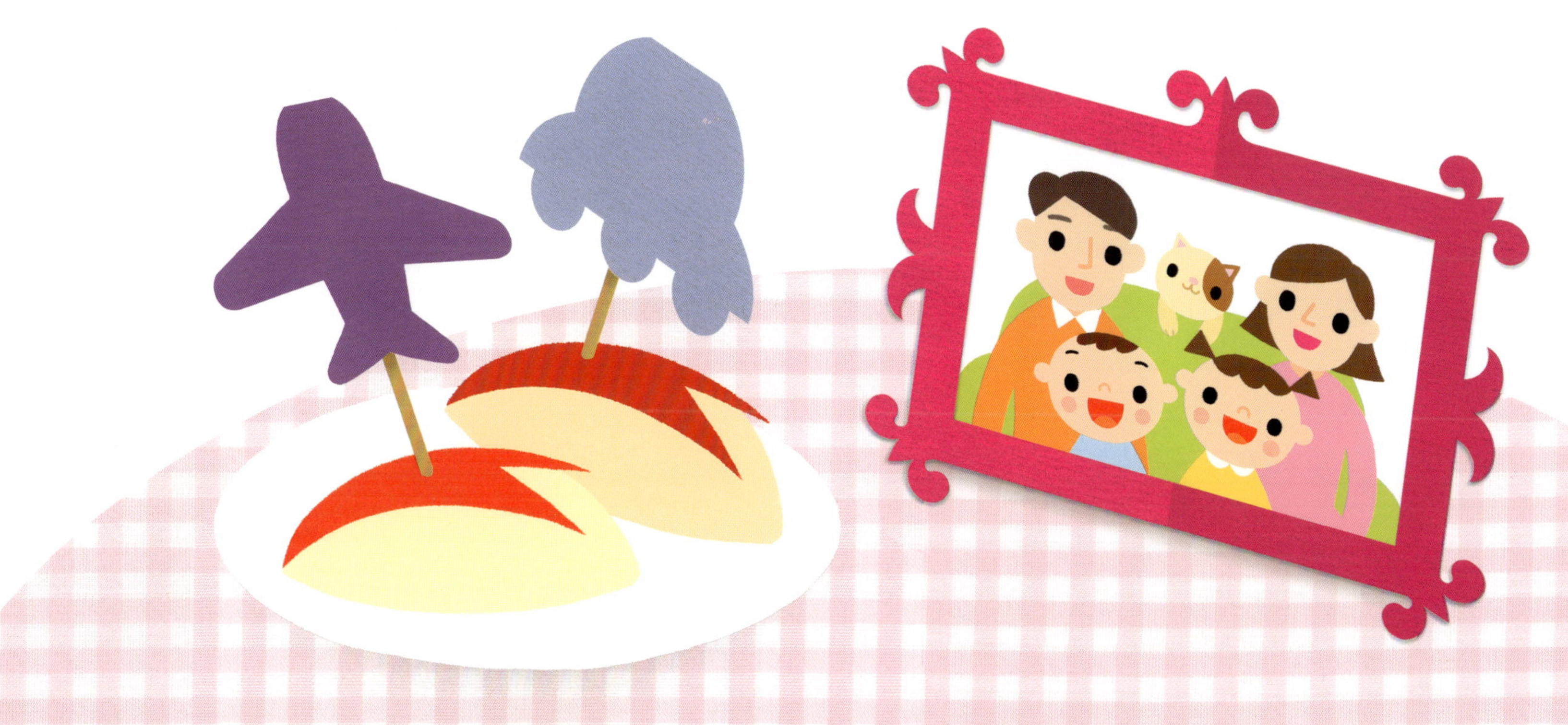

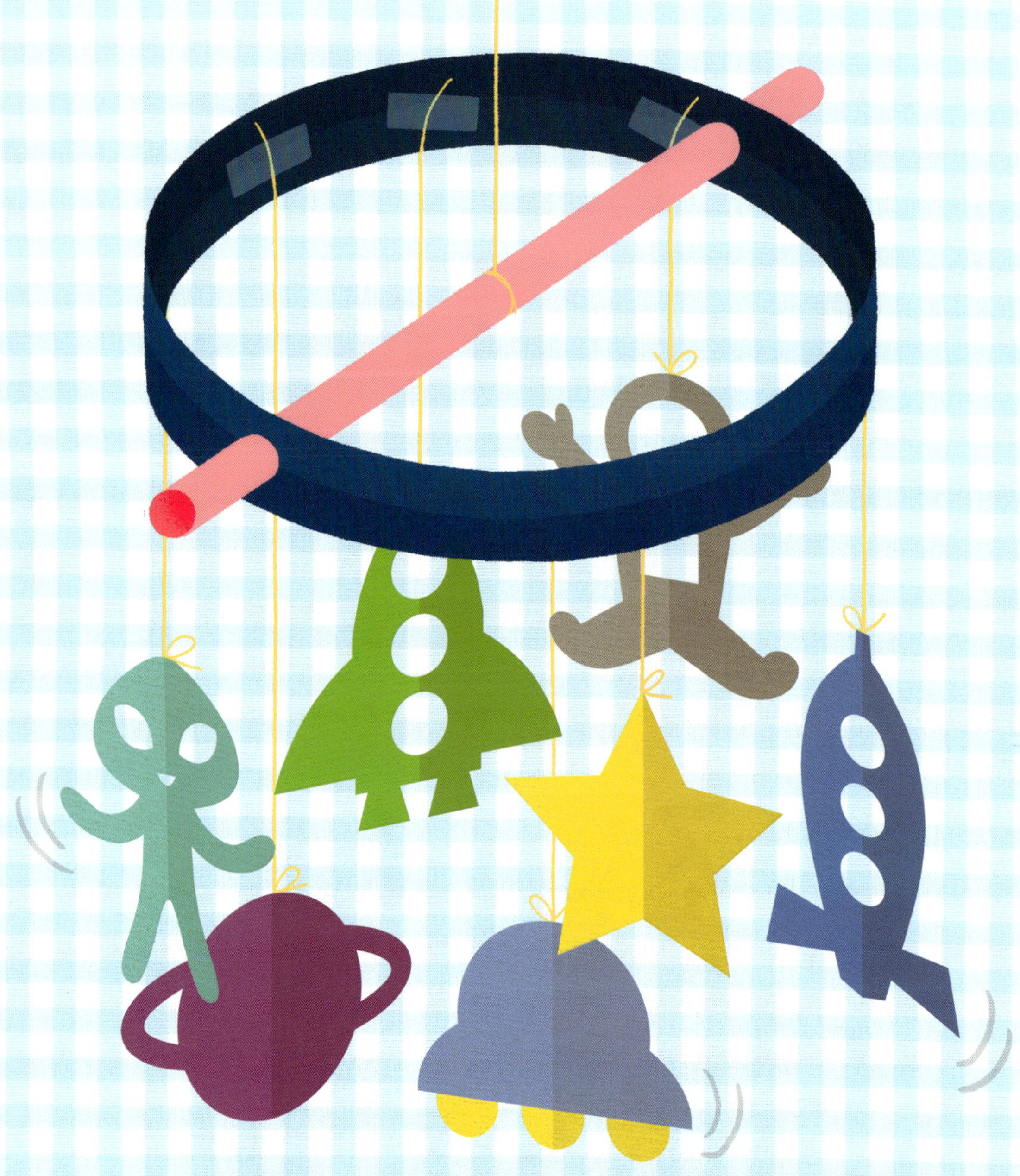

동생을 위한 모빌을 만들어요!

1 네모 모양 세로로
한 번 접기

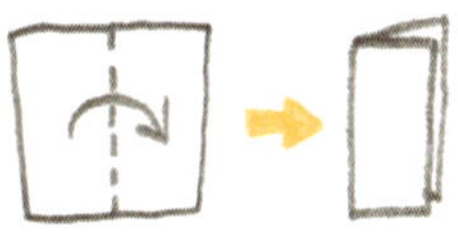

그림을 따라 오려요.

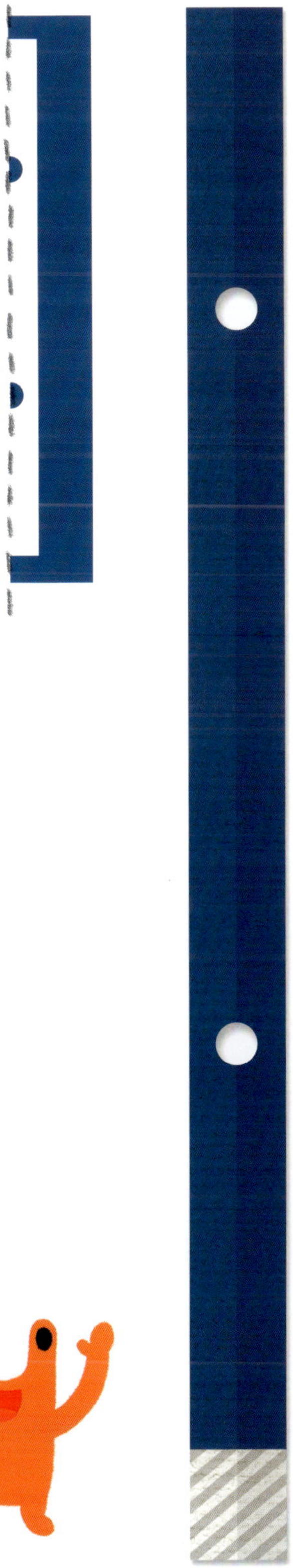

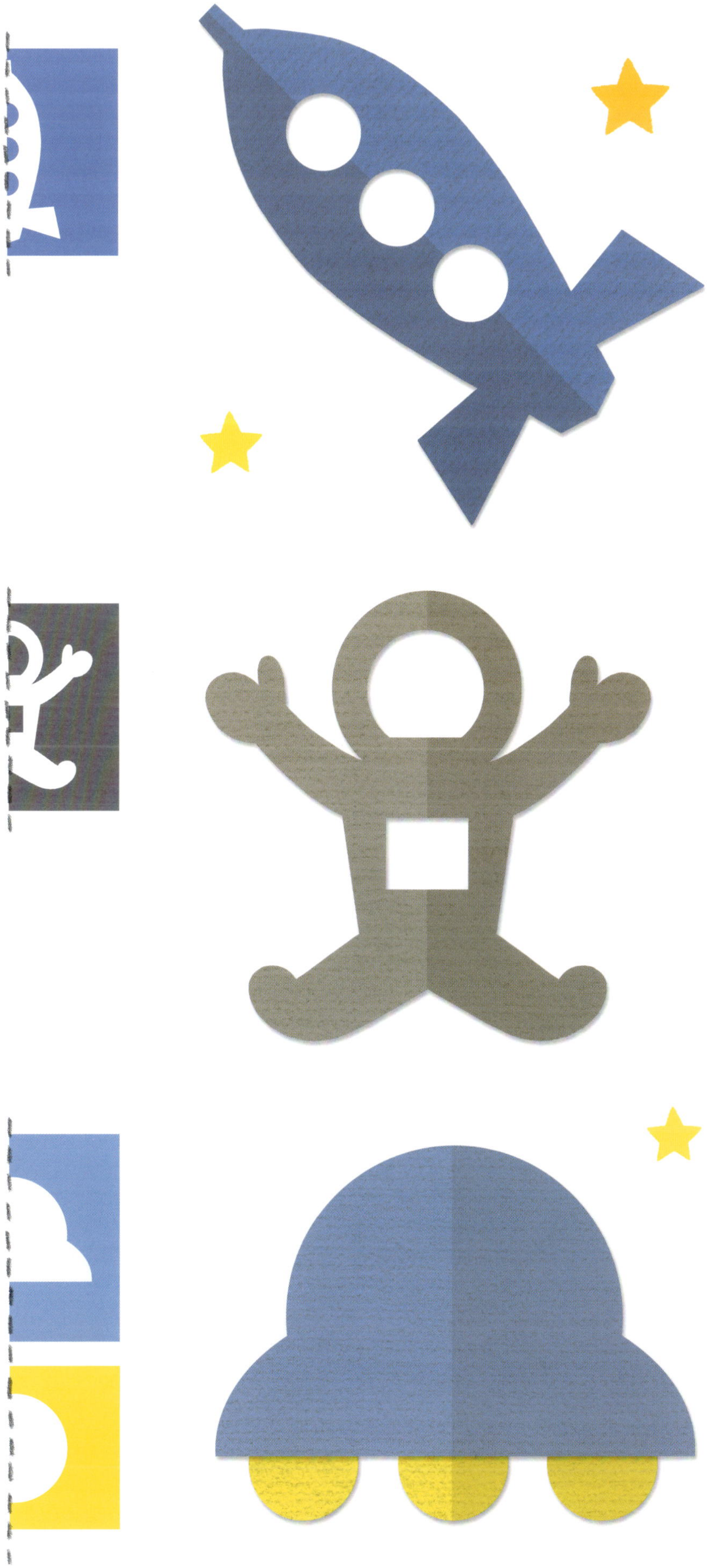

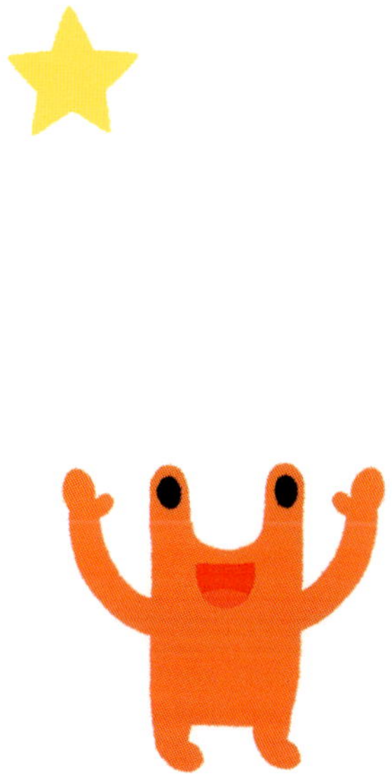

노란 동그라미 3개를 오려
우주선 아래에 붙여요.

네모 모양 세로로
한 번 접기

빨간 선은
칼로 조심조심 오려요.
엄마가 도와주세요!

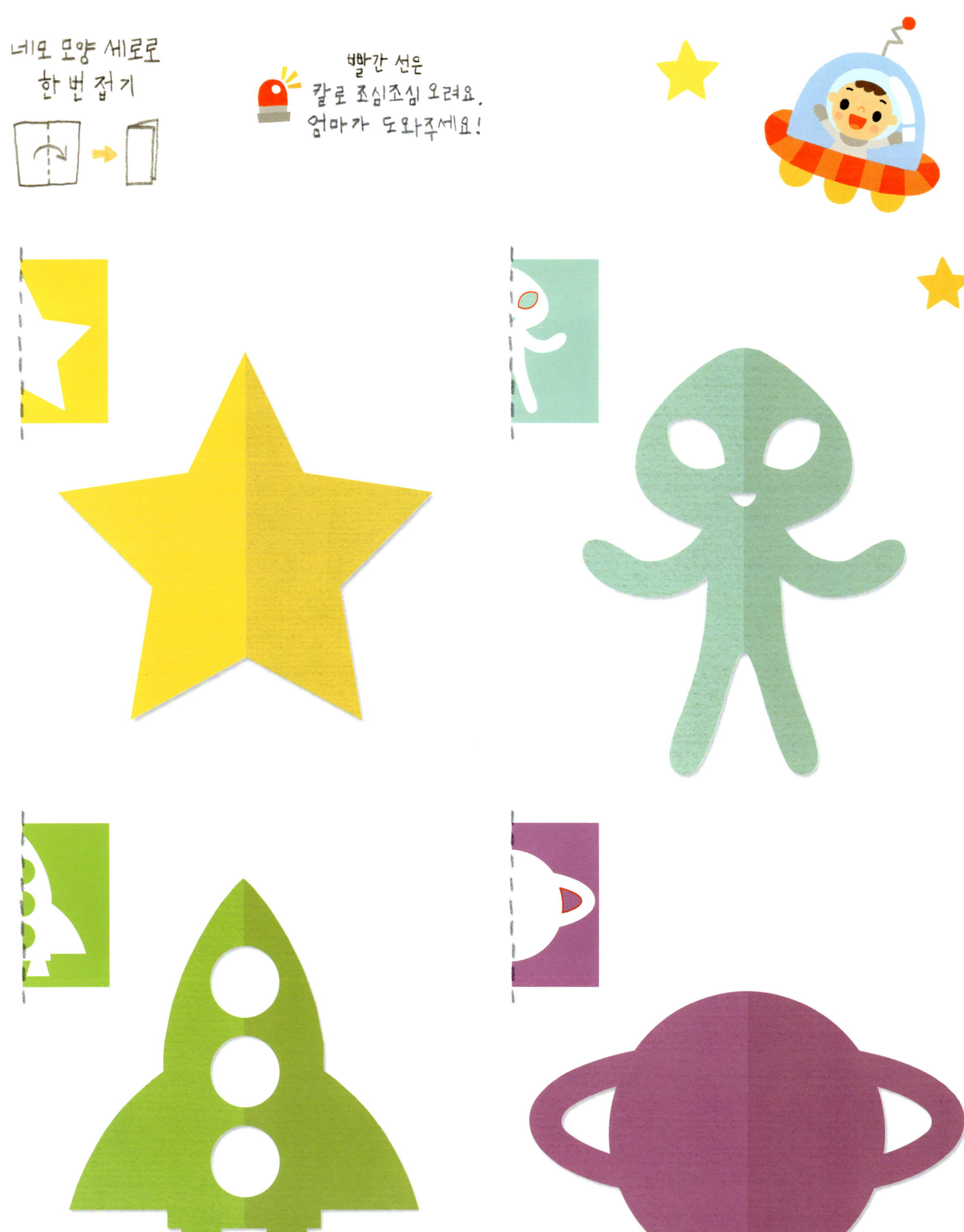

2 빗금 친 부분에 풀칠해 붙이고
양쪽 구멍에 빨대를 끼워요.

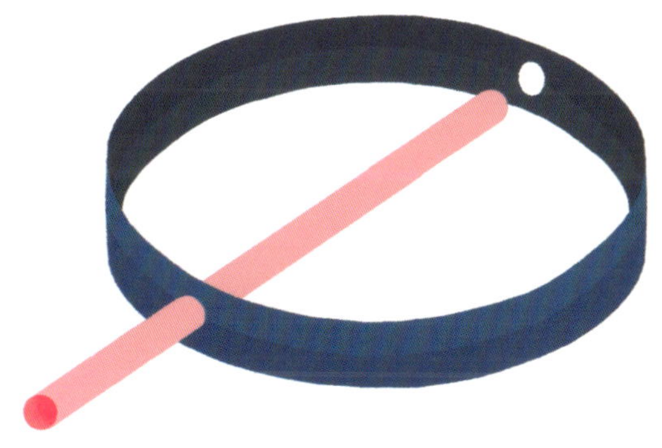

3 빨대 가운데에 실을 묶어요.

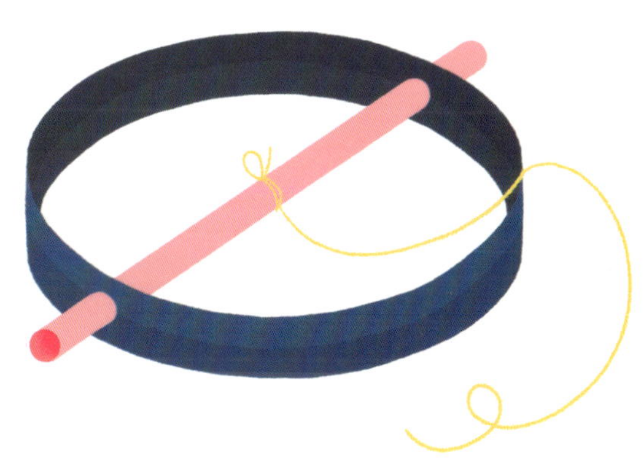

4 오려 놓은 장식들의 끝 부분을
송곳으로 뚫고 실로 묶어요.

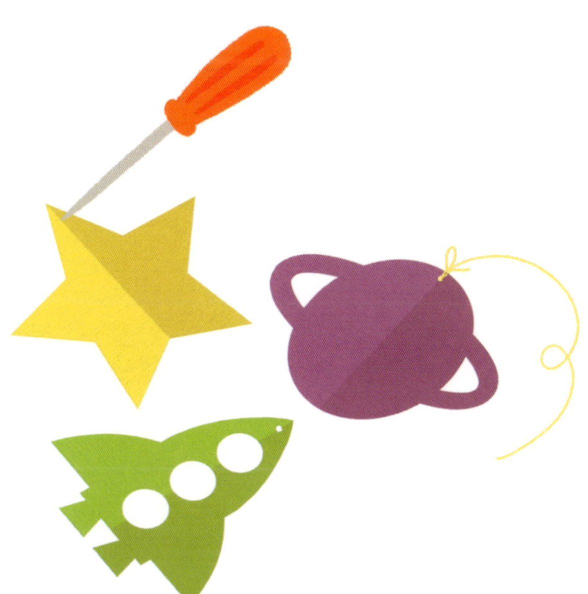

5 파란 띠 안쪽에 장식들을 붙여요.
모빌을 천장에 달면 완성!

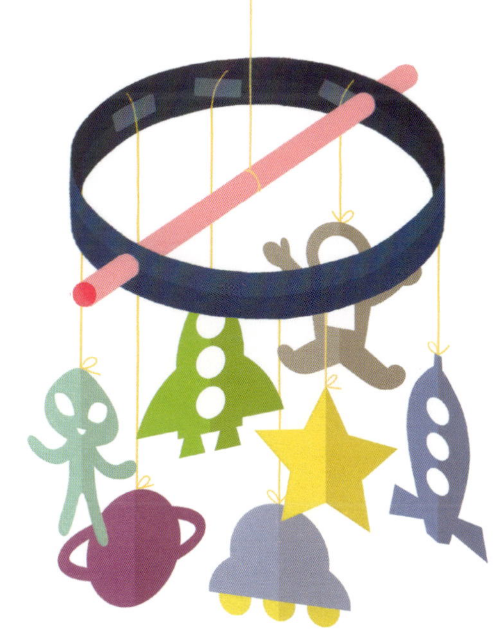

액자를 만들어 가족사진을 넣어요!

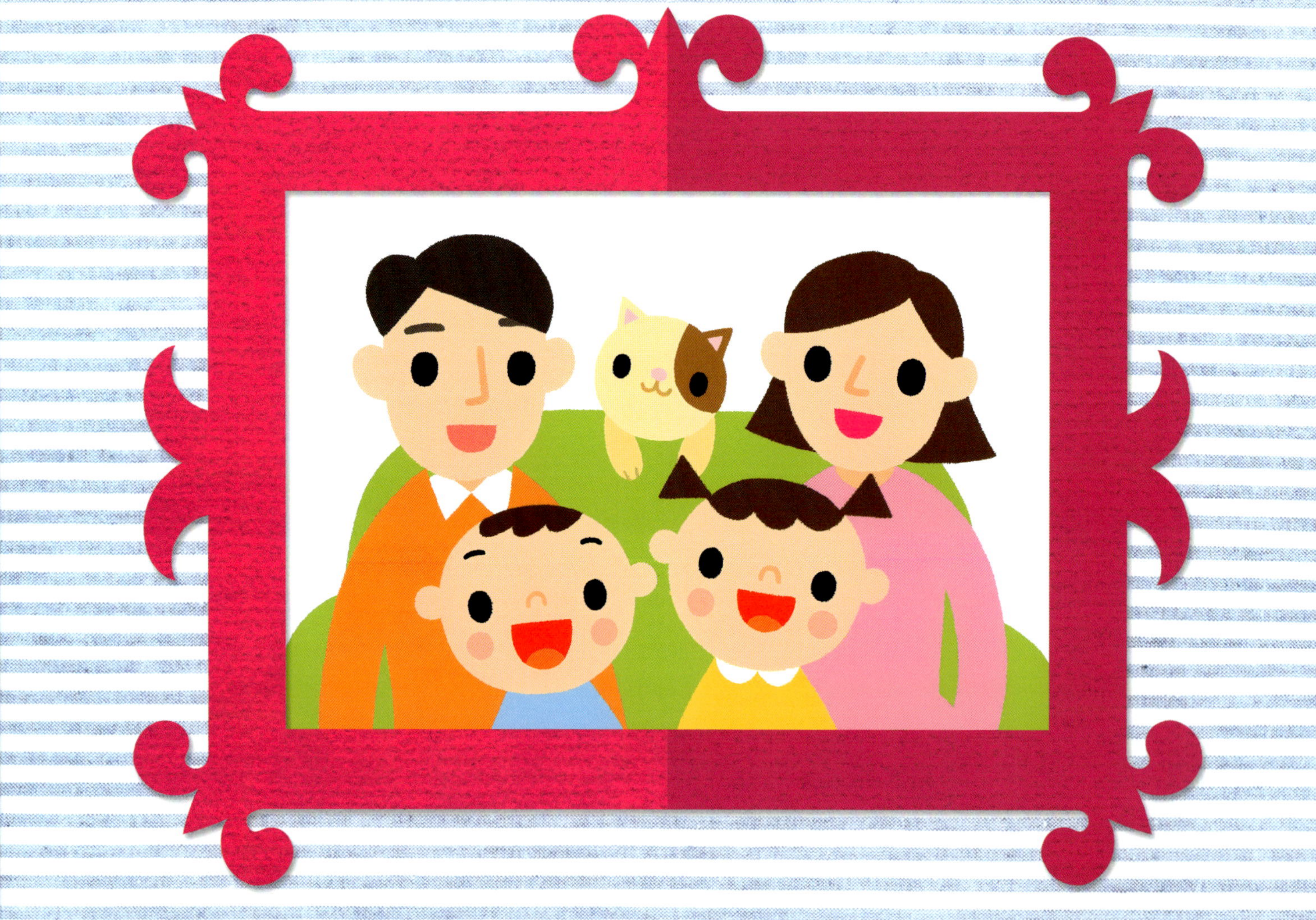

1

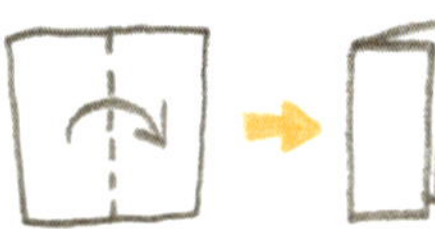

네모 모양 세로로
한 번 접기

빨간 선은 칼로 조심조심 오리고
점선을 따라 접어 주세요.

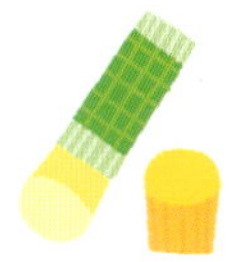

받침대는
도화지에 붙여
오려 주세요.
그래야 세울 수 있답니다.

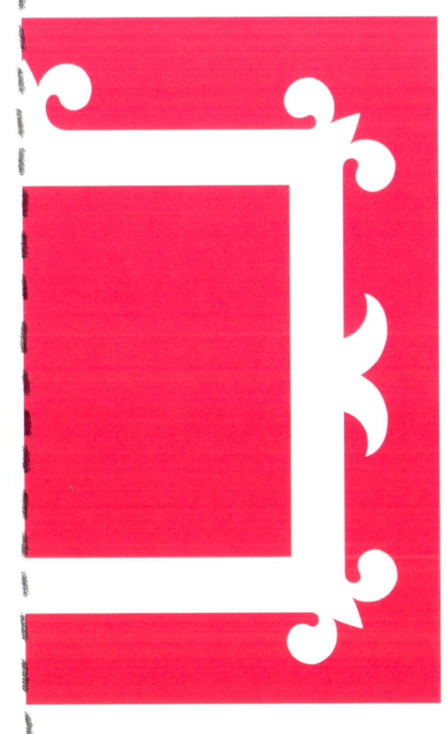

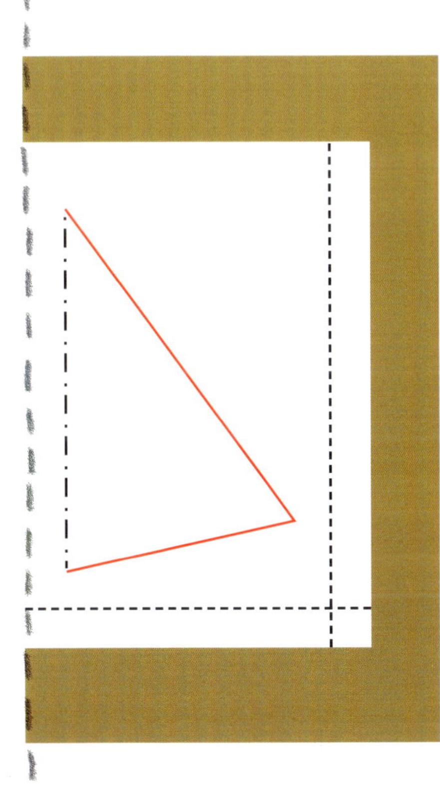

2

받침대에 풀을 칠한 다음
액자 틀 뒤에 붙여요.

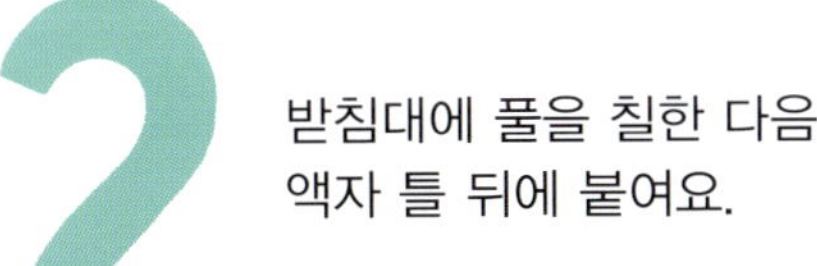

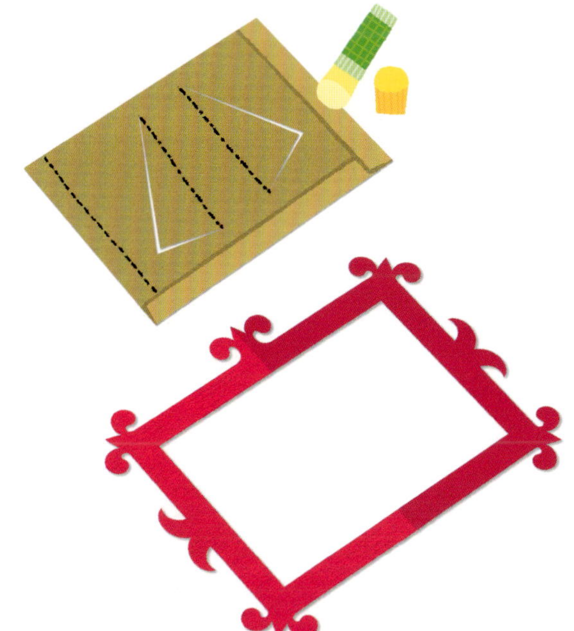

3

액자에 가족사진을 넣어요.

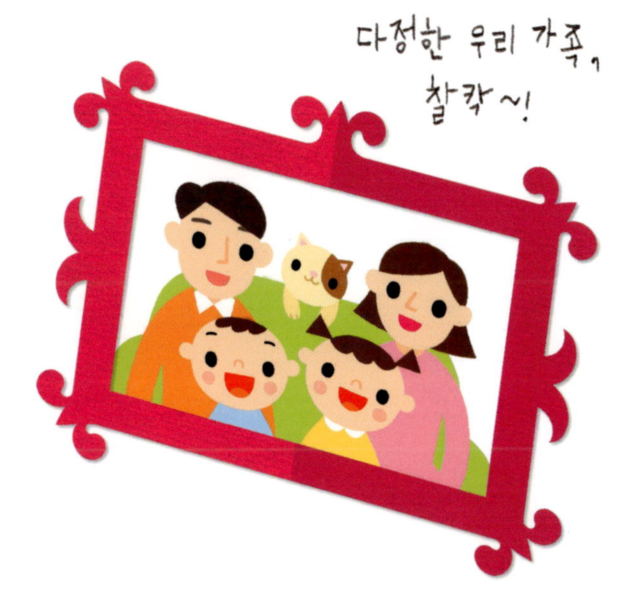

생일 축하 카드를 만들어요!

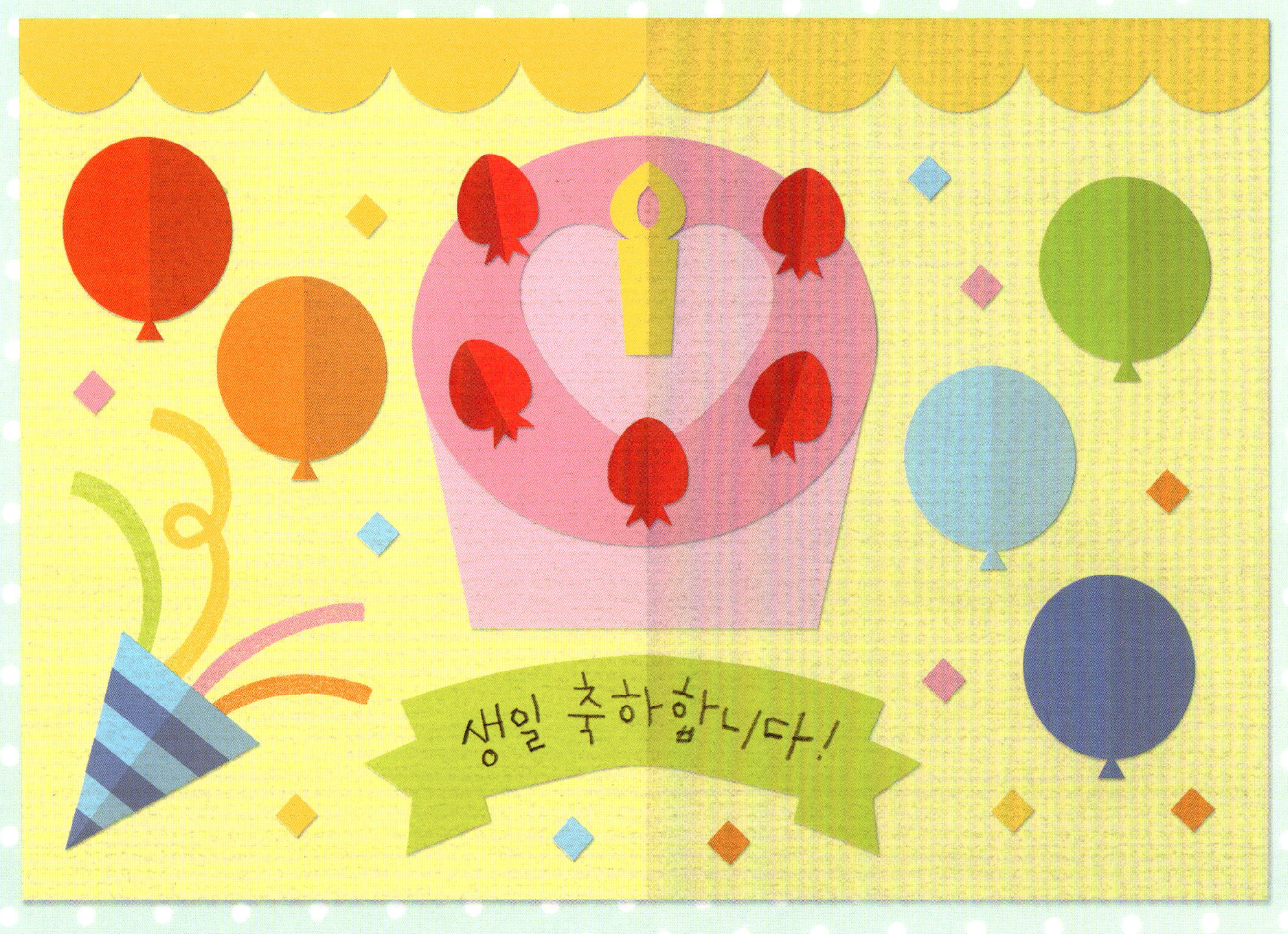

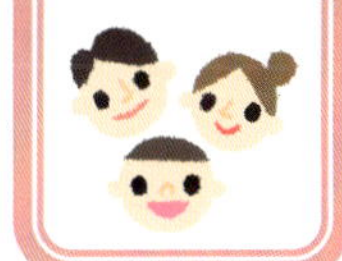

1

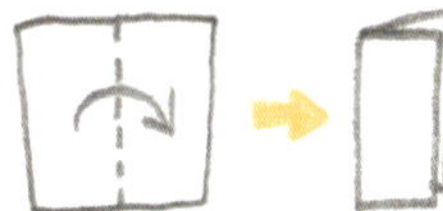

그림을 따라 오려요.

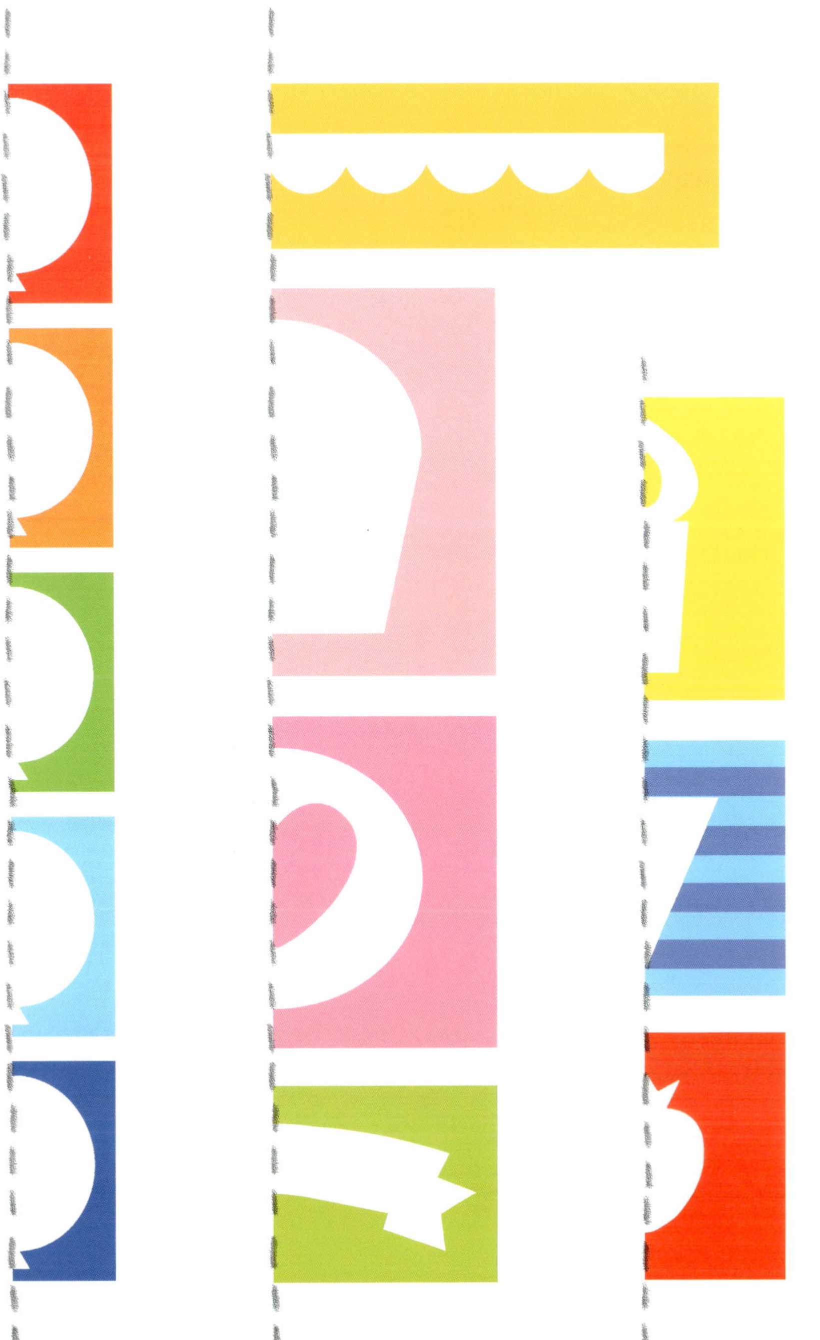

2

장식들을 붙여 카드를 꾸며요.
전하고 싶은 말을 써넣어요.

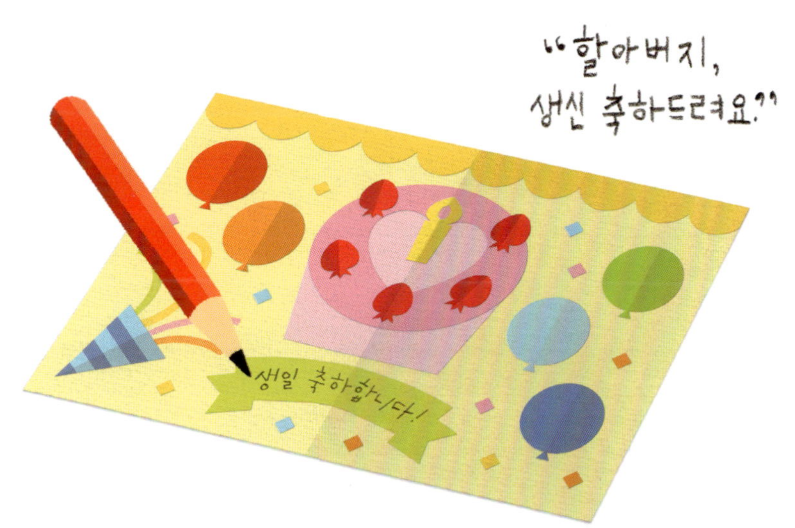

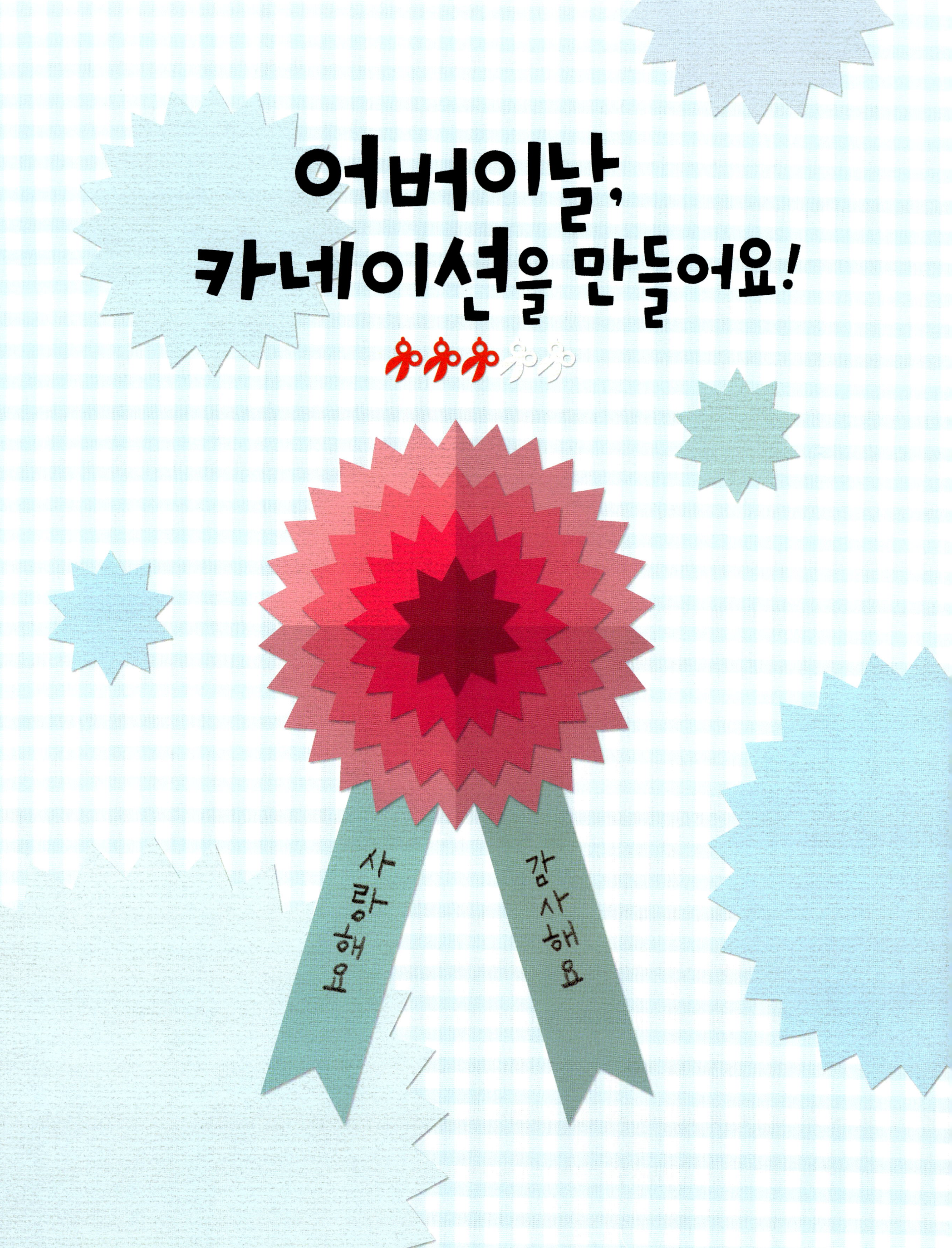
어버이날,
카네이션을 만들어요!
사랑해요
감사해요

1 네모 모양 세로 가로로
한 번씩 접기

꽃잎을 차곡차곡
차례대로 붙여요.

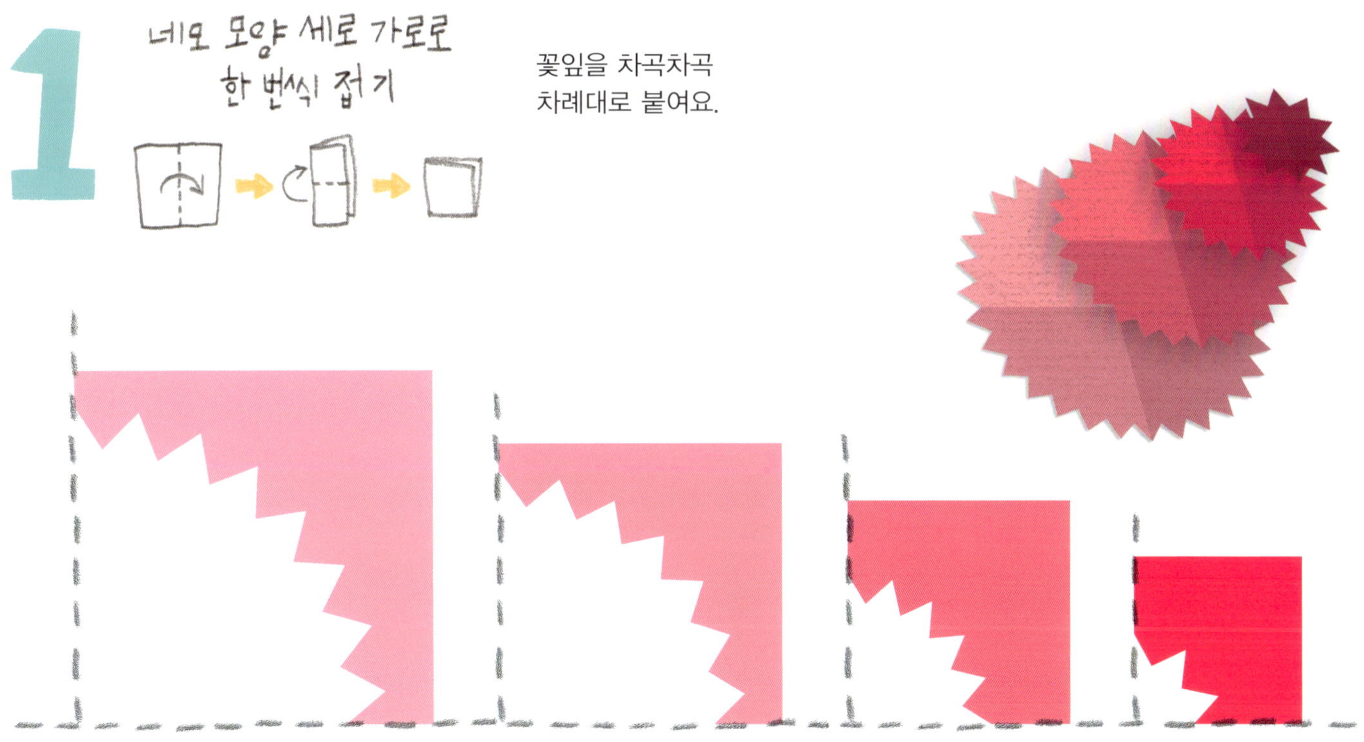

2 네모 모양 세로로
한 번 접기

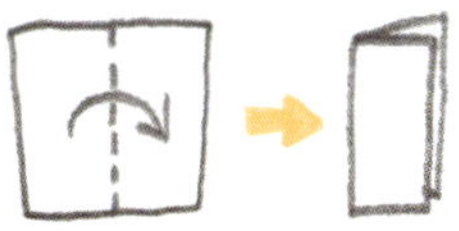

꽃에 리본을 붙여 장식해요.

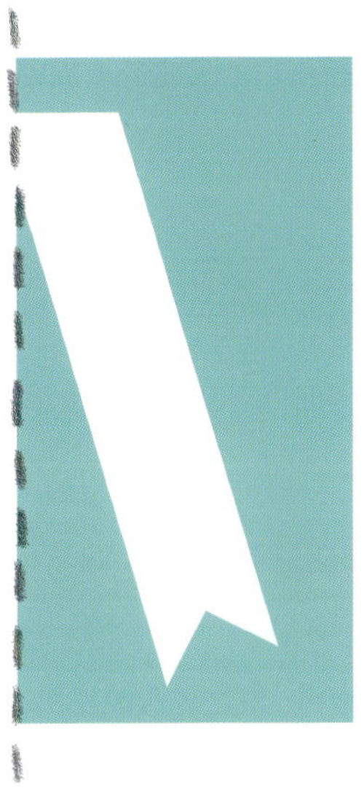

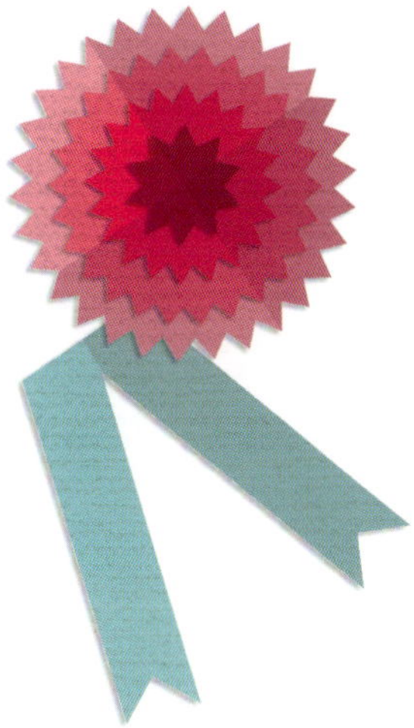

3 뒤집어서 종이테이프로
옷핀을 붙여요.

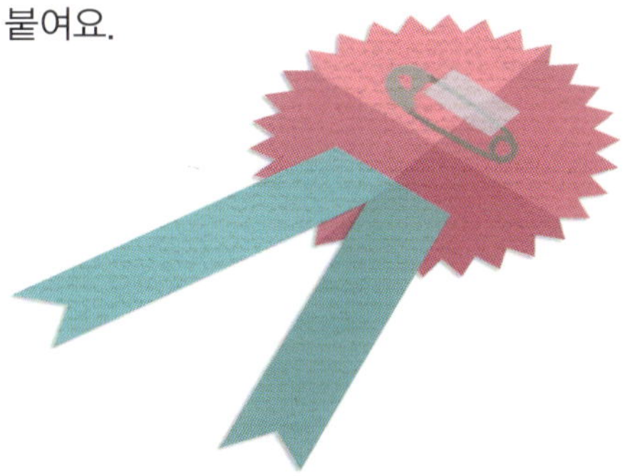

4 엄마 아빠 가슴에
달아 주세요.

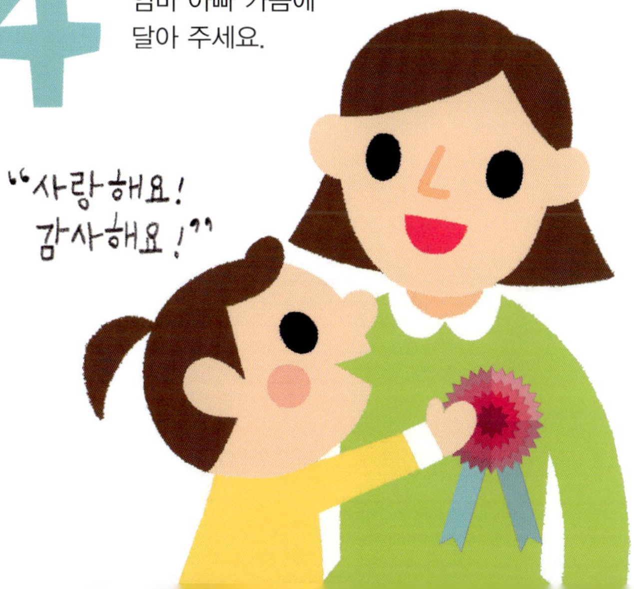

엄마와 과일 꽂이를 만들어요!

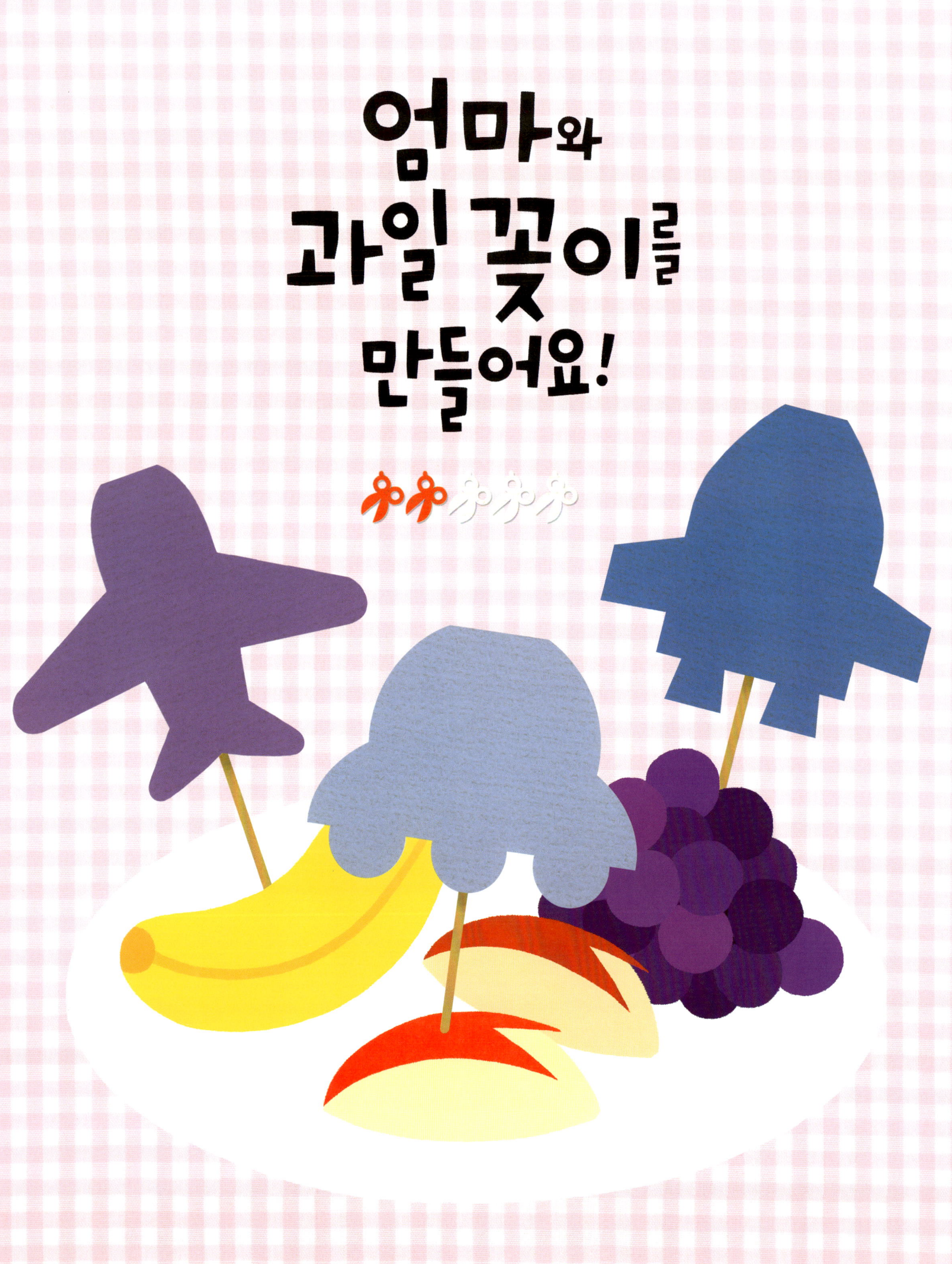

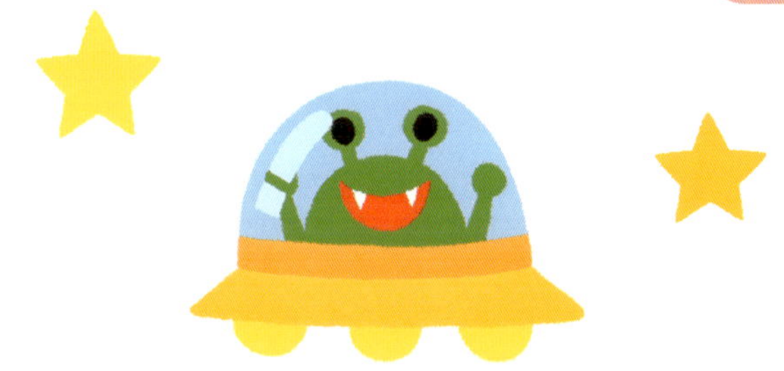

1 네모 모양 가로로
한 번 접기

그림을 따라 오려요.

2 종이테이프로 이쑤시개를 붙여요.
풀칠해 다시 반으로 접어요.

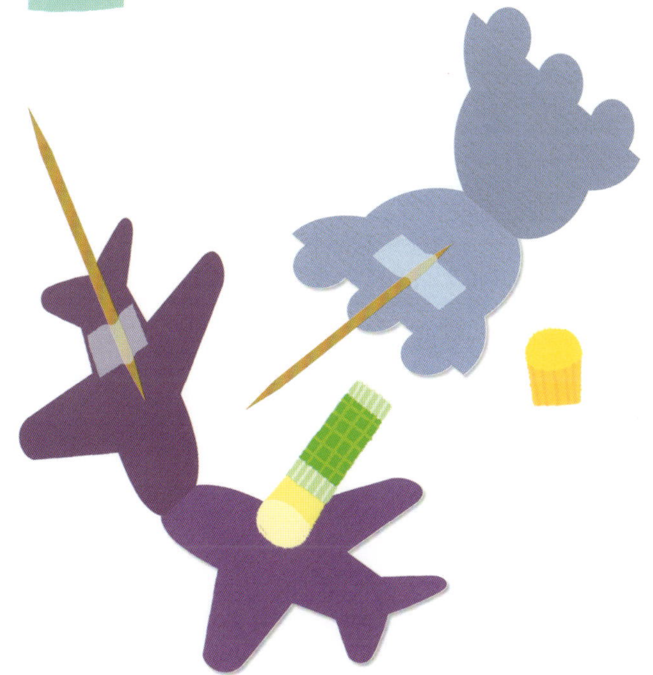

3 과일에 꽂아 보아요.

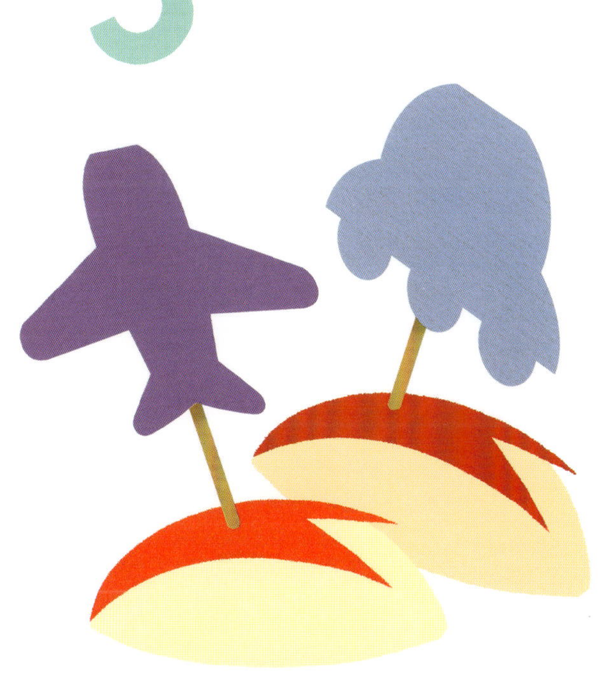

레이스를 만들어 창문에 달아요!

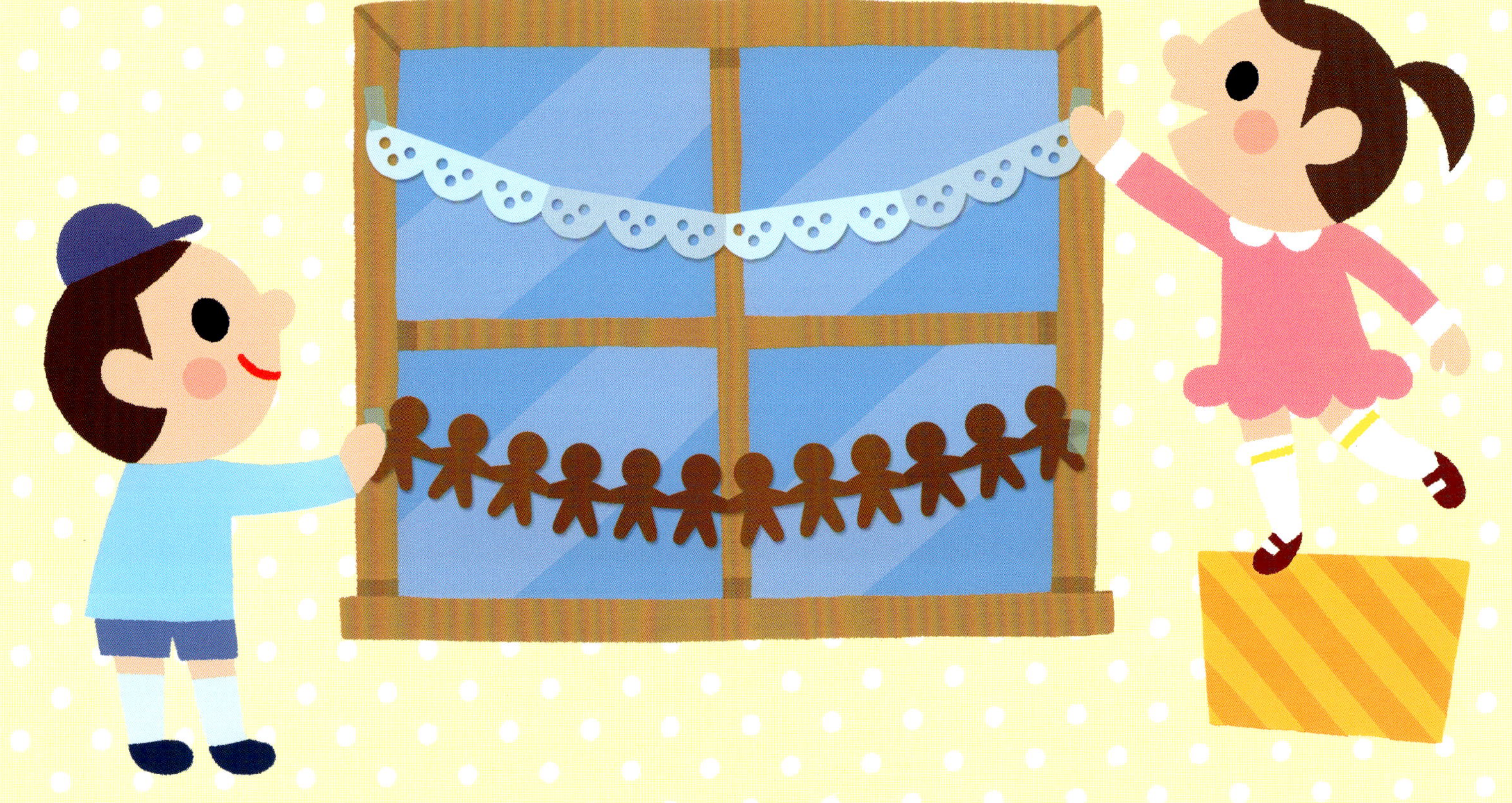

1

아코디언 접기

아코디언 모양처럼 앞으로 뒤로 차곡차곡 접어요.
여러 개를 연결해 길게 만들어도 좋아요.

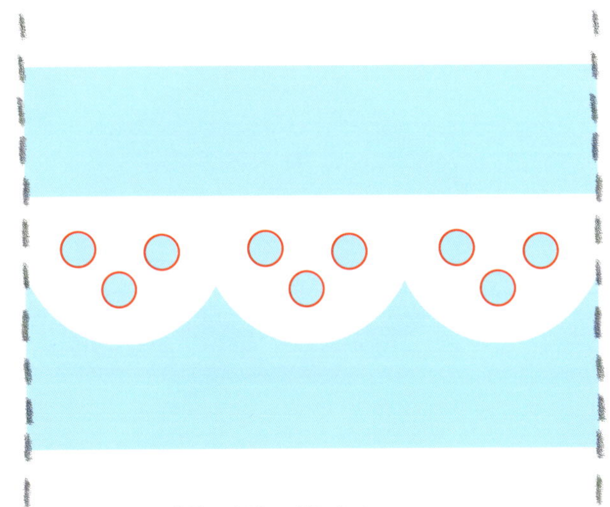

구멍은 펀치로 뚫거나
어려우면 사인펜으로 그려요.

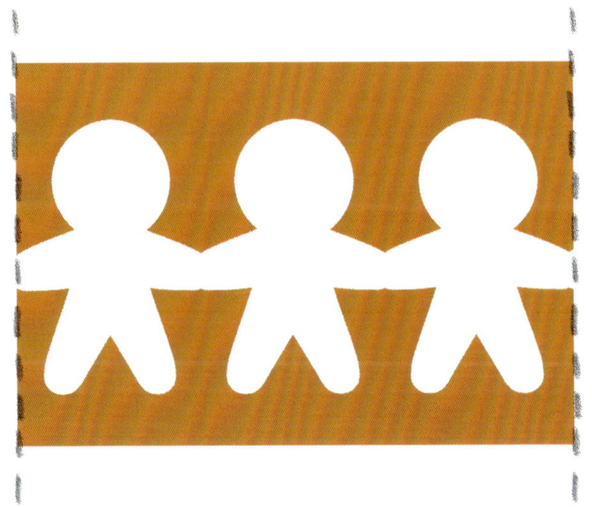

다양한 모양으로 만들어 봐요.

2

레이스를 창문에 달아요.
노트를 장식해도 좋고,
선물 포장에 활용해도 좋아요.

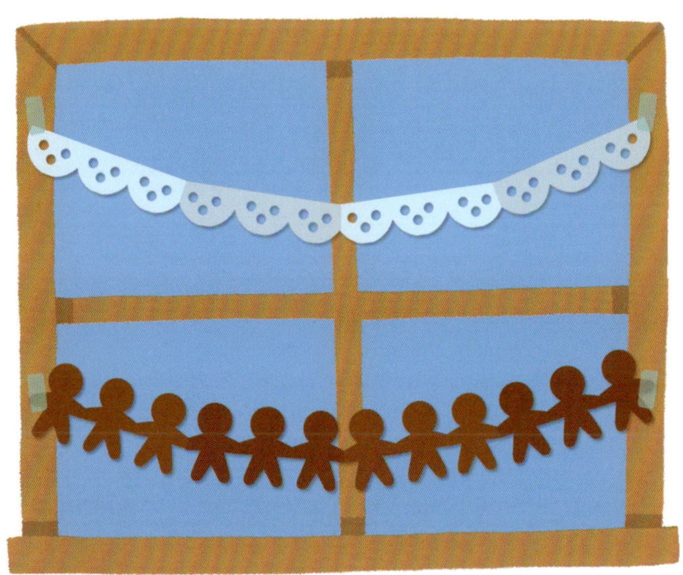

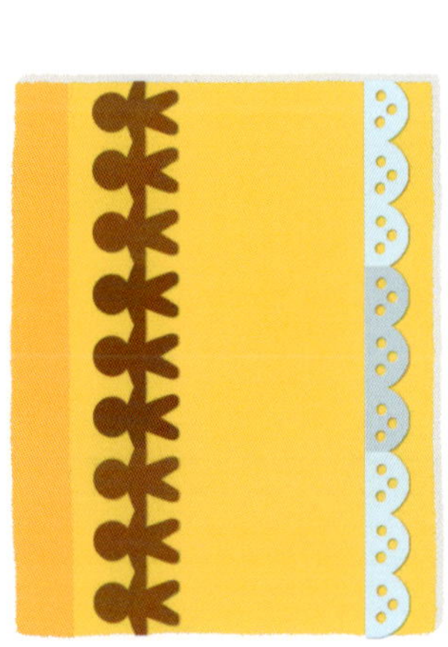

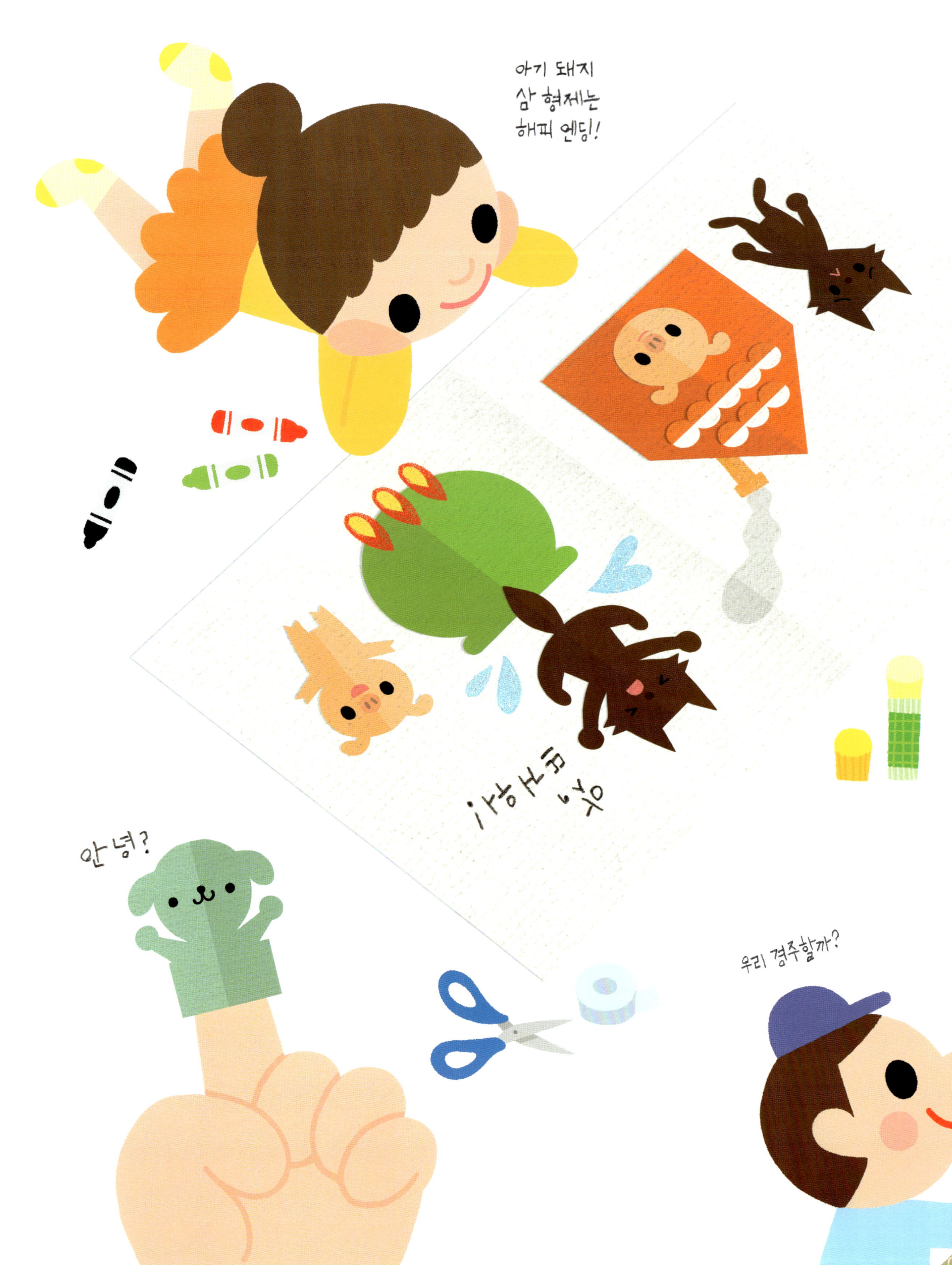

아기 돼지
삼 형제는
해피 엔딩!
안녕?
우리 경주할까?
오늘도 신나!

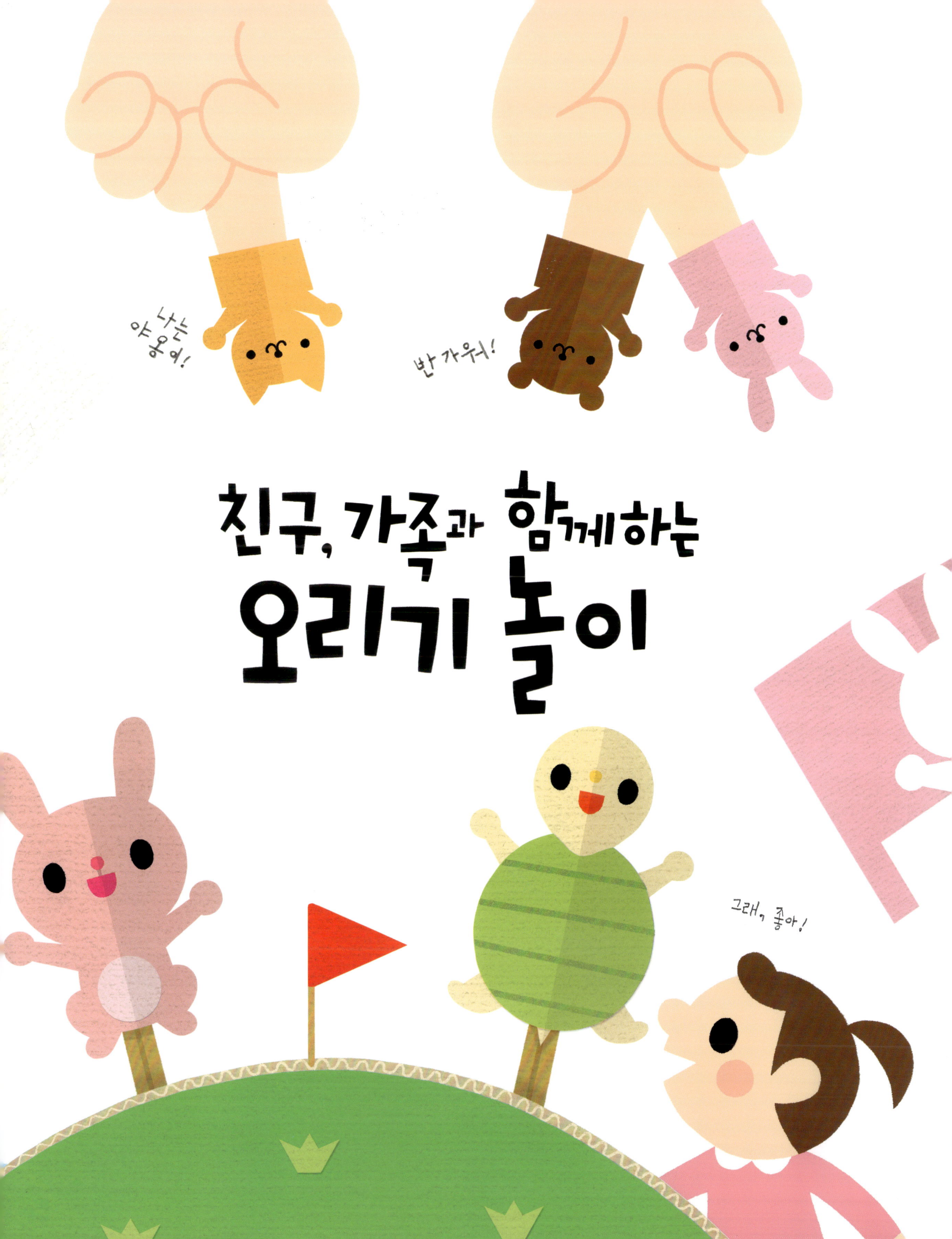

친구, 가족과 함께하는
오리기 놀이

손가락 인형 놀이

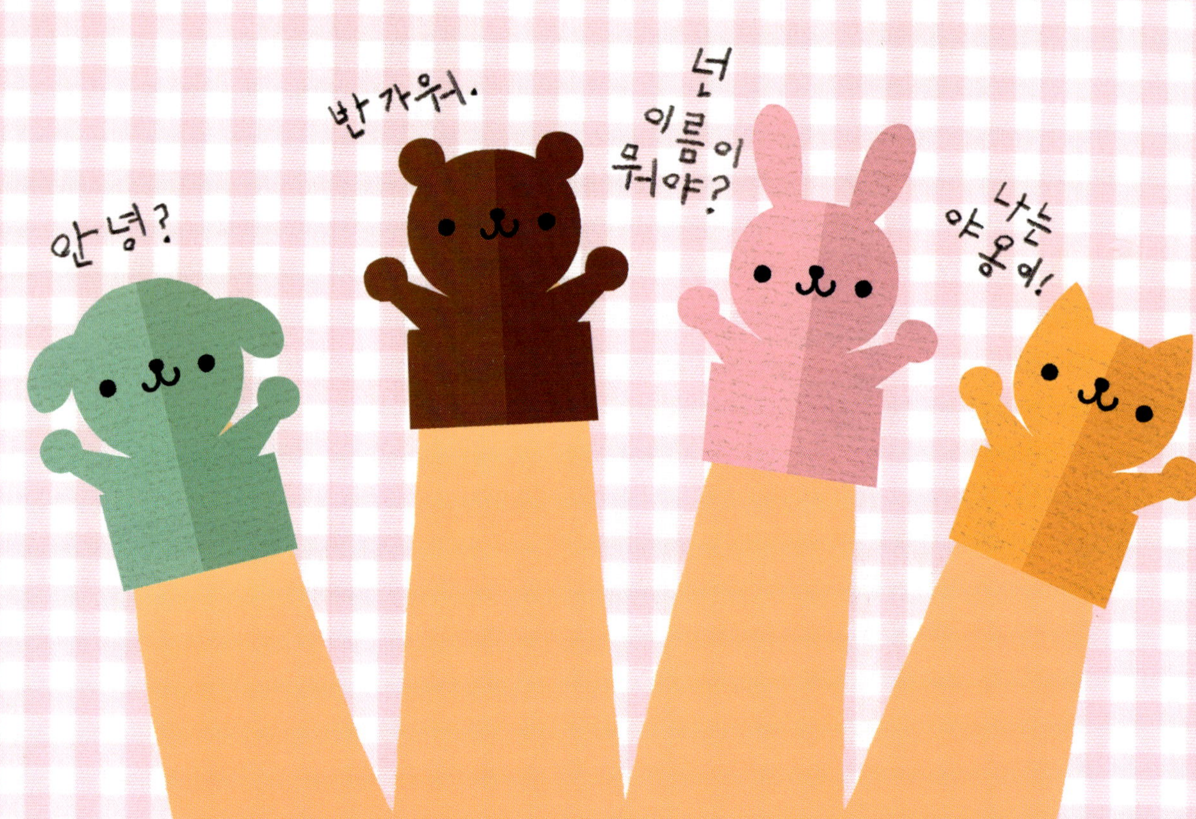

1

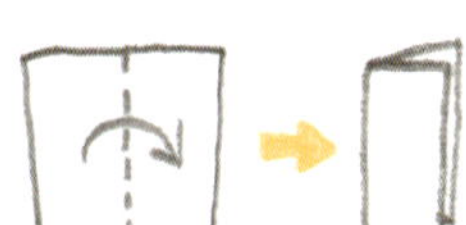

네모 모양 세로로
한 번 접기

눈, 코, 입을 그려 넣어요.

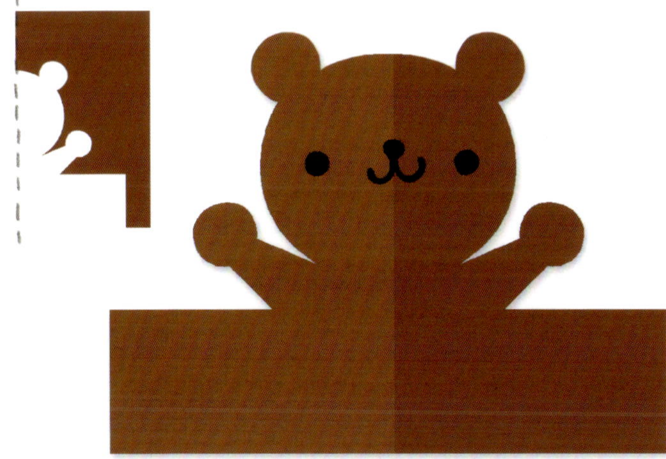

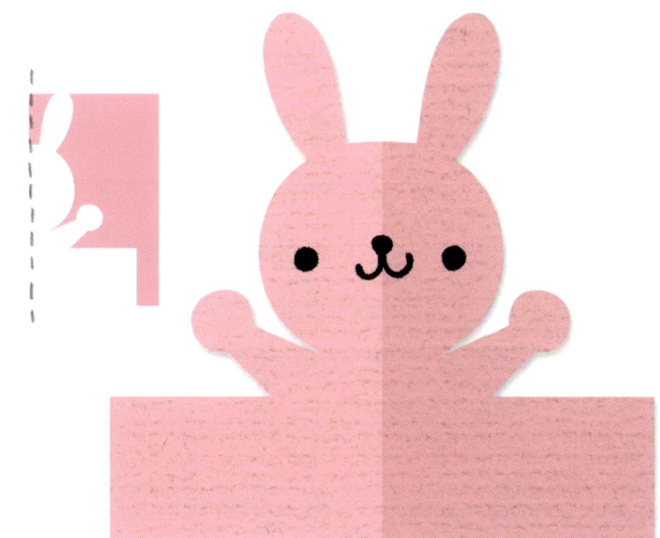

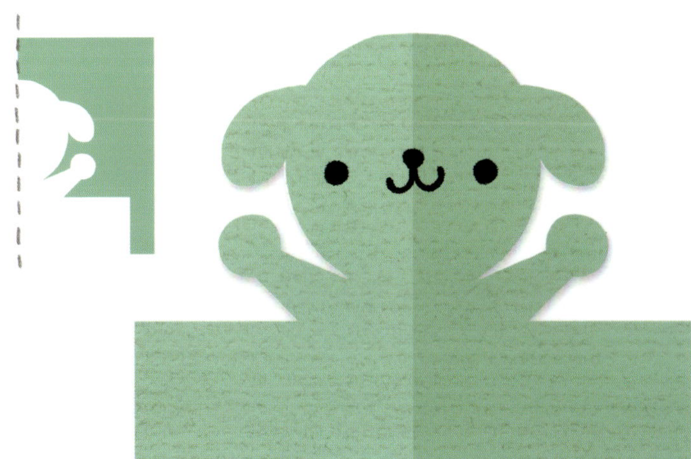

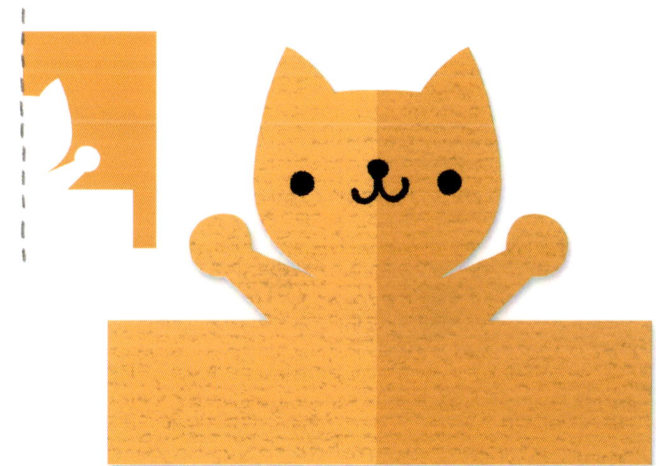

2

손가락 굵기에 맞추어
동그랗게 말아 테이프로 붙여요.

3

인형들을 손가락에 끼우고
재미있게 놀아요!

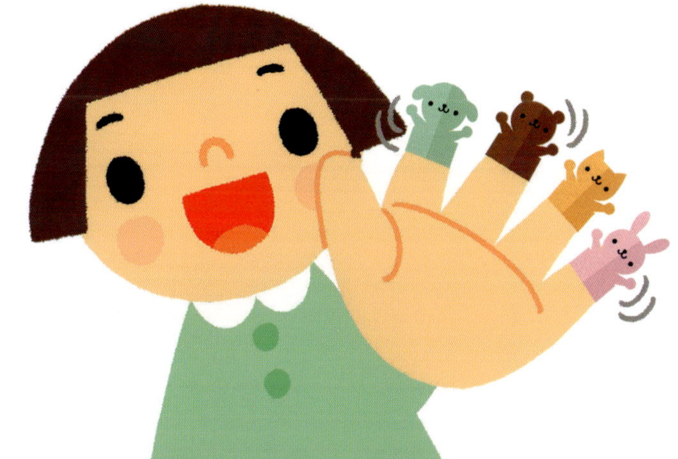

토끼와 거북이

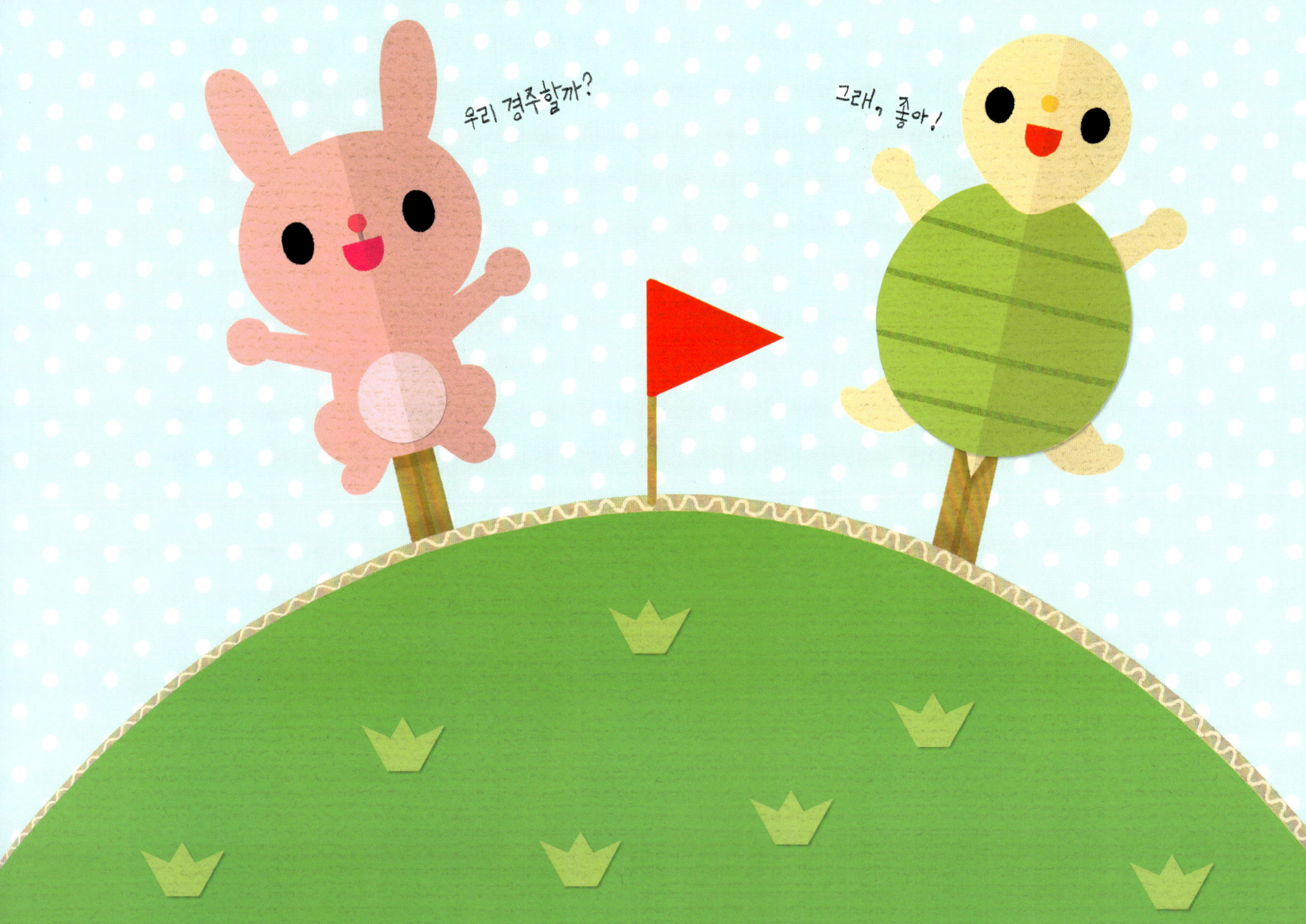

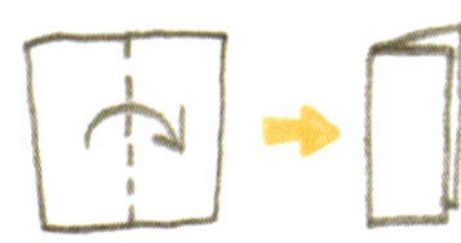

눈, 코, 입을 그려 넣어요.

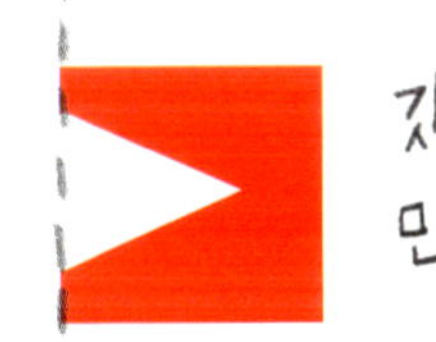

1

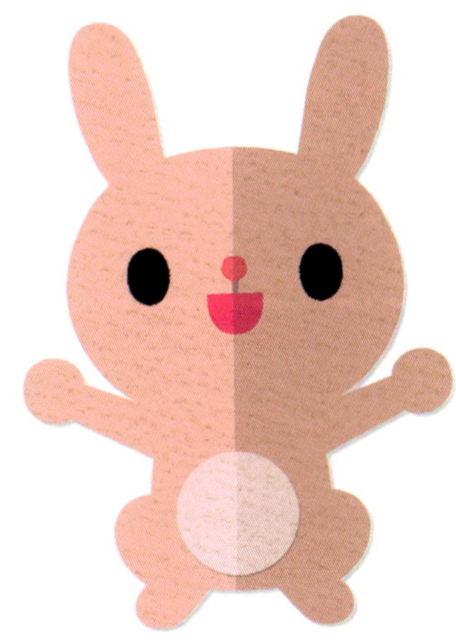

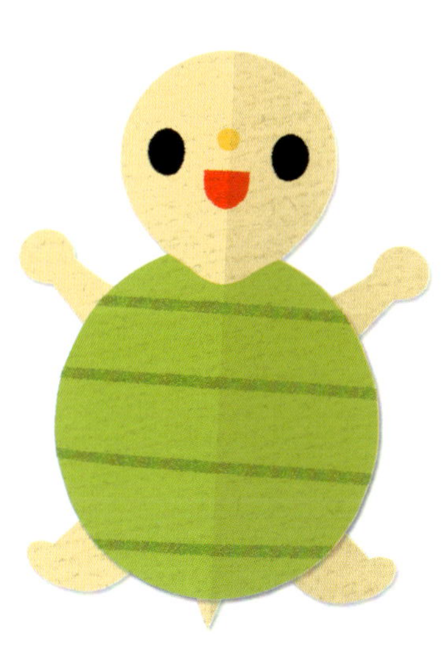

2

테이프로 나무젓가락을 붙여요.
깃발 사이에 이쑤시개를 꽂고
풀로 붙여요.

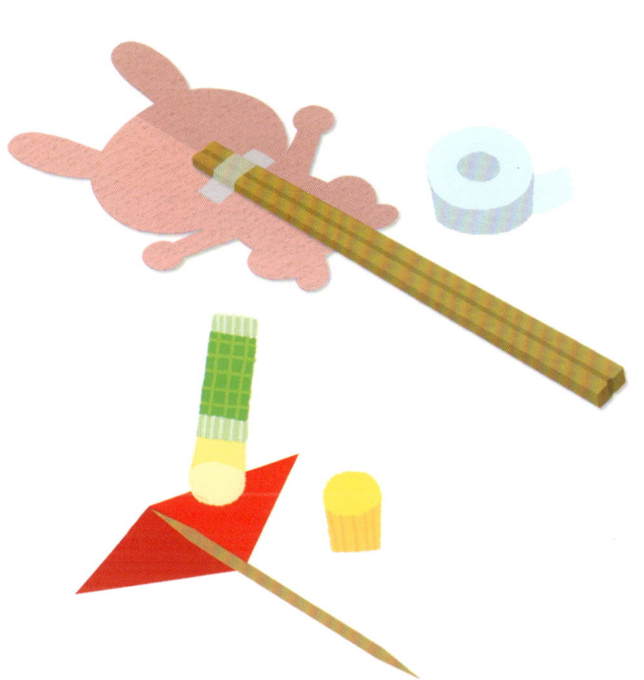

3

골판지를 반원 모양으로
오려서 산을 만들어요.
꼭대기에 깃발을 꽂아요.

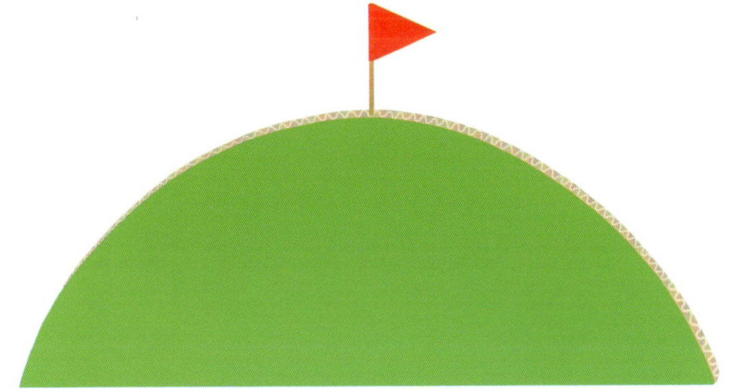

4

골판지 산에서 토끼와 거북이의
경주를 시작해 보세요.

45

아기 돼지 삼 형제

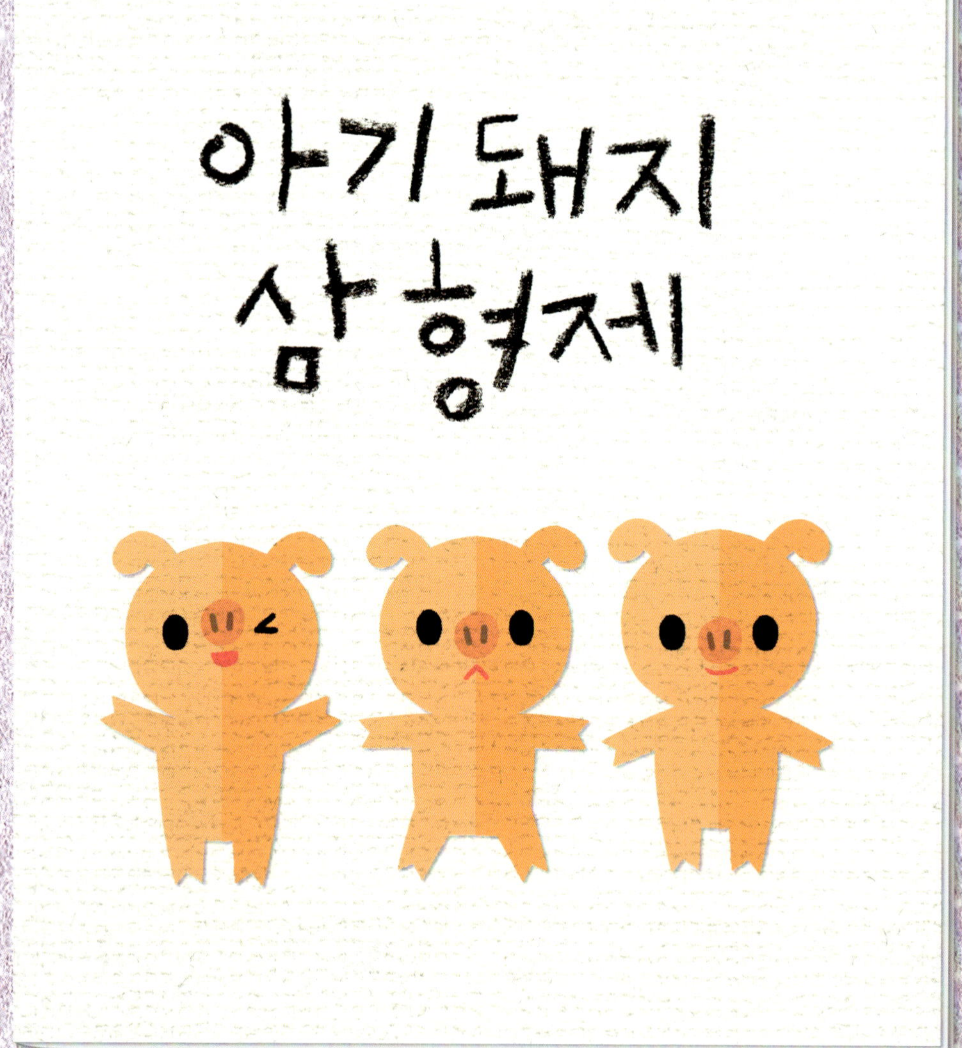

1

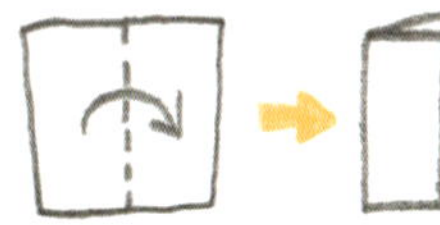

네모 모양 세로로
한 번 접기

눈, 코, 입을 그려 넣어요.

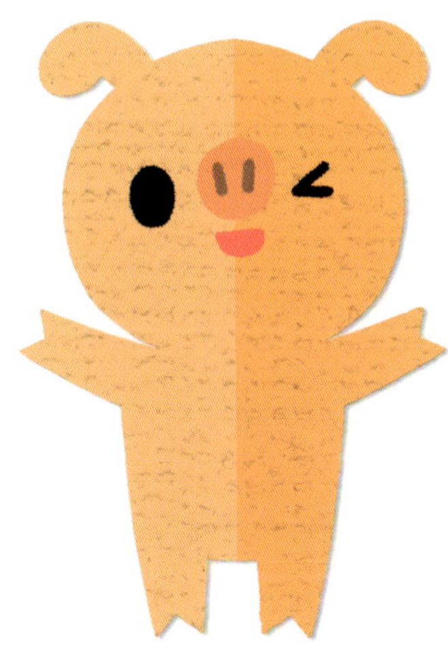

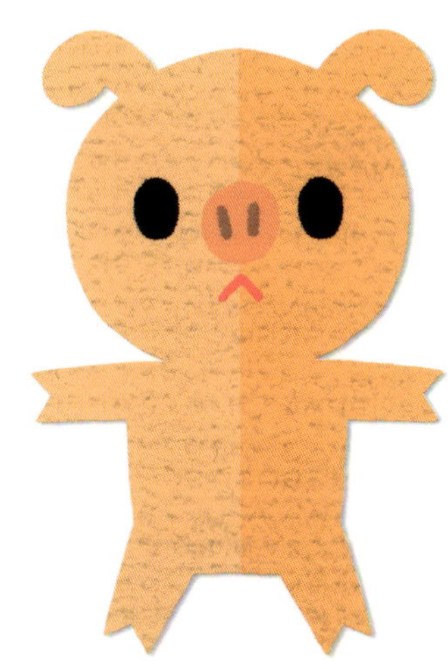

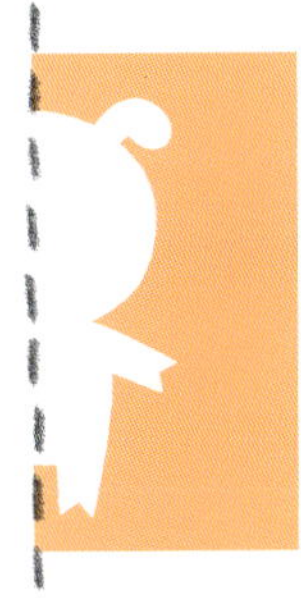

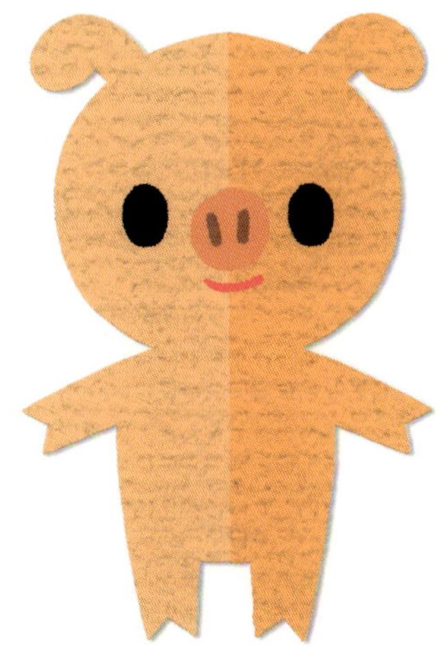

2

네모 모양 세로로
한 번 접기

A4 용지 두 장을 겹쳐
스테이플러로 찍어서 책을 만들어요.

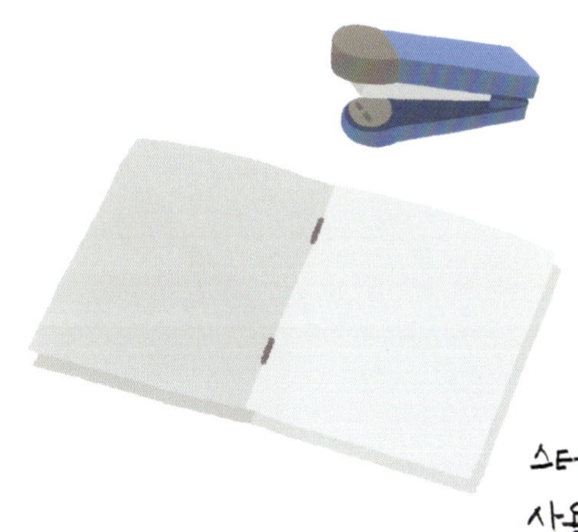

스테이플러를
사용할 땐
엄마가 도와주세요!

3

겉장에 아기 돼지 삼 형제를 붙이고
크레파스로 제목을 써요.

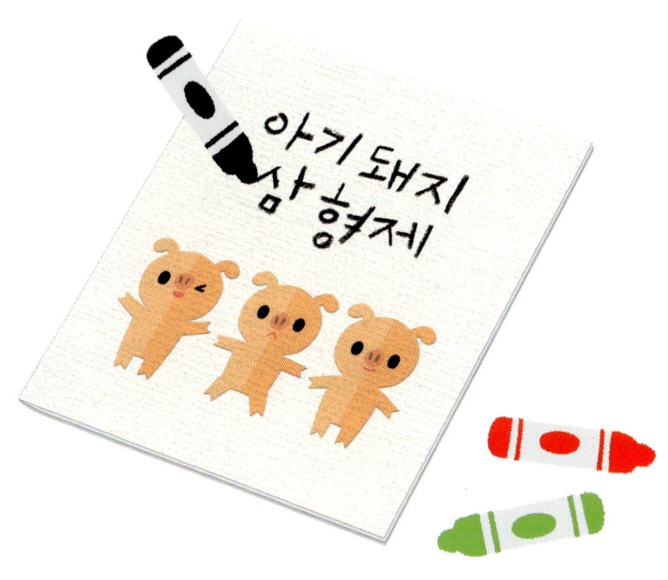

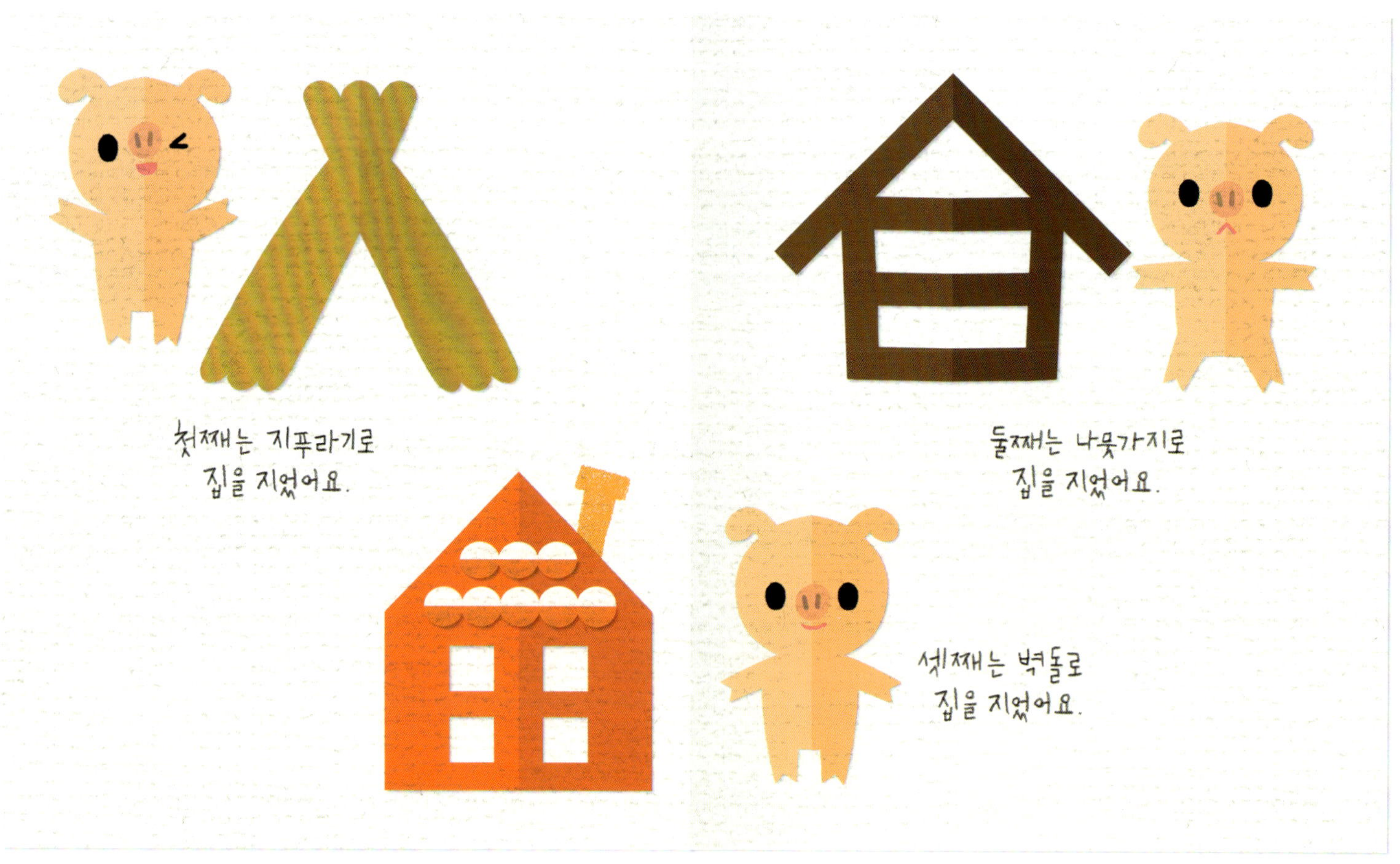

첫째는 지푸라기로
집을 지었어요.

둘째는 나뭇가지로
집을 지었어요.

셋째는 벽돌로
집을 지었어요.

네모 모양 세로로
한 번 접기

1 눈, 코, 입을 그려 넣어요.

2 이야기를 생각하며
책에 붙여요.

3 이야기를 써넣고,
꾸며 주세요.

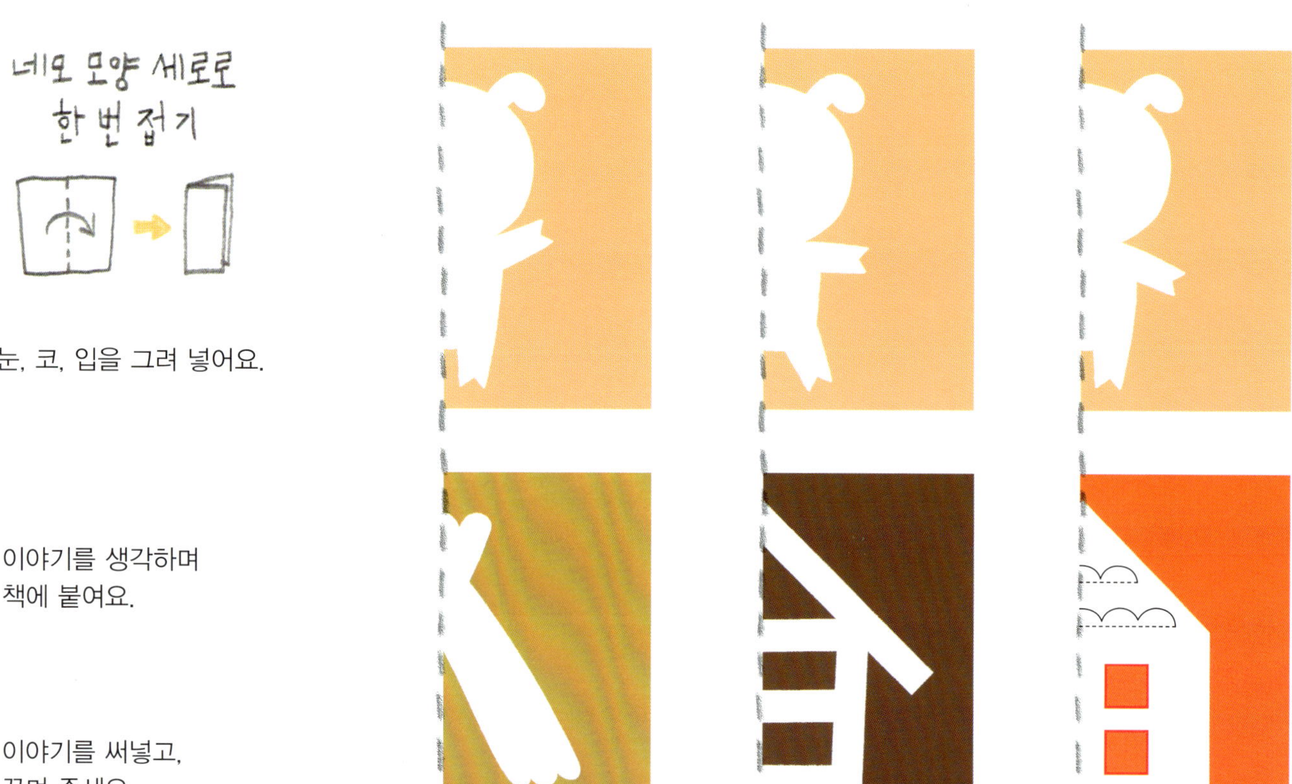

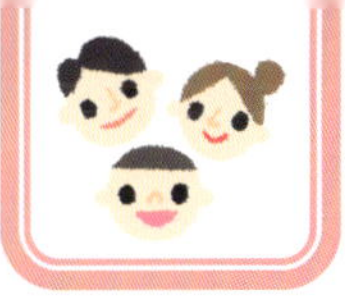

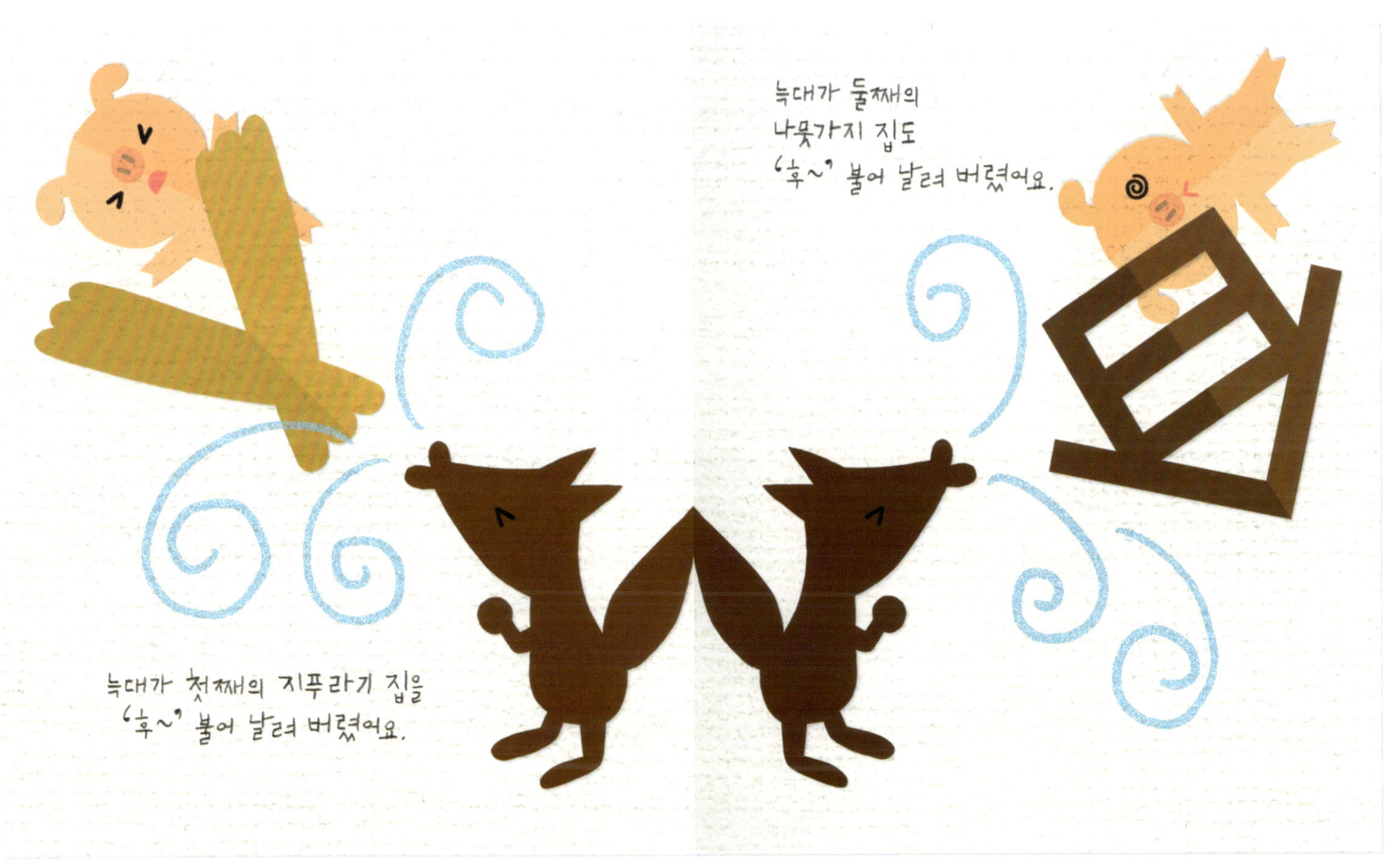

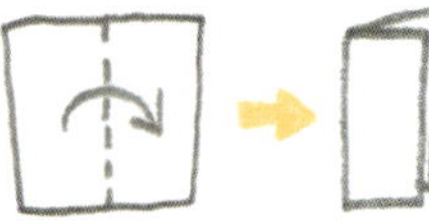

네모 모양 세로로
한 번 접기

1 눈, 코, 입을 그려 넣어요.

2 이야기를 생각하며
책에 붙여요.

3 이야기를 써넣고,
꾸며 주세요.

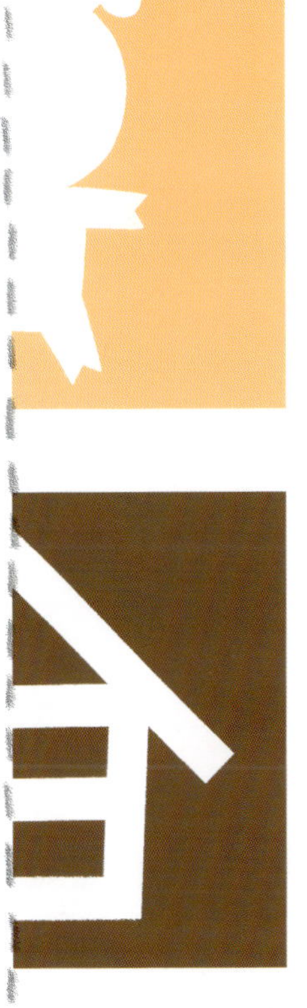

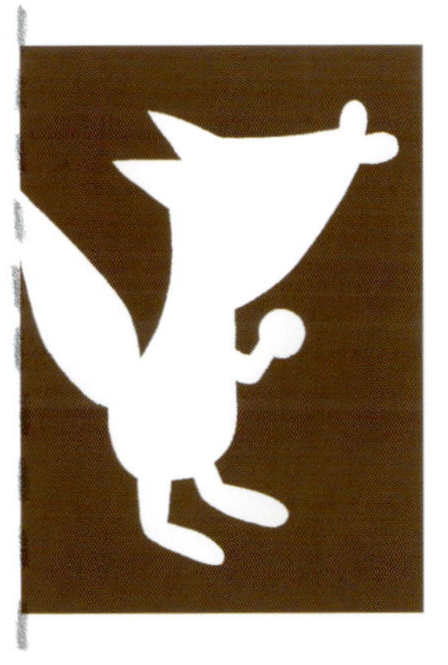

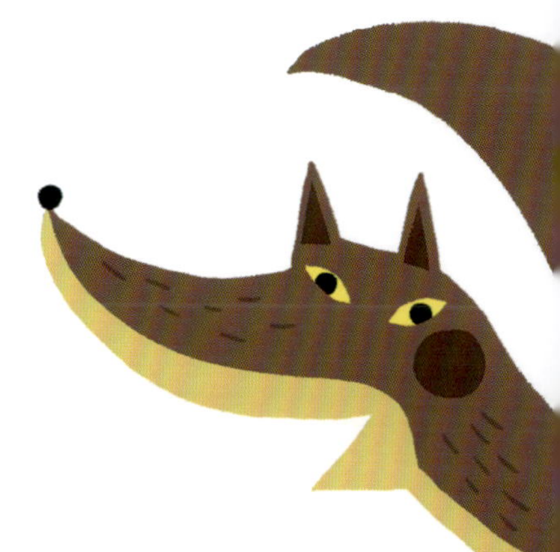

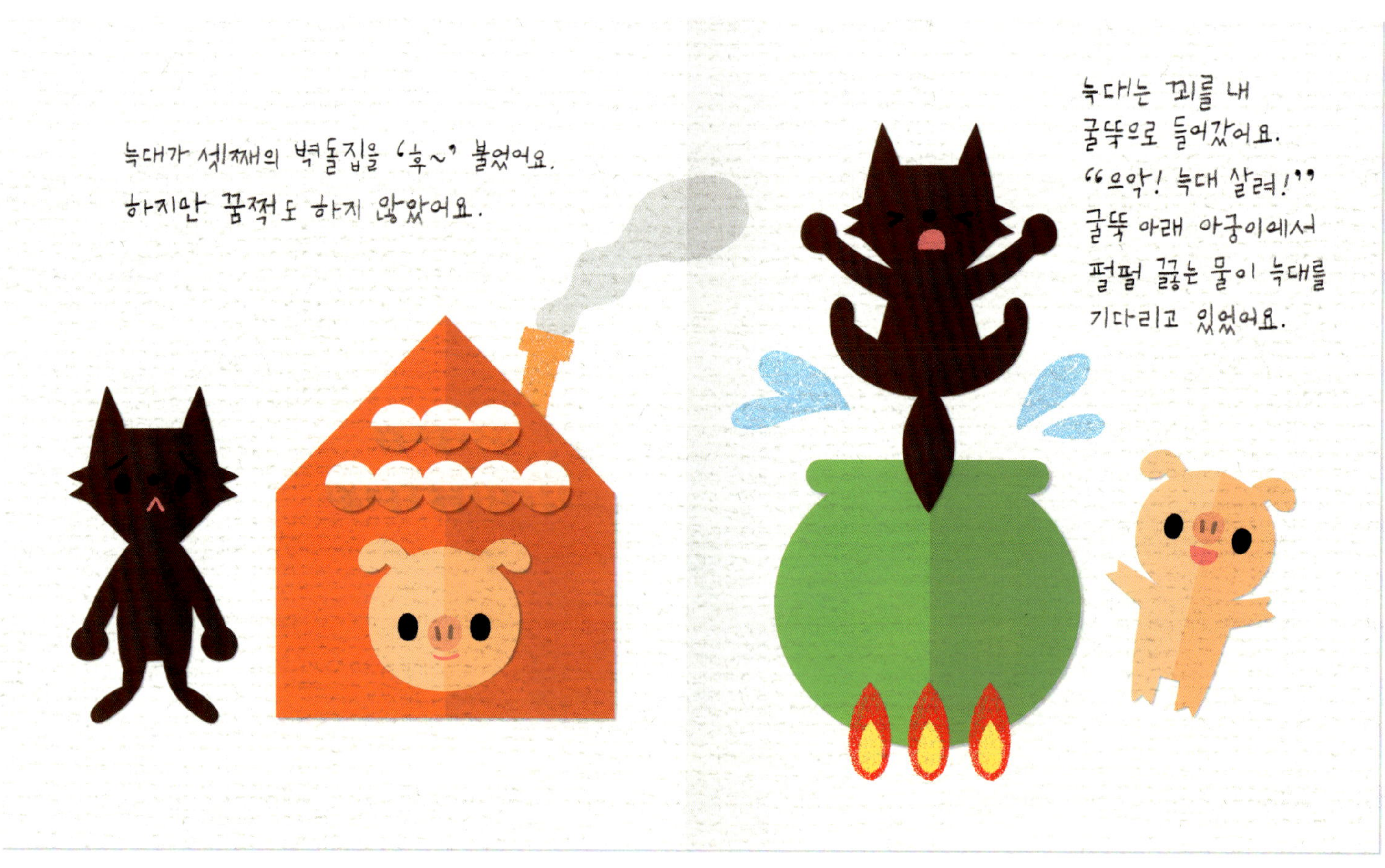

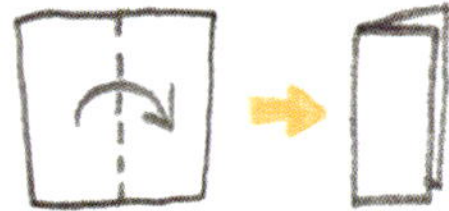

1 눈, 코, 입을 그려 넣어요.

2 이야기를 생각하며
책에 붙여요.

3 이야기를 써넣고,
꾸며 주세요.

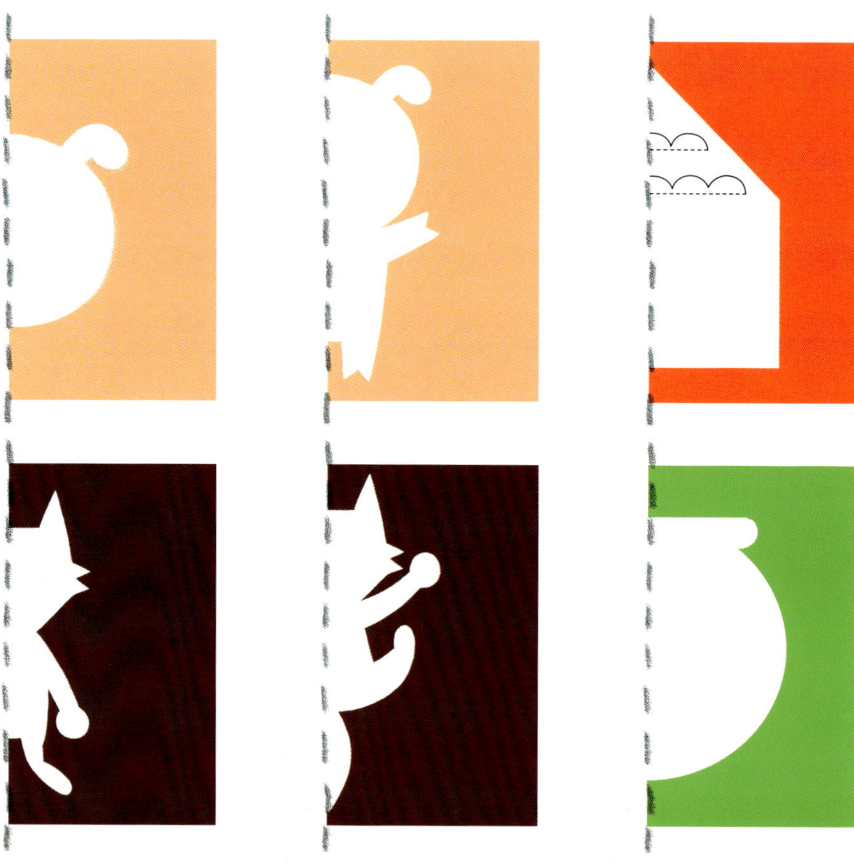

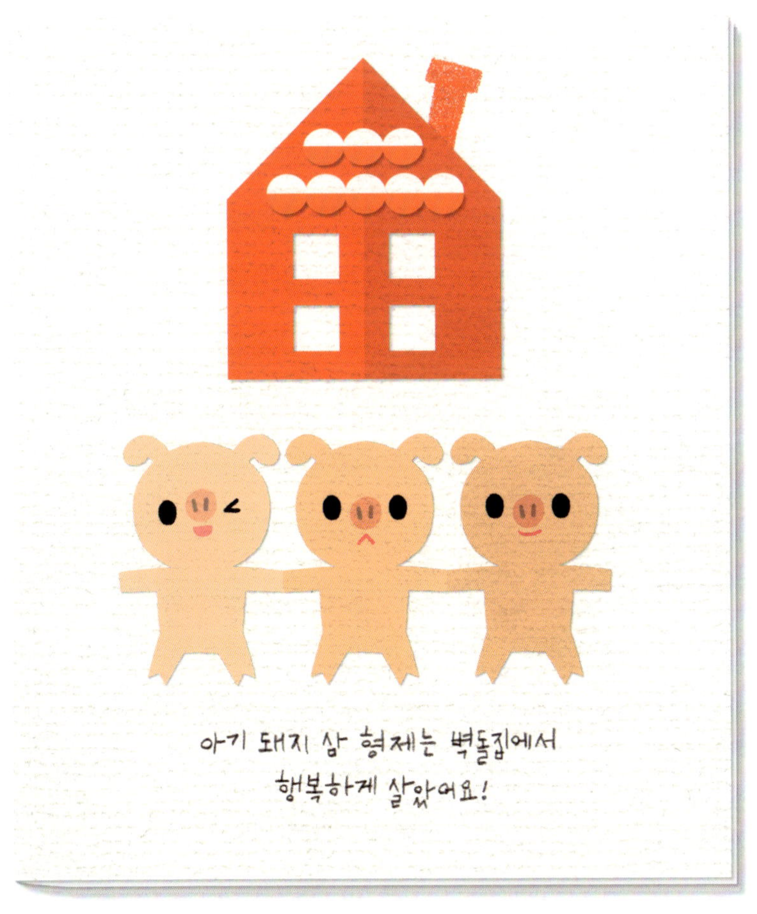

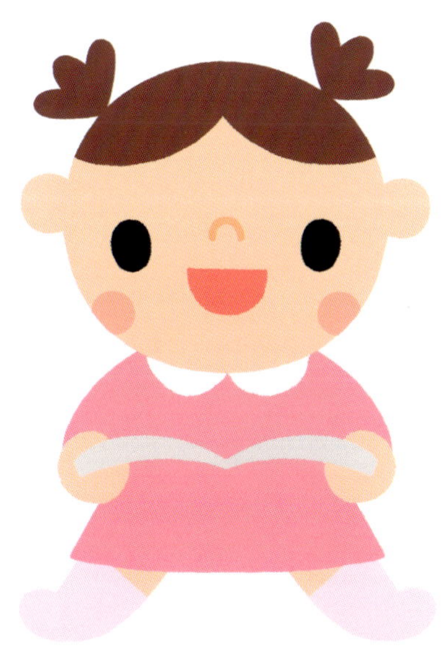

1 그림을 따라 오린 다음,
눈, 코, 입을 그려 넣어요.

네모 모양 세로로
두 번 접기

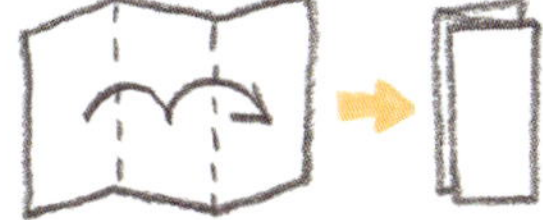

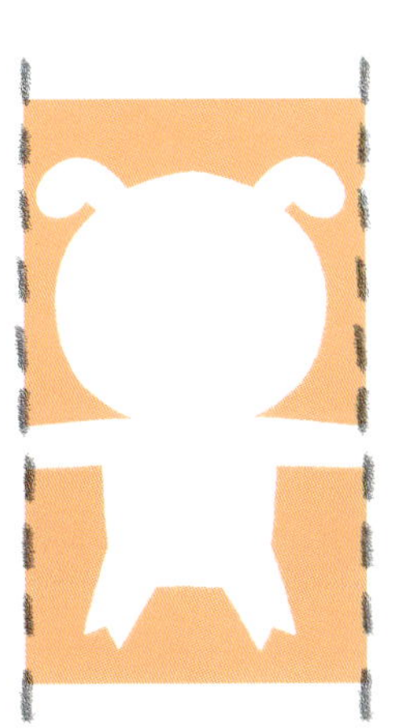

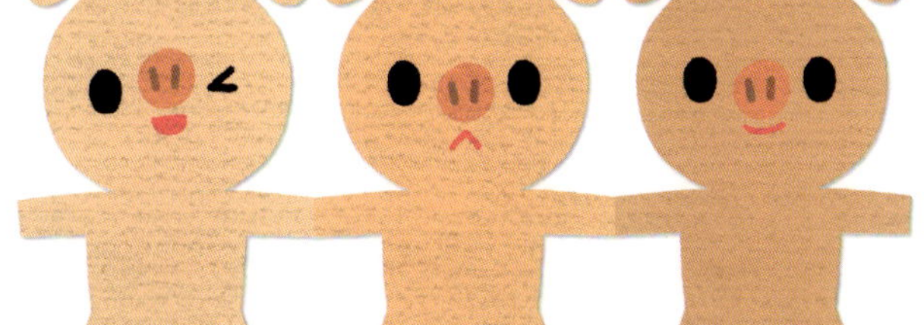

2 그림을 따라 오려요.

네모 모양 세로로
한 번 접기

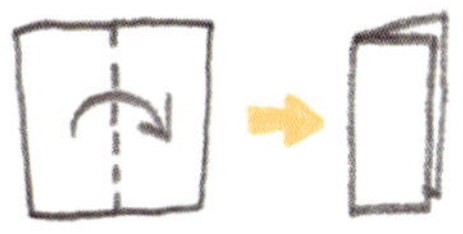

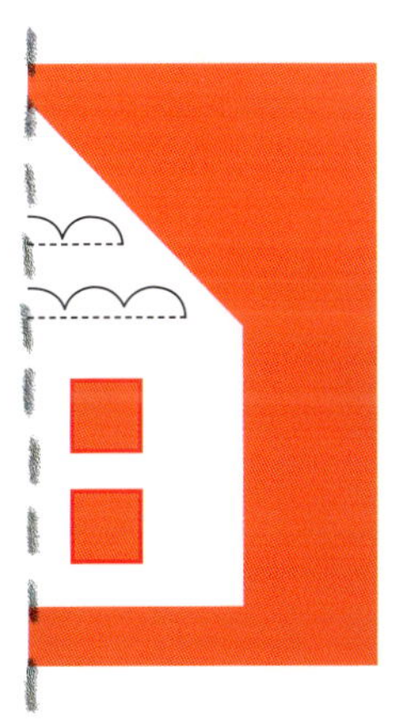

3 이야기를 생각하며
책에 붙여요.

창문은
칼로 조심조심 오려요.
엄마가 도와주세요!

4 이야기를 써넣고,
꾸며 주세요.

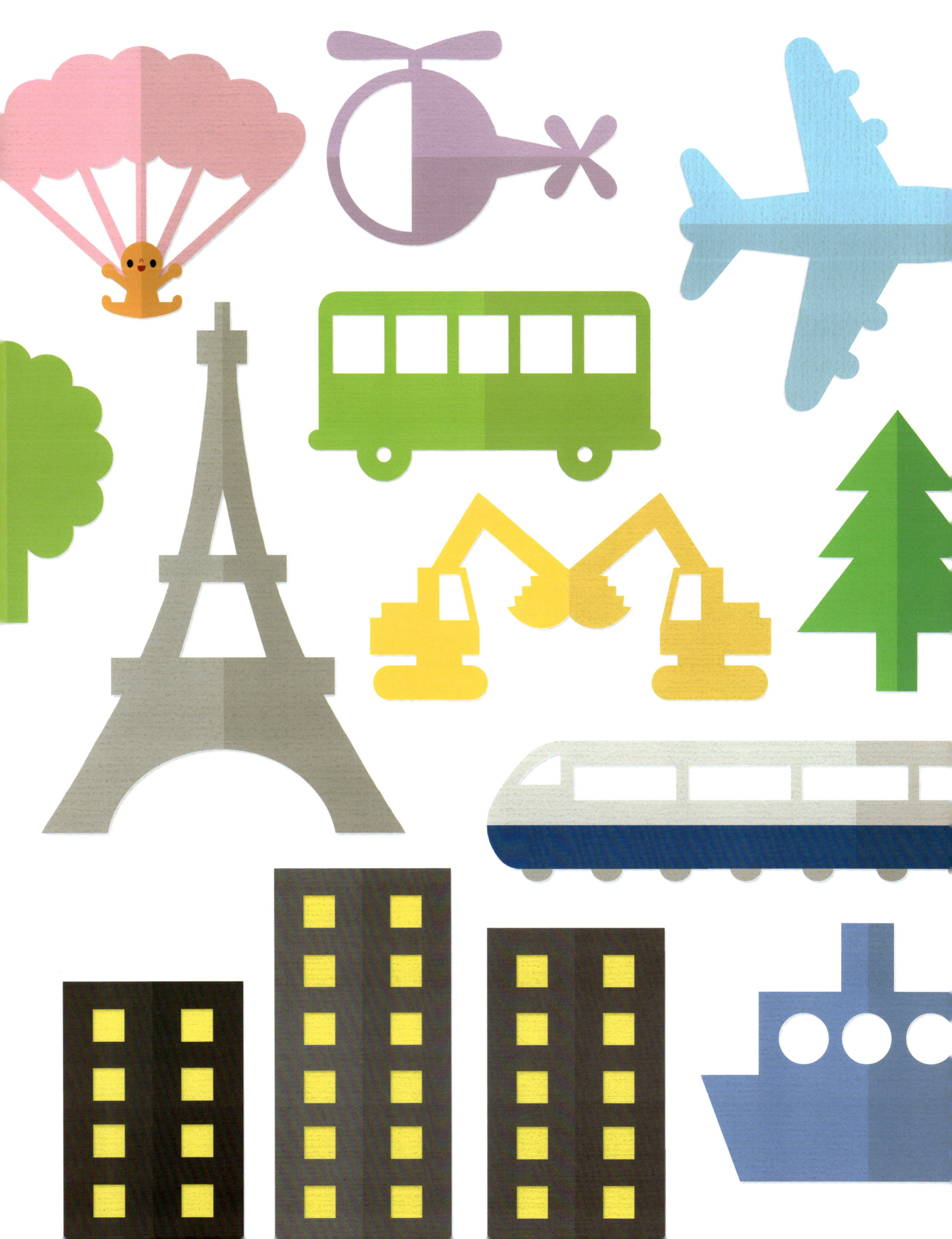

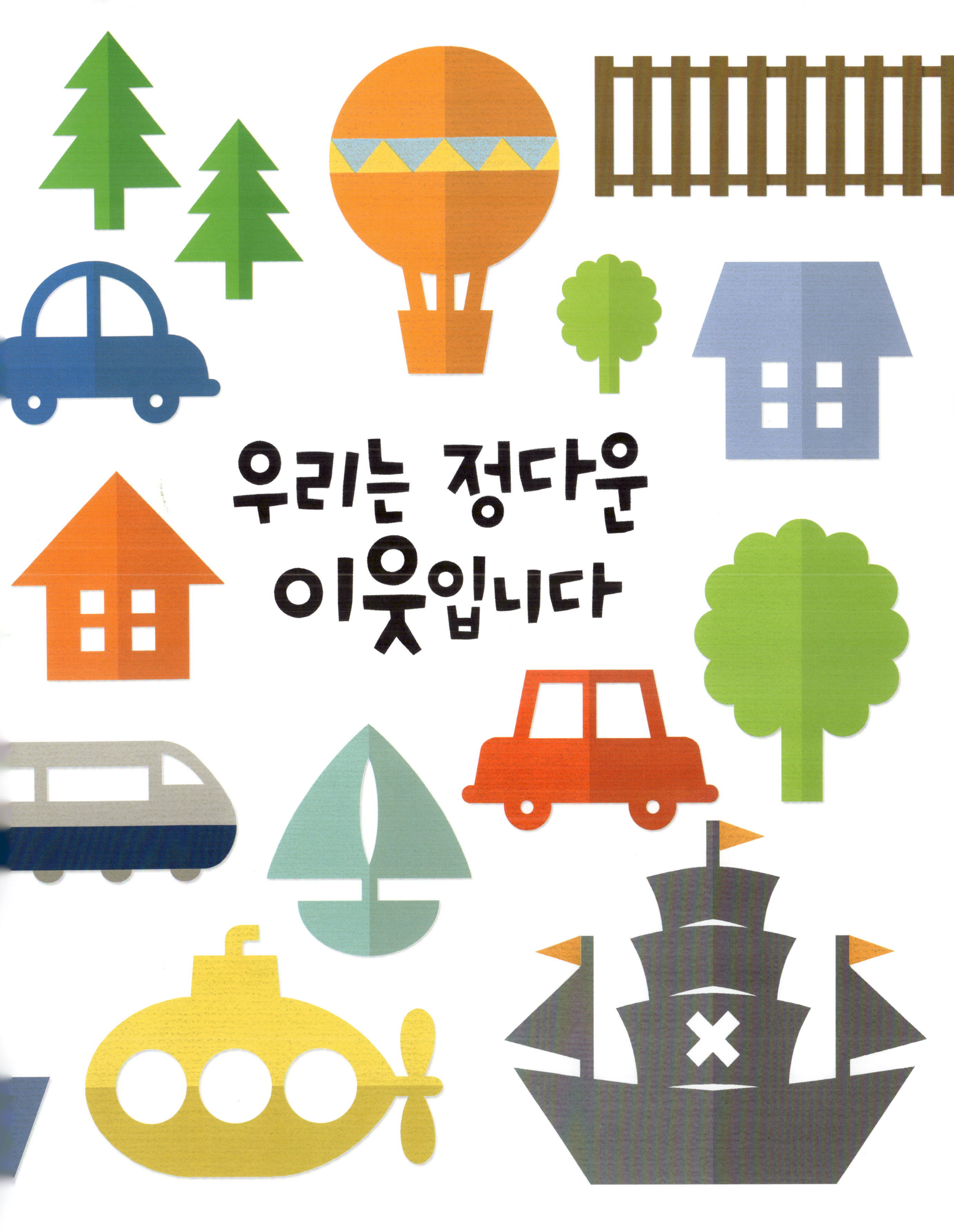
우리는 정다운
이웃입니다

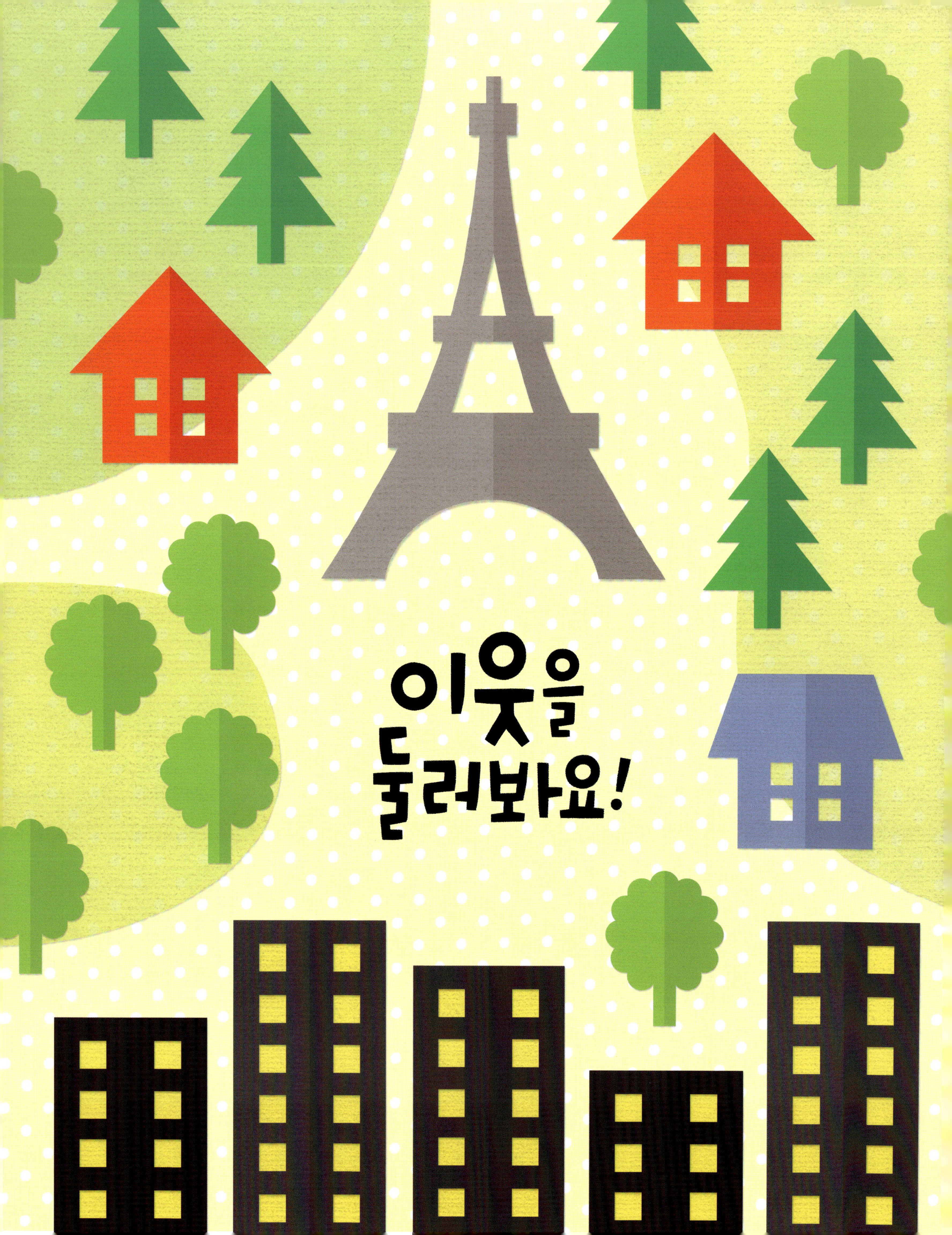

이웃을
둘러봐요!

집

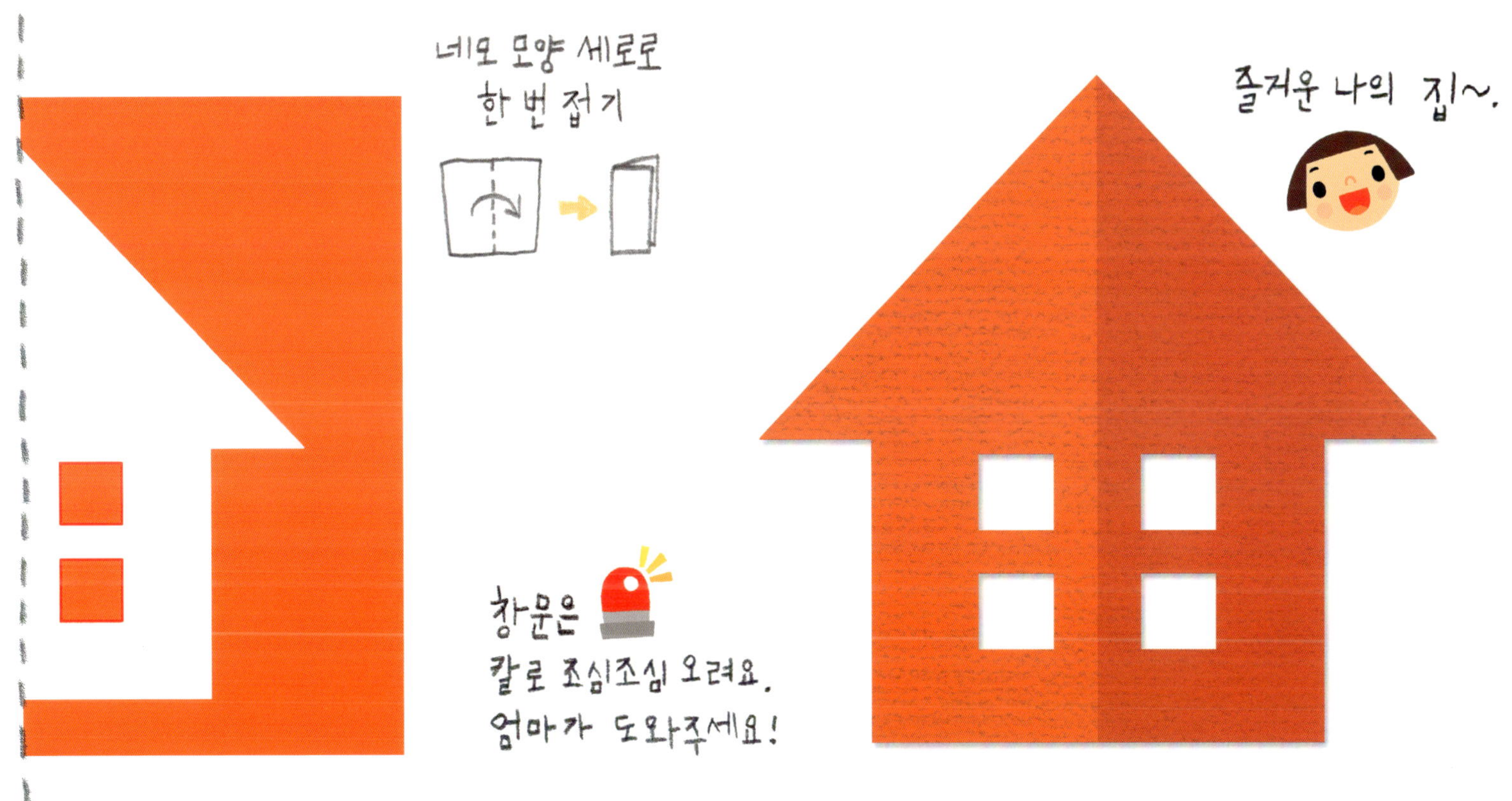

네모 모양 세로로
한 번 접기

즐거운 나의 집~.

창문은
칼로 조심조심 오려요.
엄마가 도와주세요!

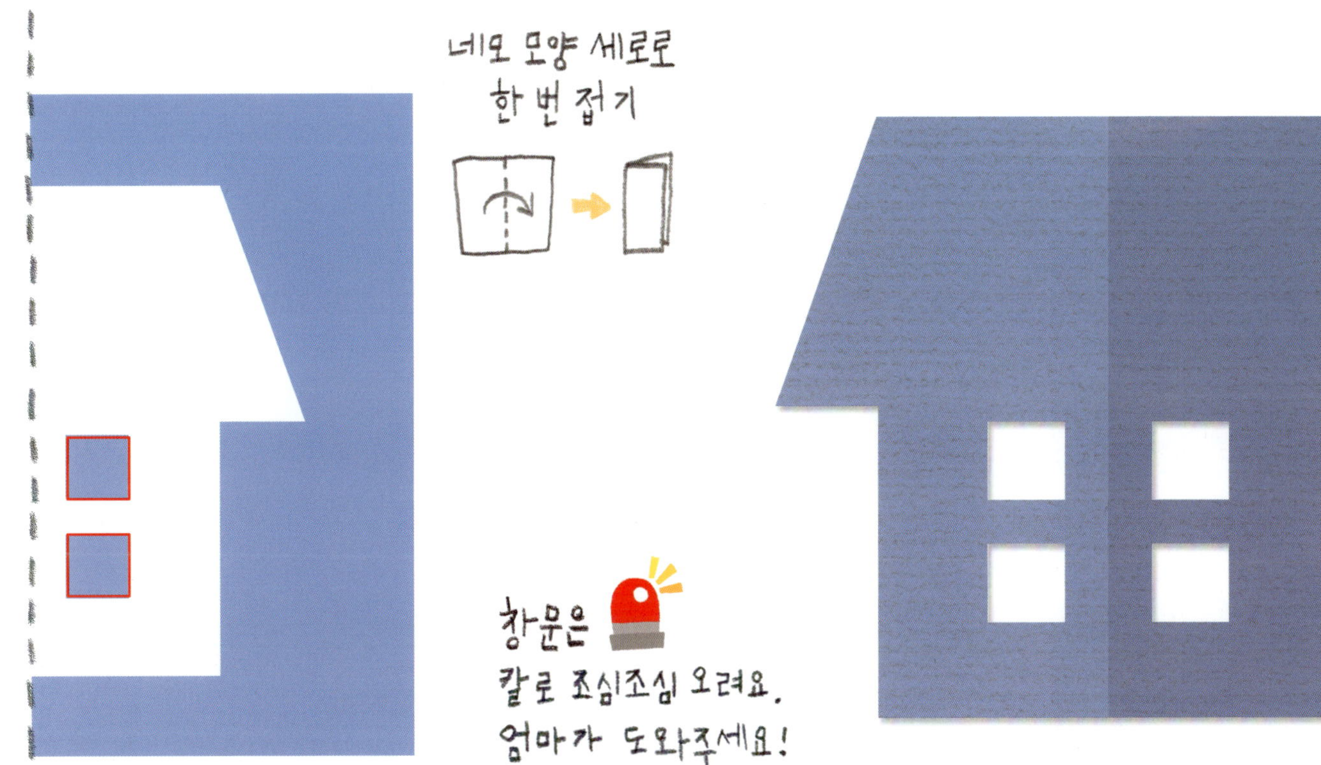

네모 모양 세로로
한 번 접기

창문은
칼로 조심조심 오려요.
엄마가 도와주세요!

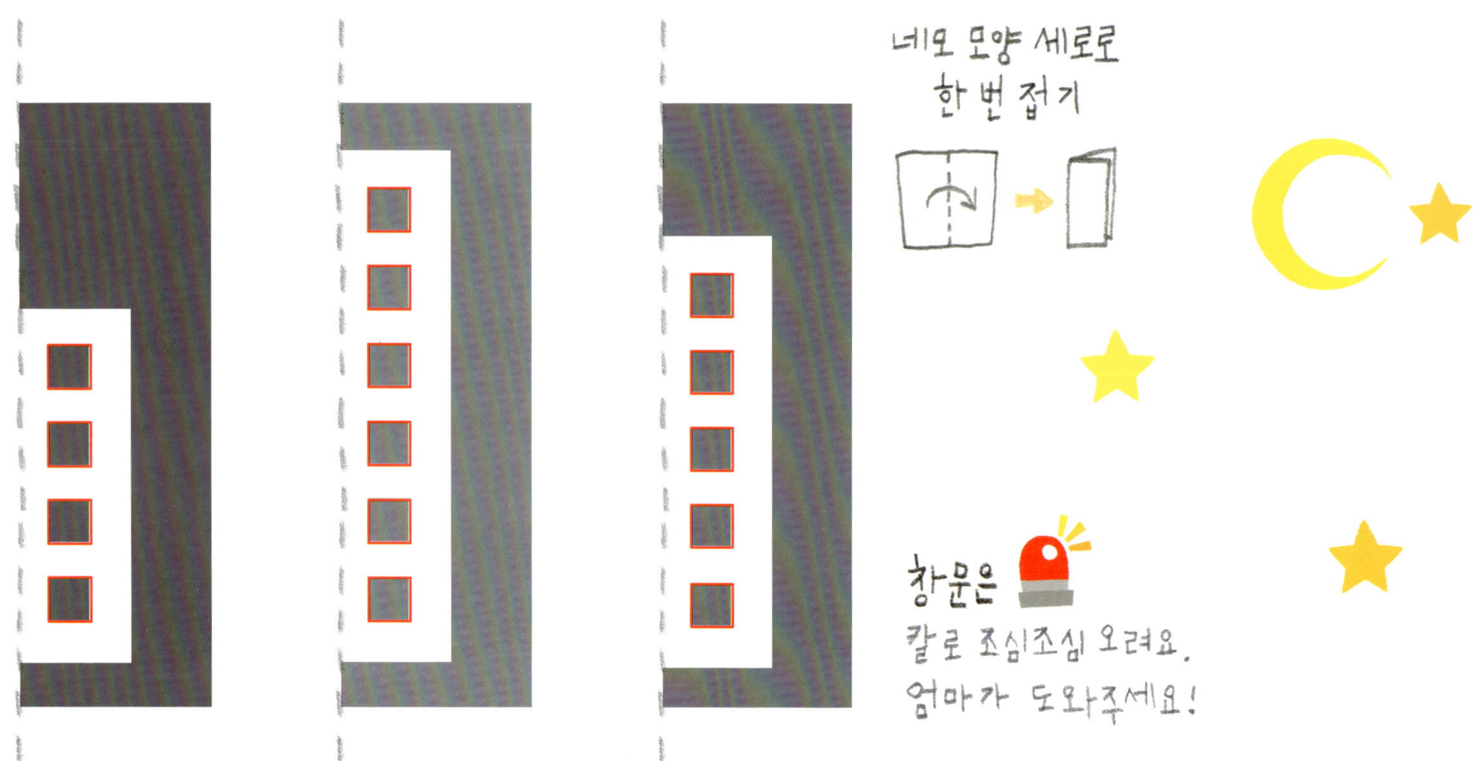

네모 모양 세로로
한 번 접기

창문은
칼로 조심조심 오려요.
엄마가 도와주세요!

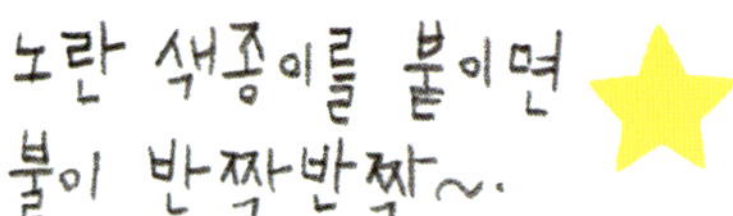

노란 색종이를 붙이면
불이 반짝반짝~

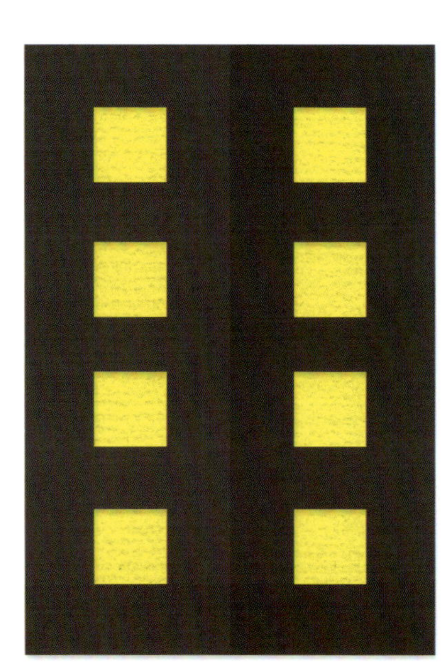

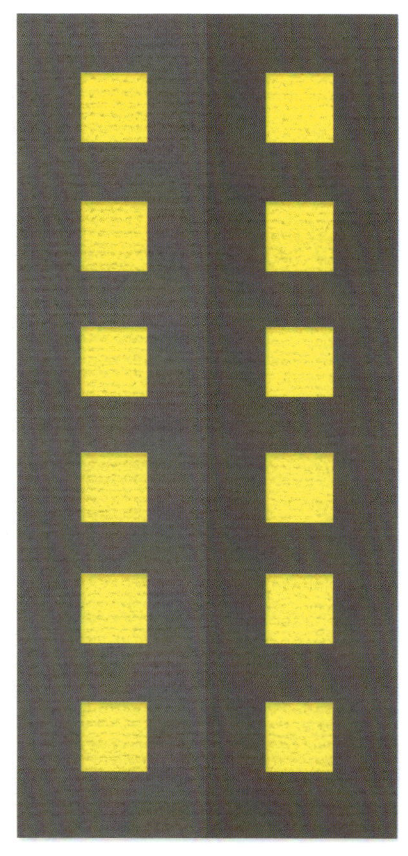

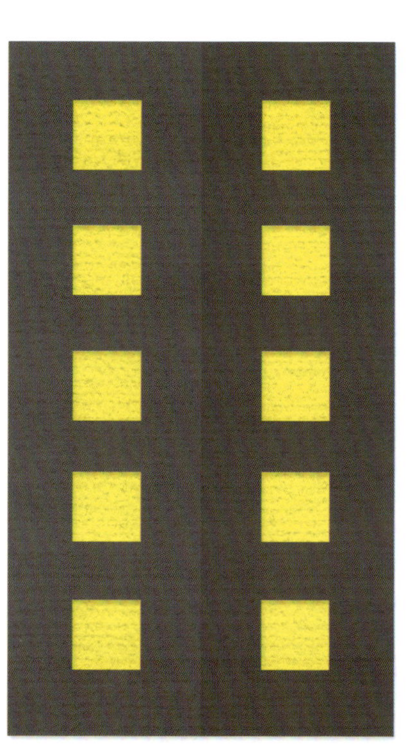

에펠탑과 나무

네모 모양 세로로
한 번 접기

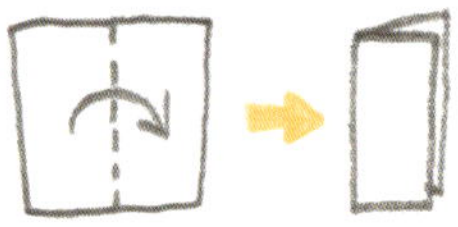

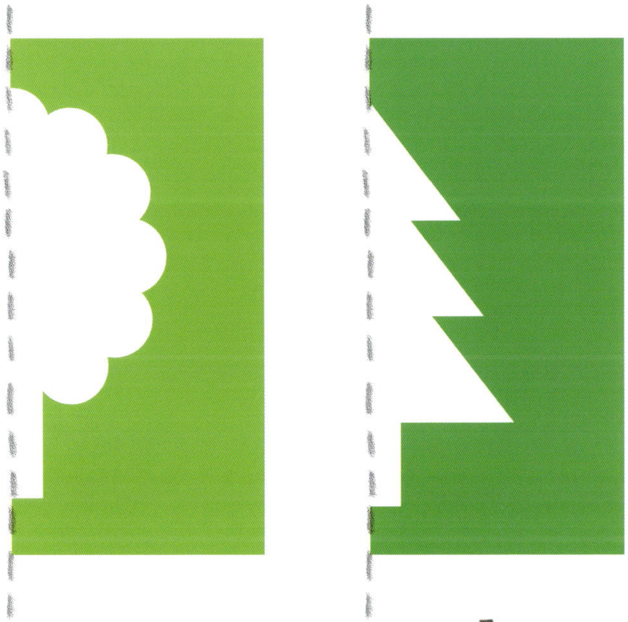

나무를 여러 개
만들어요.

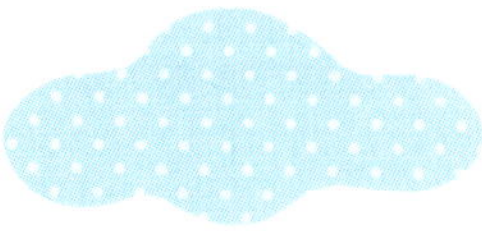

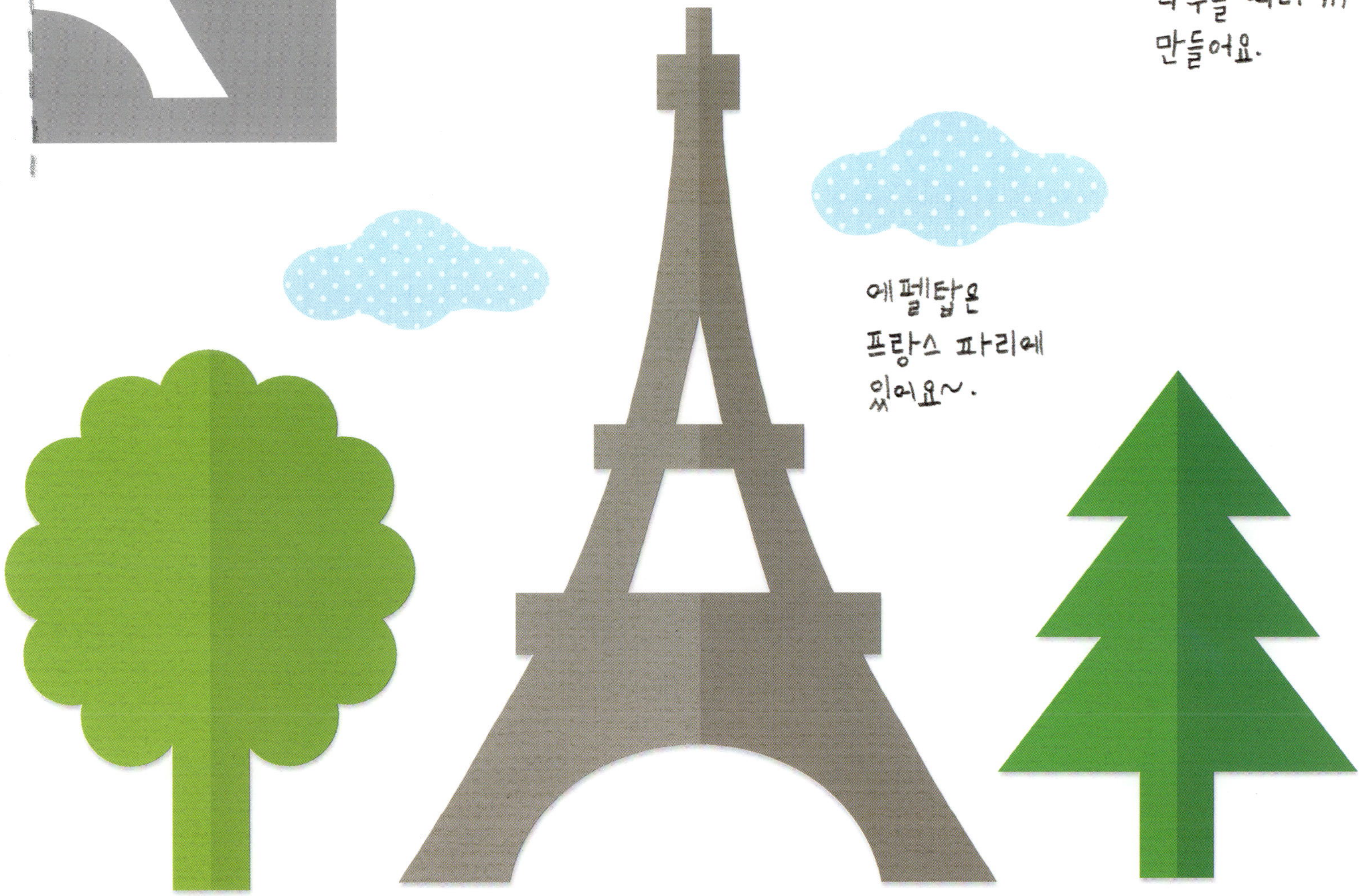

에펠탑은
프랑스 파리에
있어요~.

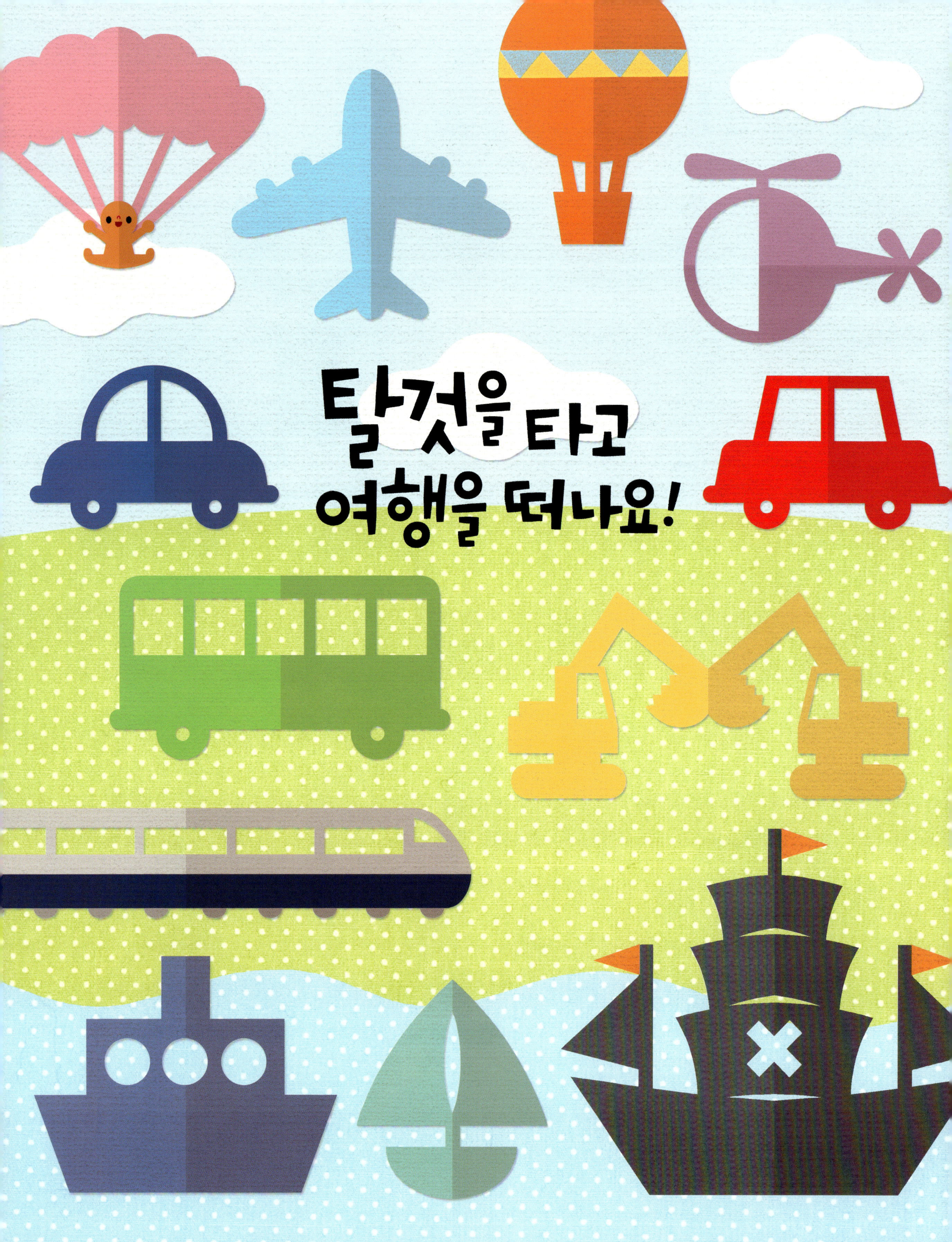

탈것을 타고
여행을 떠나요!

자동차

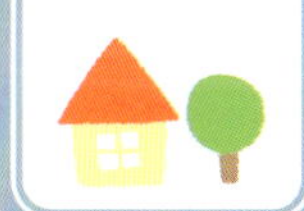

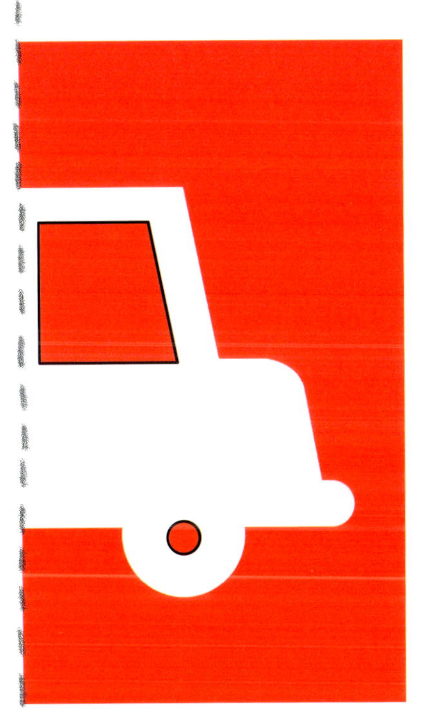

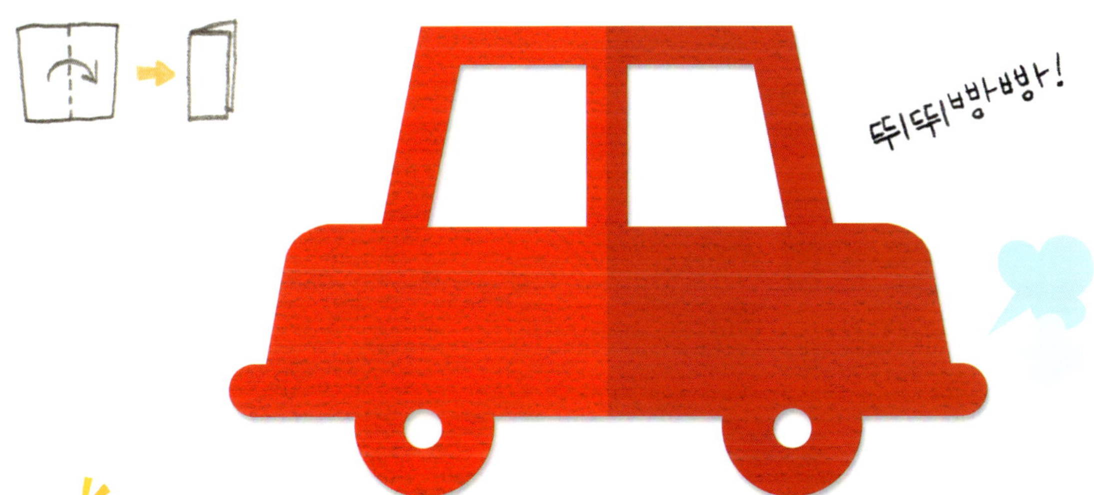

창문은
칼로 조심조심 오려요. 엄마가 도와주세요!
어려우면 사인펜으로 그려도 좋아요.

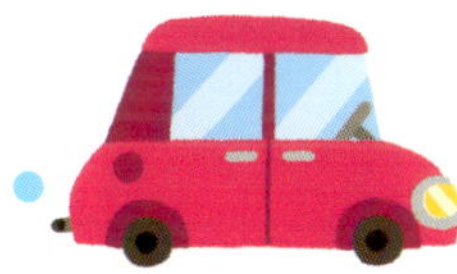

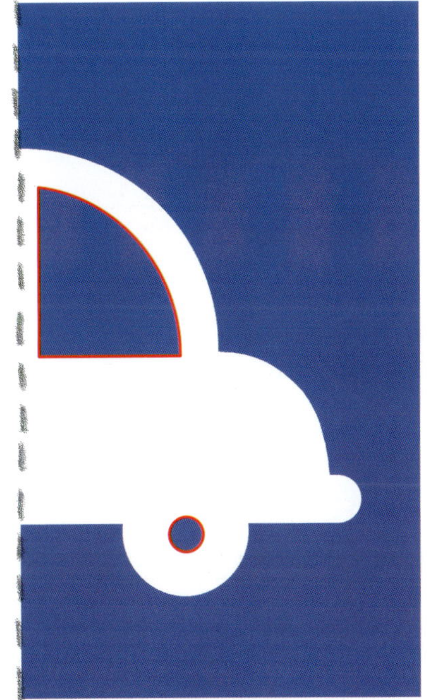

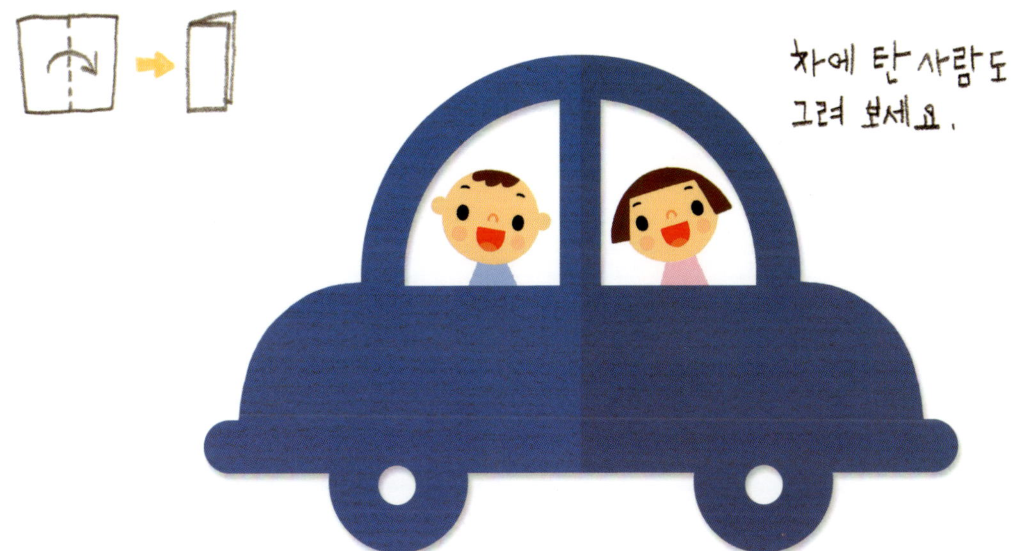

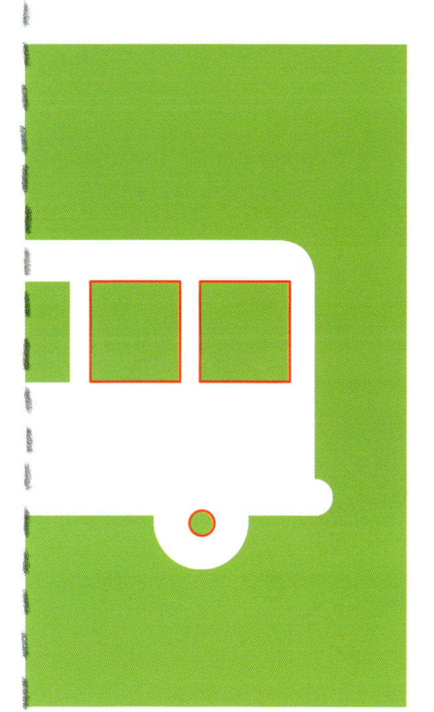
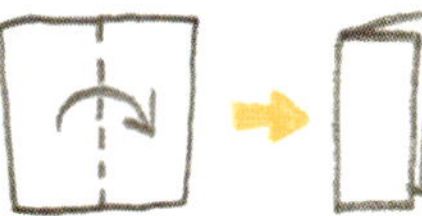

네모 모양 세로로
한 번 접기

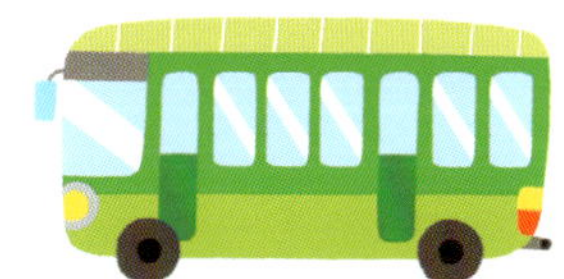

버스 안에 승객들을
그려 보세요.

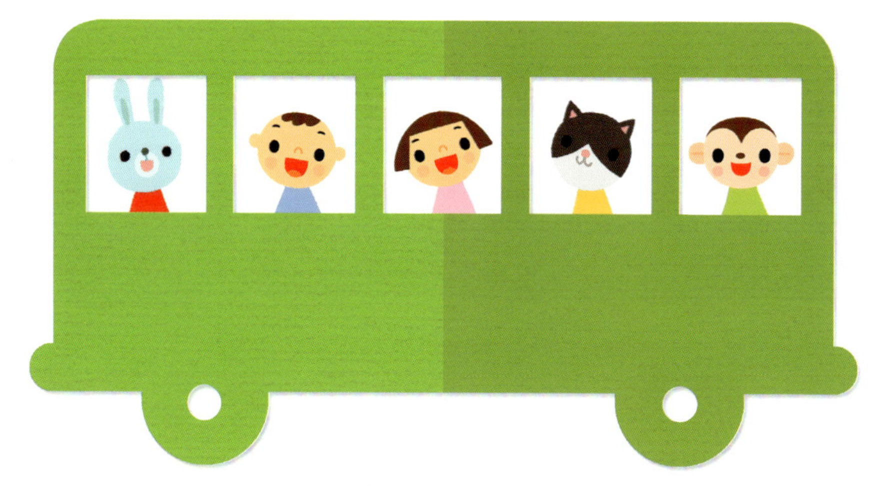

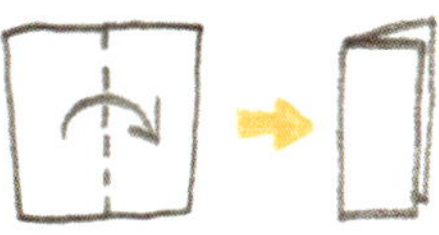

네모 모양 세로로
한 번 접기

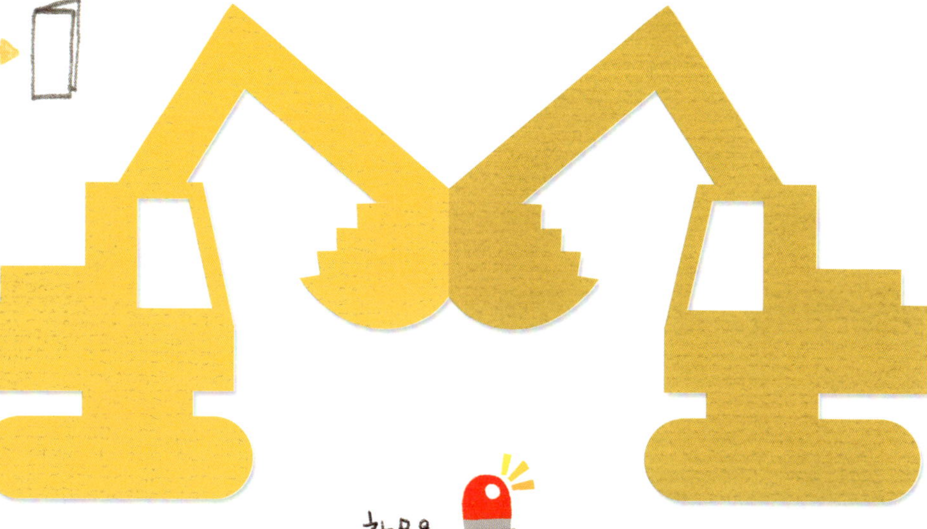

창문은
칼로 조심조심 오려요. 엄마가 도와주세요!
어려우면 사인펜으로 그려도 좋아요.

기차와 기찻길 

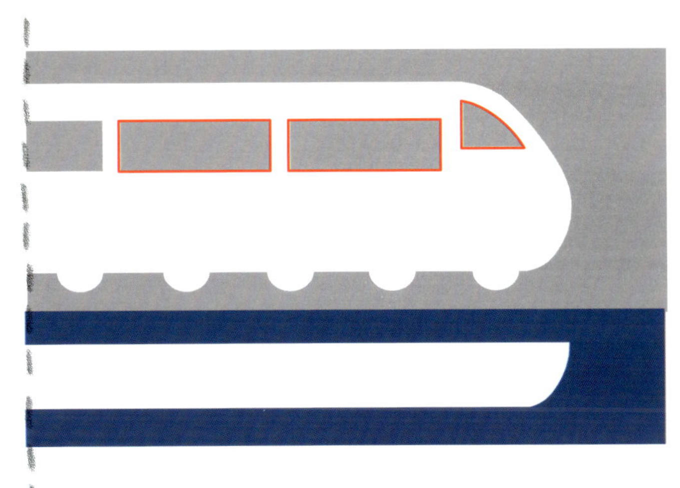

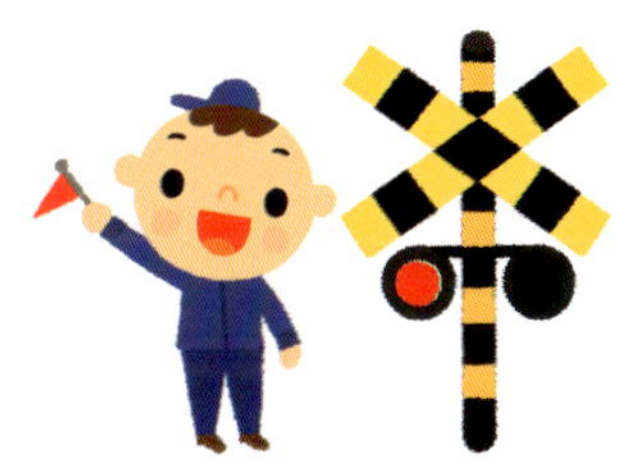

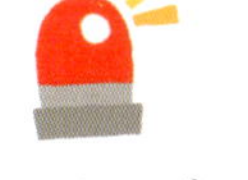

창문은
칼로 조심조심 오려요. 엄마가 도와주세요!
어려우면 사인펜으로 그려도 좋아요.

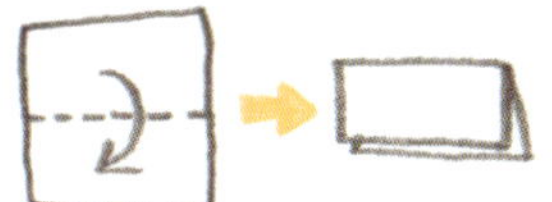

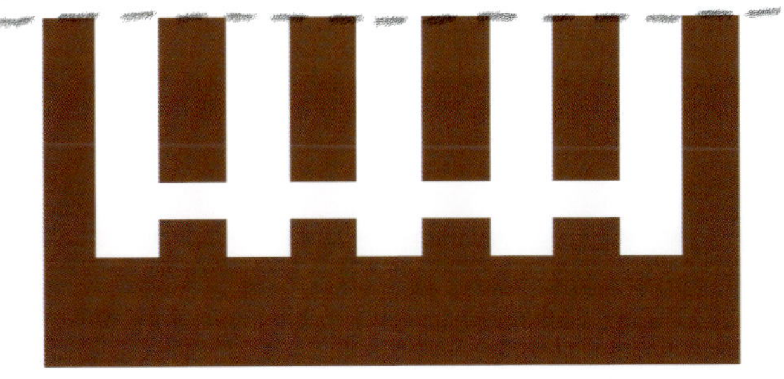

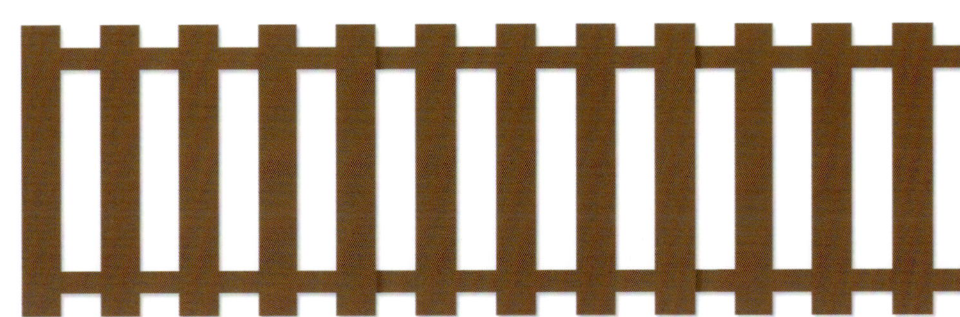

여러 개 오려서
긴 기찻길을
만들어 보아요!

배와 요트

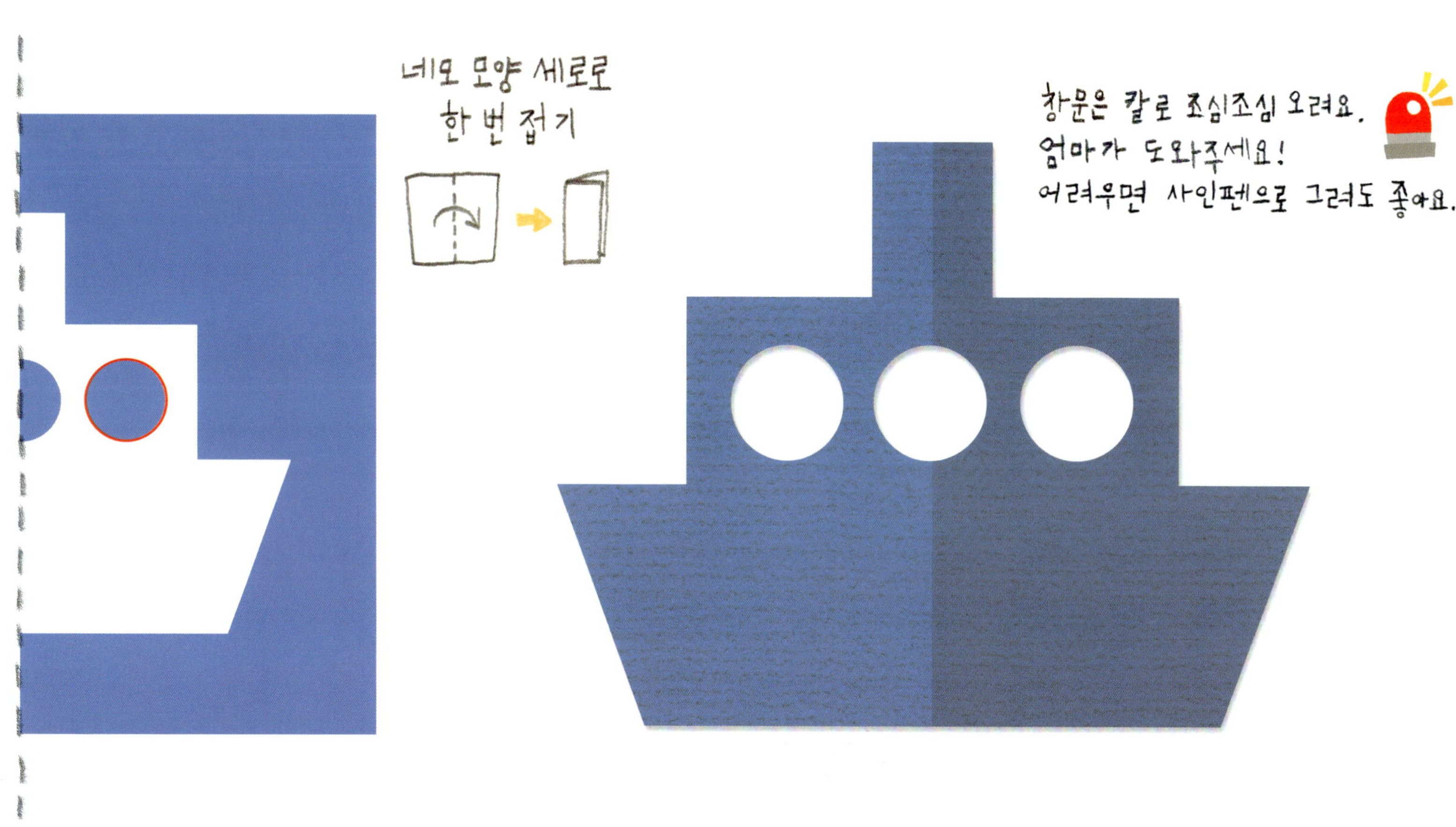

네모 모양 세로로
한 번 접기
창문은 칼로 조심조심 오려요.
엄마가 도와주세요!
어려우면 사인펜으로 그려도 좋아요.

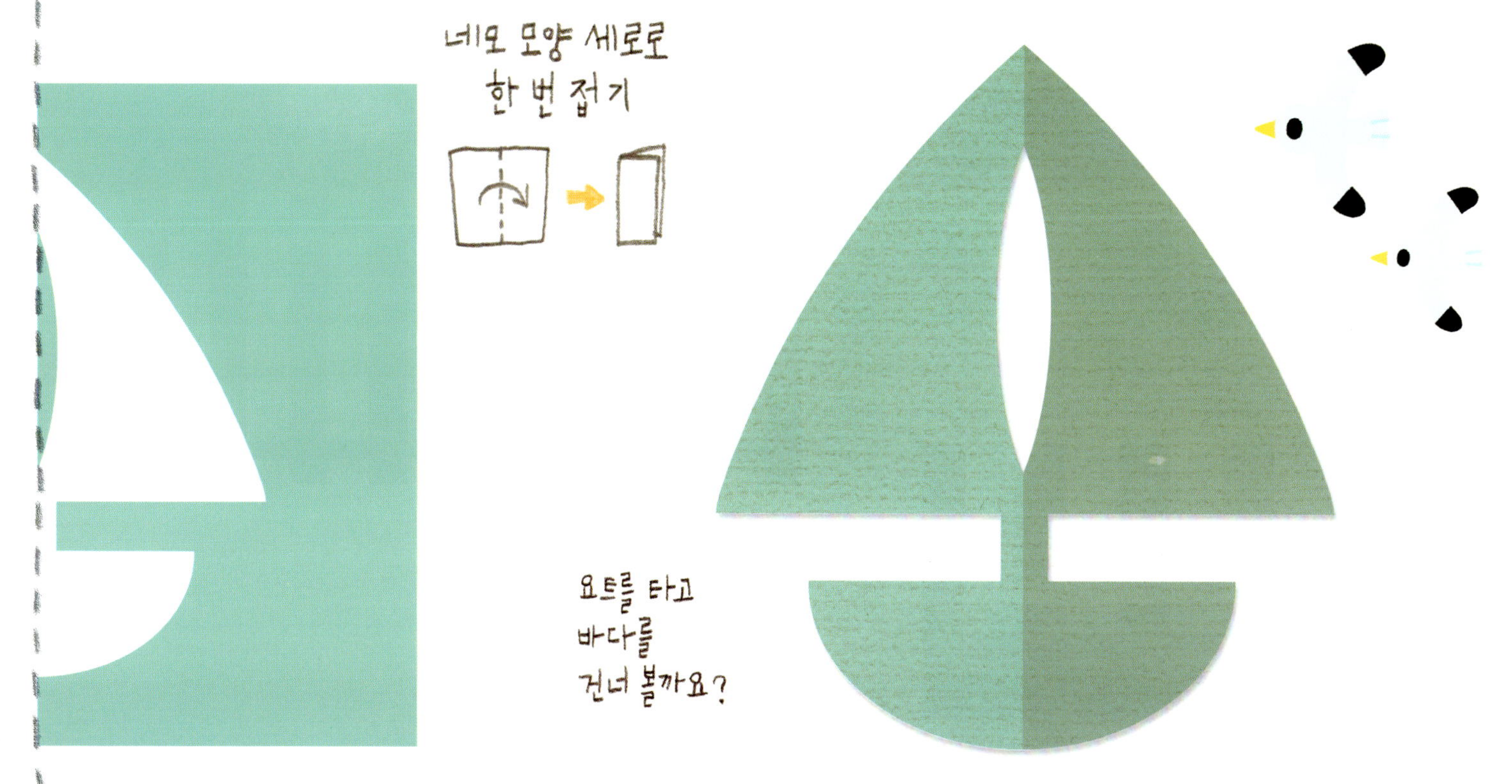

네모 모양 세로로
한 번 접기
요트를 타고
바다를
건너 볼까요?

잠수함과 해적선 ✂✂✂✂✂

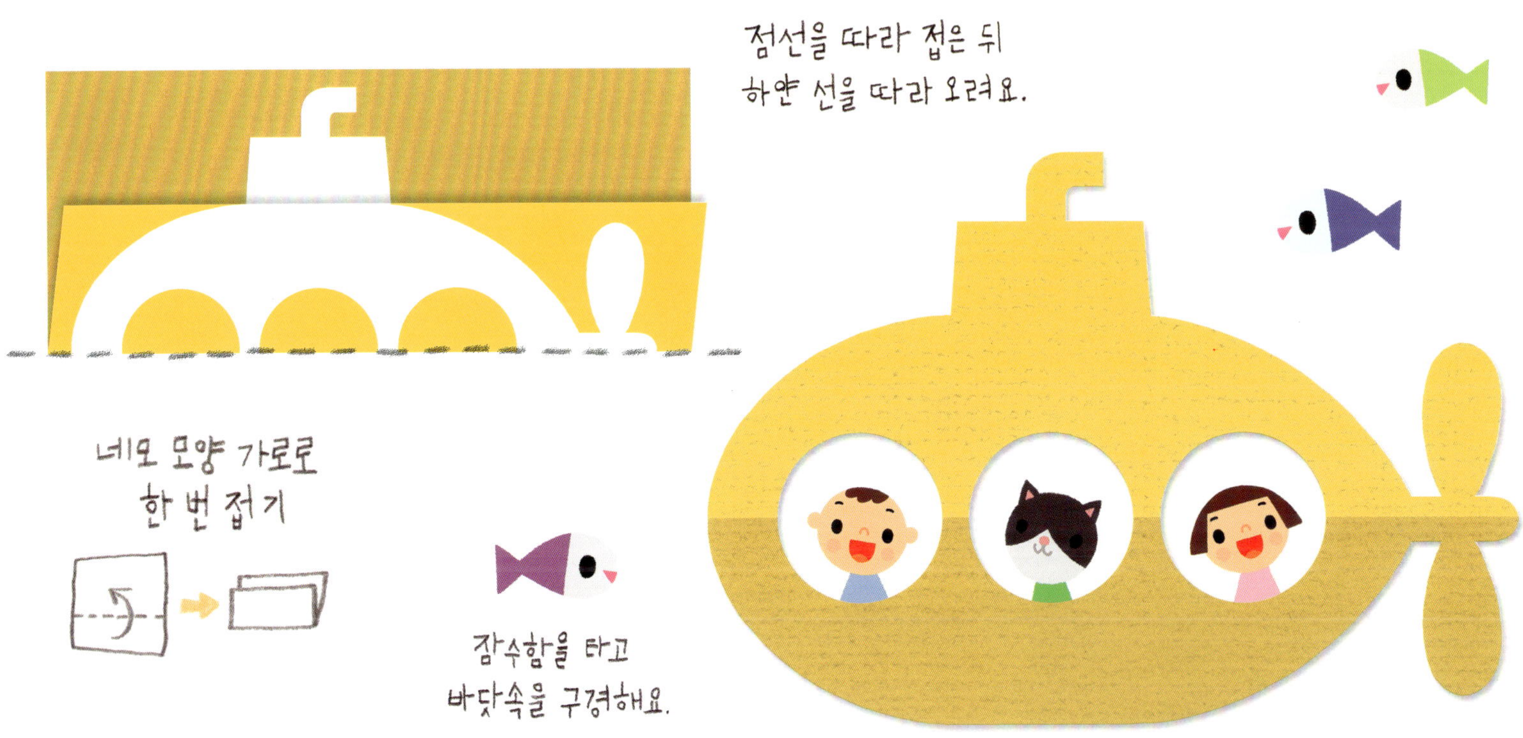

점선을 따라 접은 뒤
하얀 선을 따라 오려요.

네모 모양 가로로
한 번 접기

잠수함을 타고
바닷속을 구경해요.

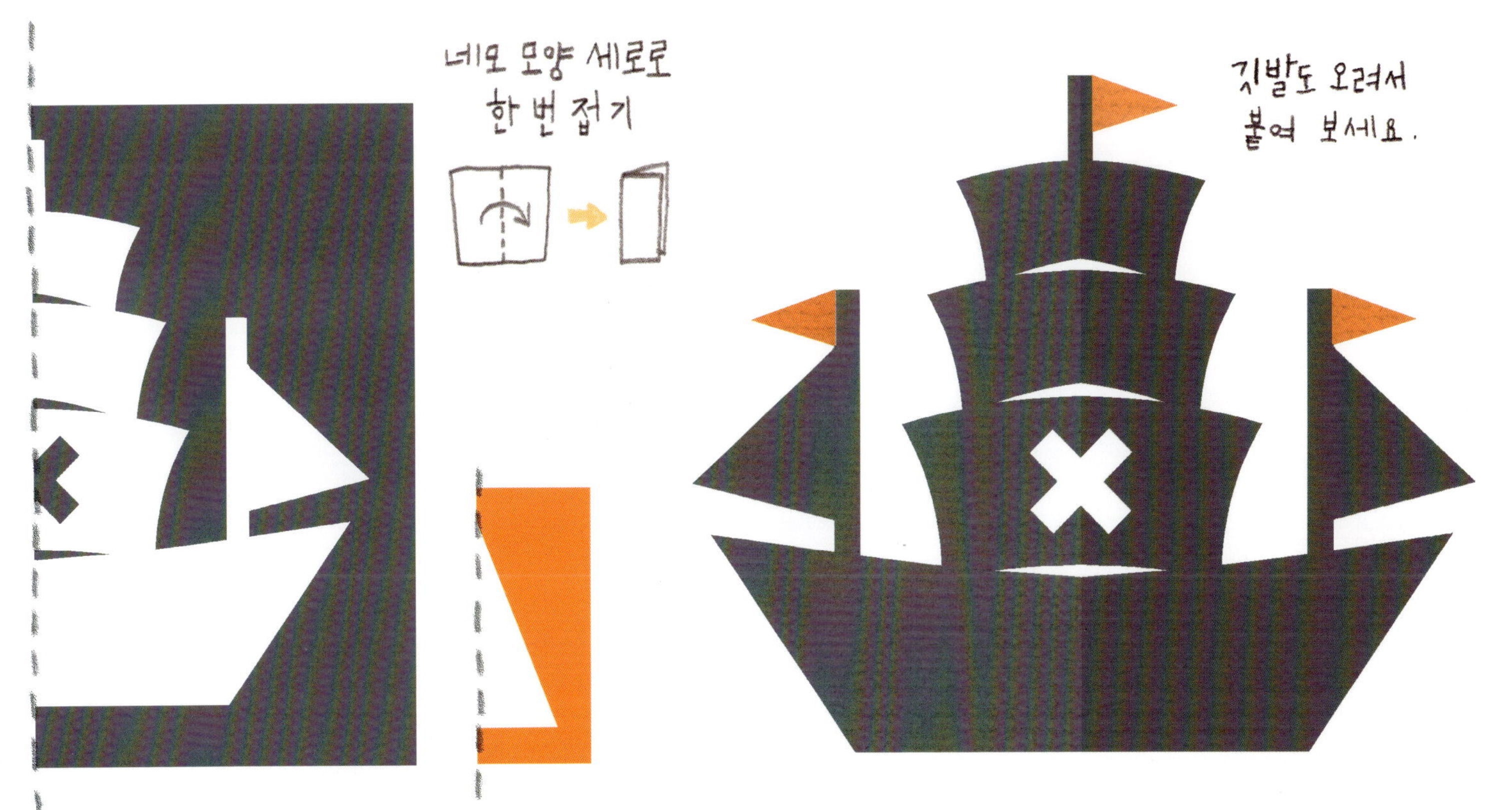

네모 모양 세로로
한 번 접기

깃발도 오려서
붙여 보세요.

비행기와 열기구

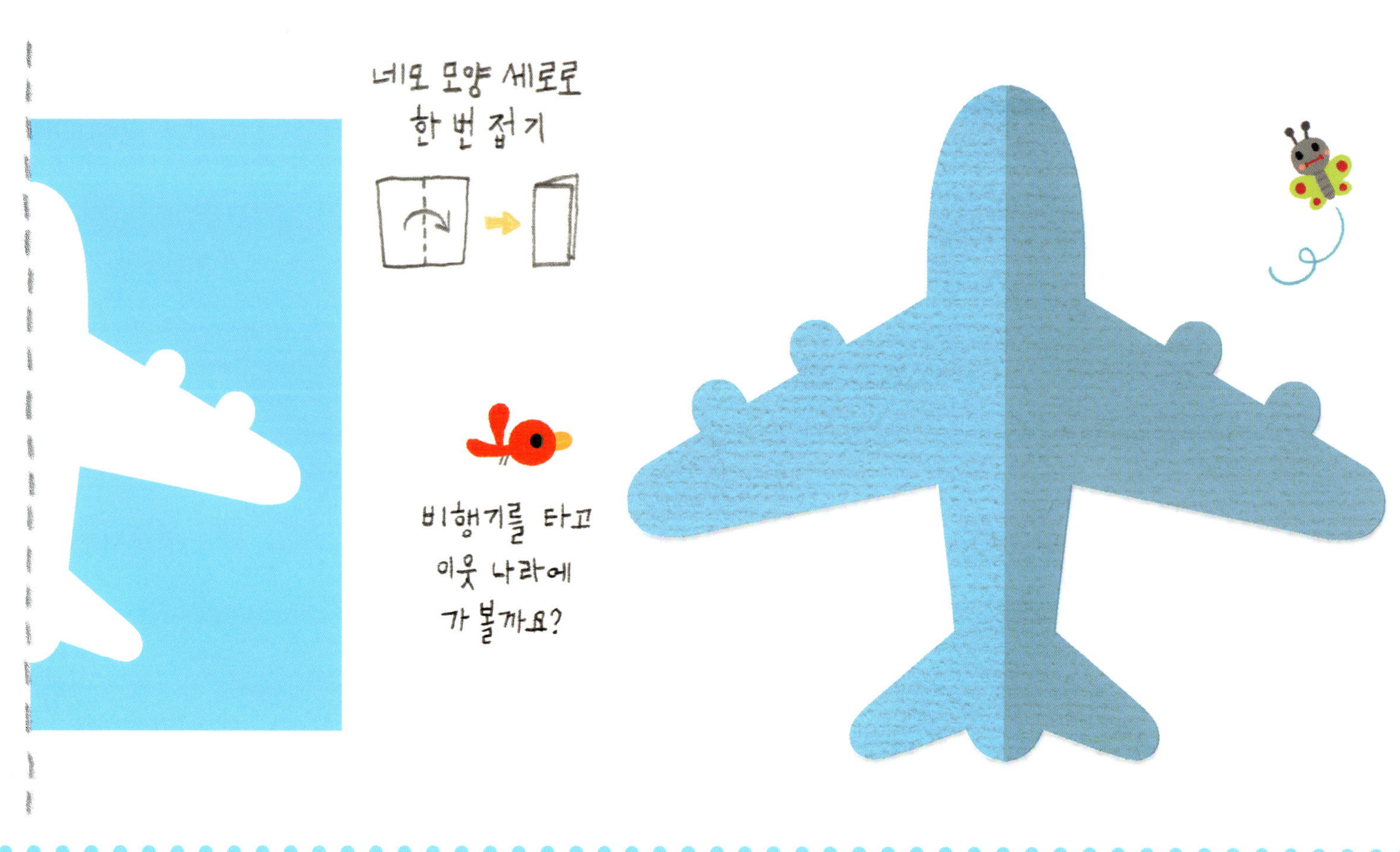

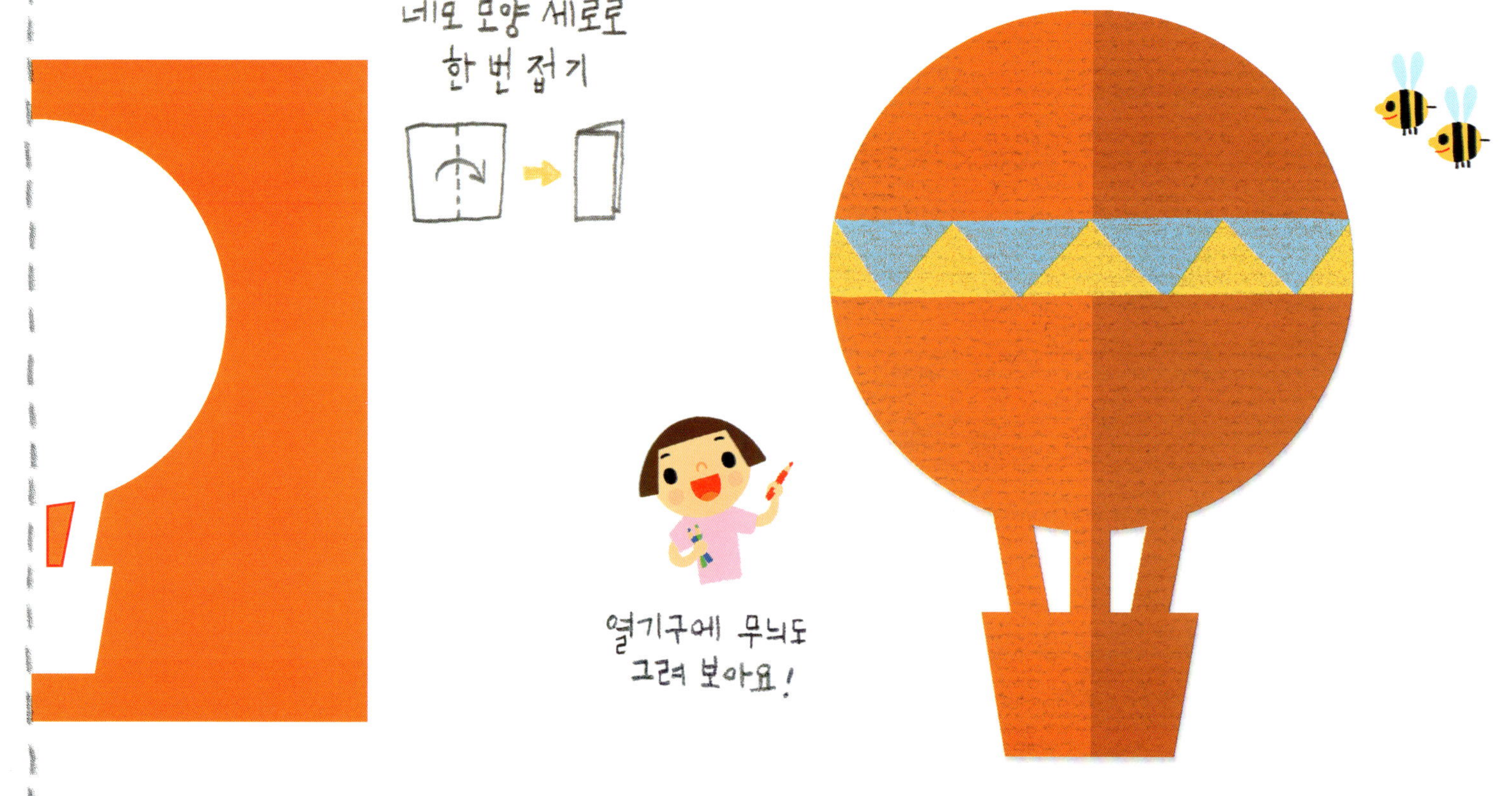

헬리콥터와 낙하산

네모 모양 가로로
한 번 접기

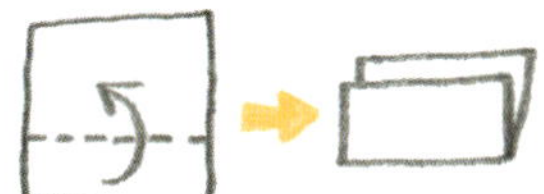

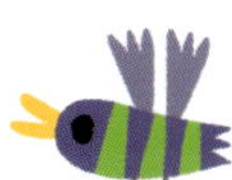

점선을 따라 접은 뒤
하얀 선을 따라 오려요.
프로펠러가 잘리지
않게 조심해요.

네모 모양 세로로
한 번 접기

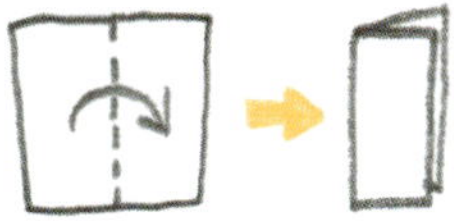

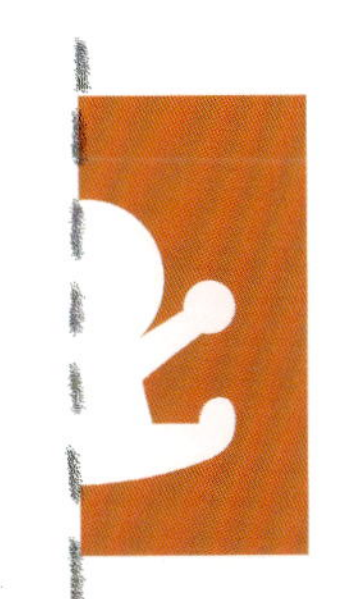

사람도 오려서
낙하산에 붙여 보아요.

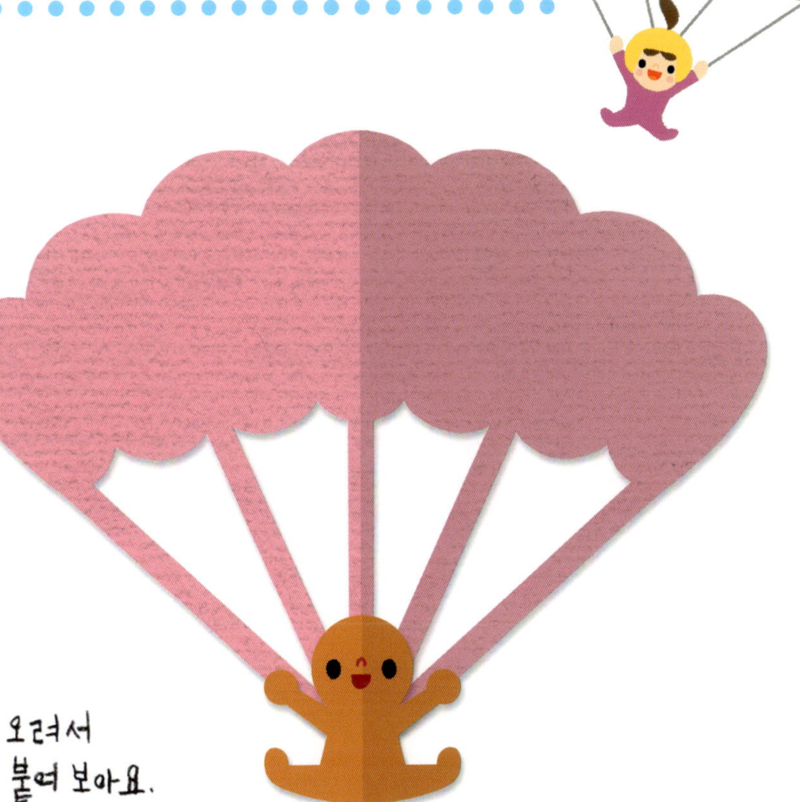

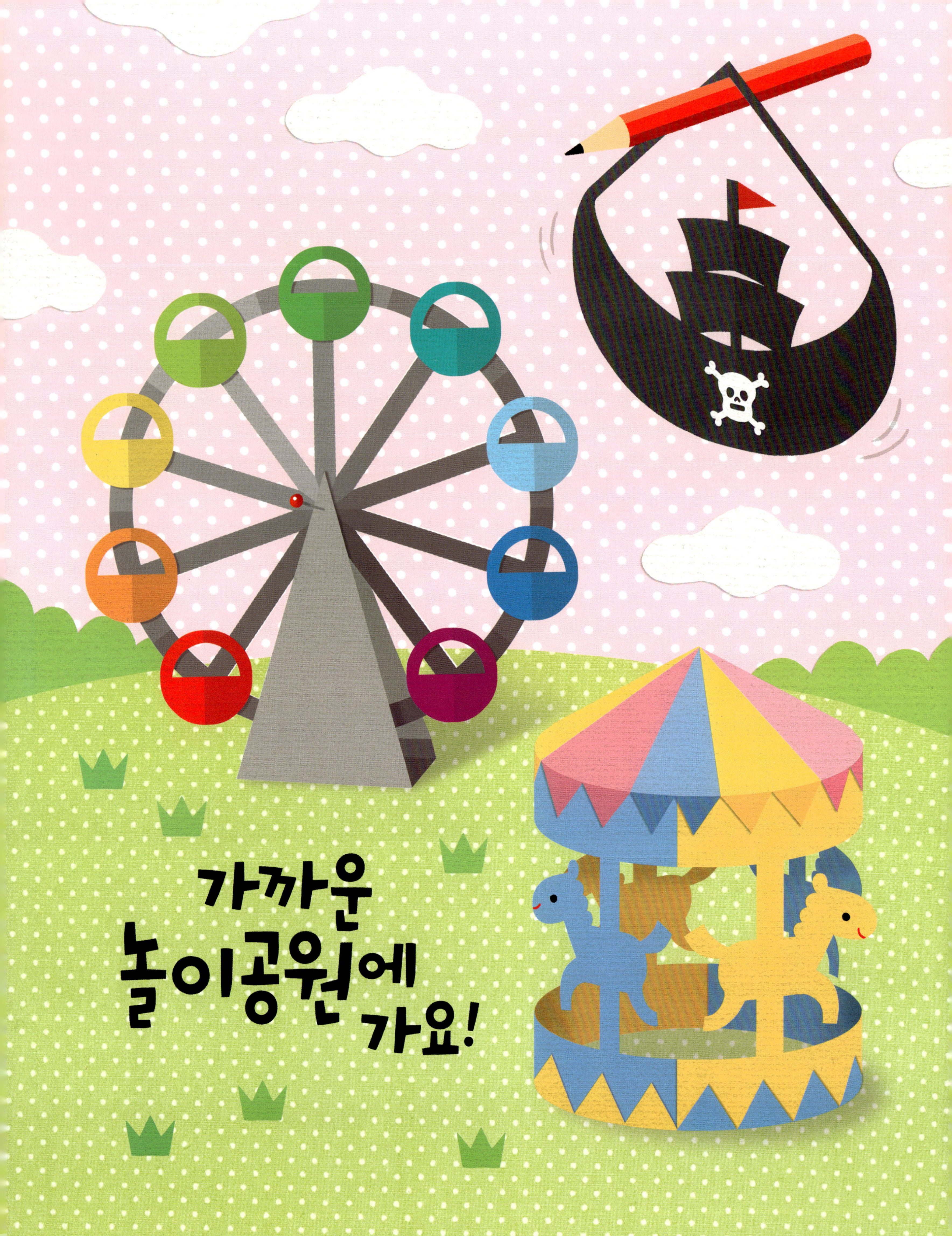

가까운
놀이공원에
가요!

바이킹

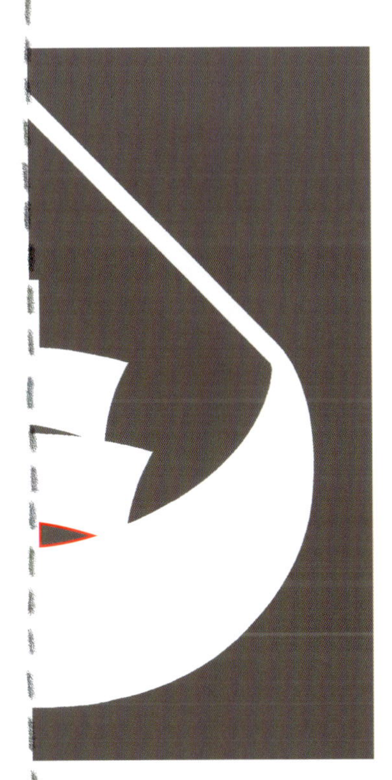

네모 모양 세로로
한 번 접기

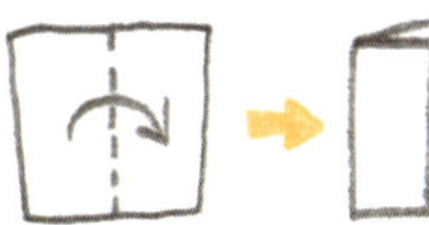

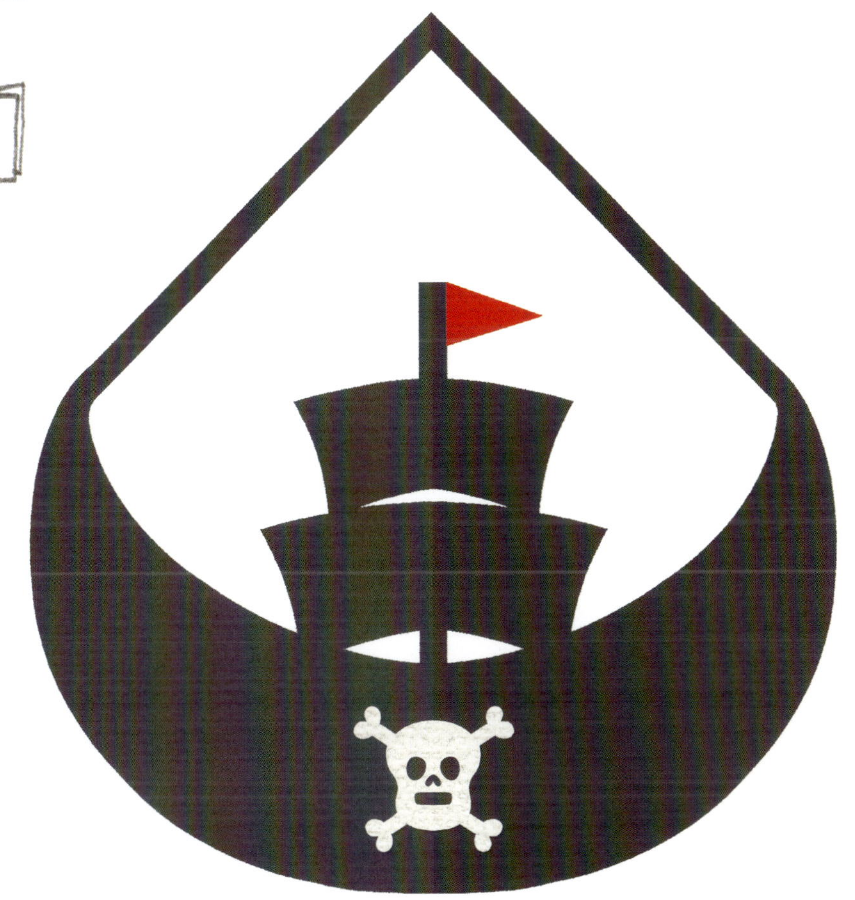

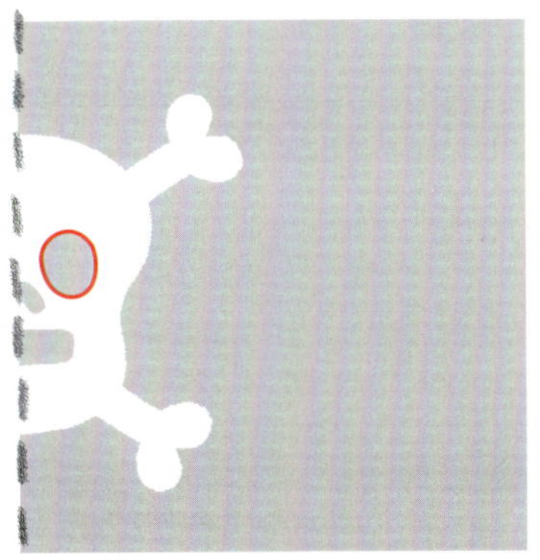

해골을 만들어
붙여 보아요.

배에
깃발을 붙여요.

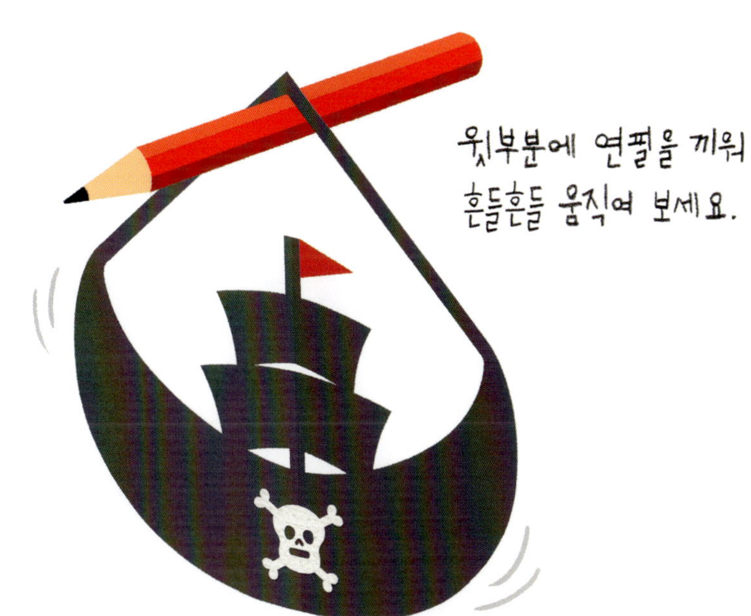

윗부분에 연필을 끼워
흔들흔들 움직여 보세요.

우주 관람차 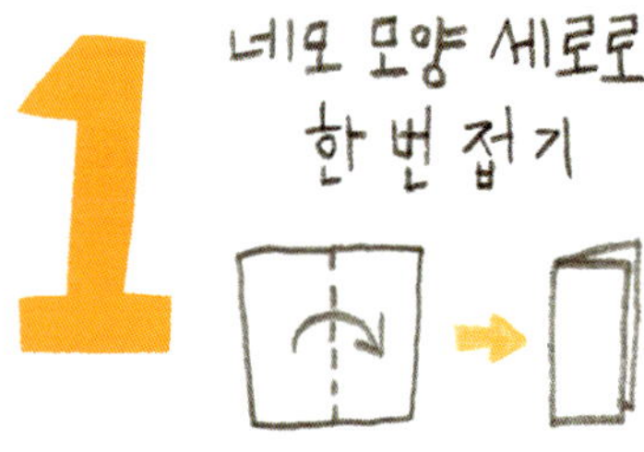

1 네모 모양 세로로 한 번 접기

그림을 따라 오려요.

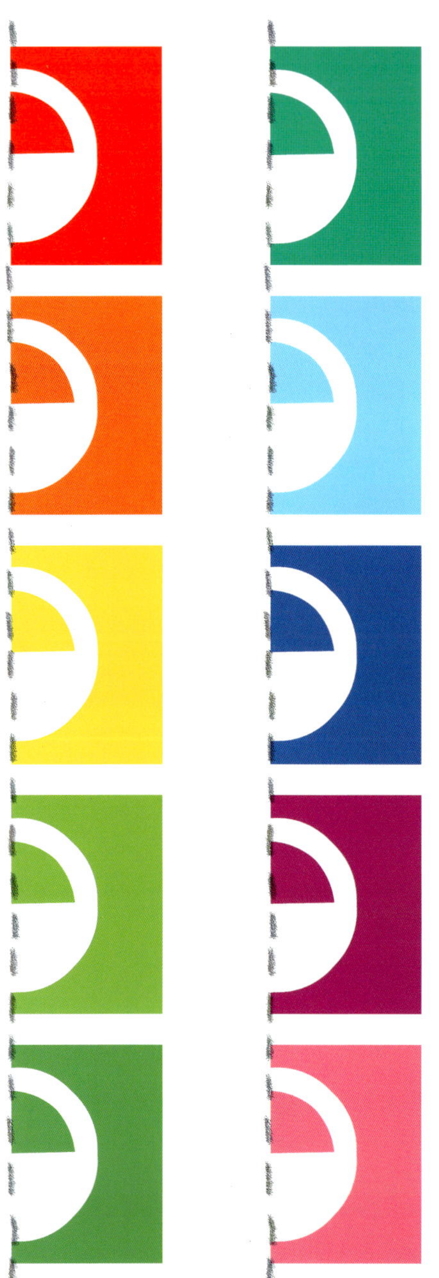

2 옆면 접기

2에 1을 붙여 보아요.

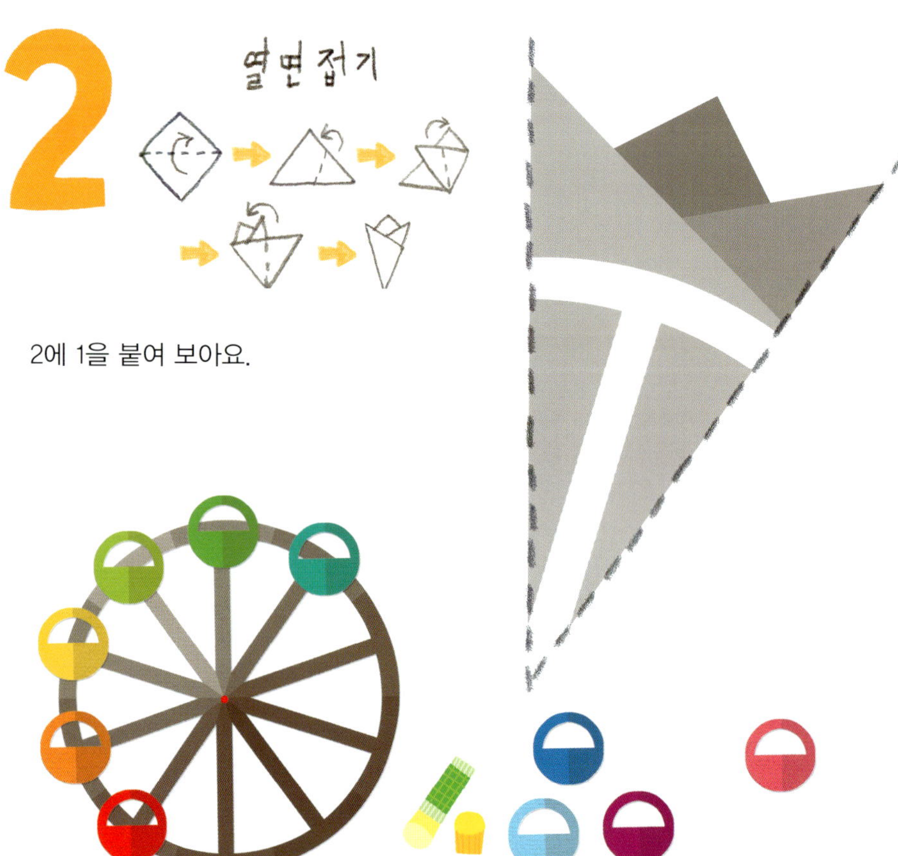

3 네모 모양 가로로 한 번 접기

하얀 선을 따라
오려 낸 다음
점선을 따라 접어요.
받침대에 도화지를
붙이면 더욱 튼튼해요!

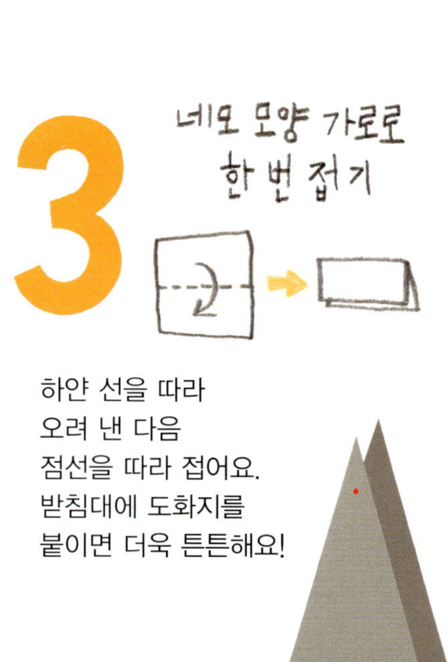

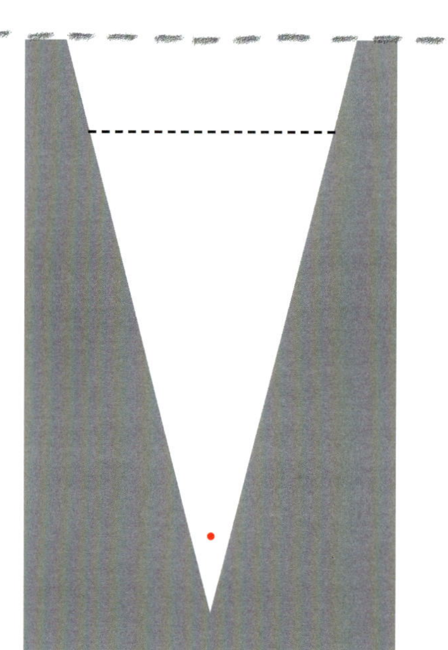

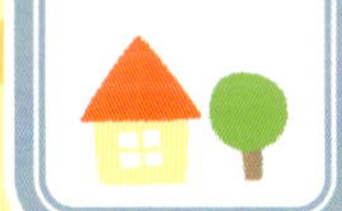

4 빨간 점에 핀을 꽂아서 2와 3을 연결하면
뱅글뱅글 우주 관람차 완성!

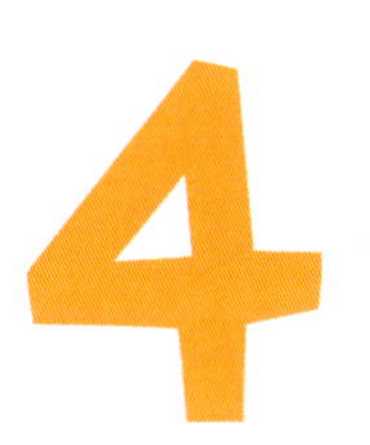

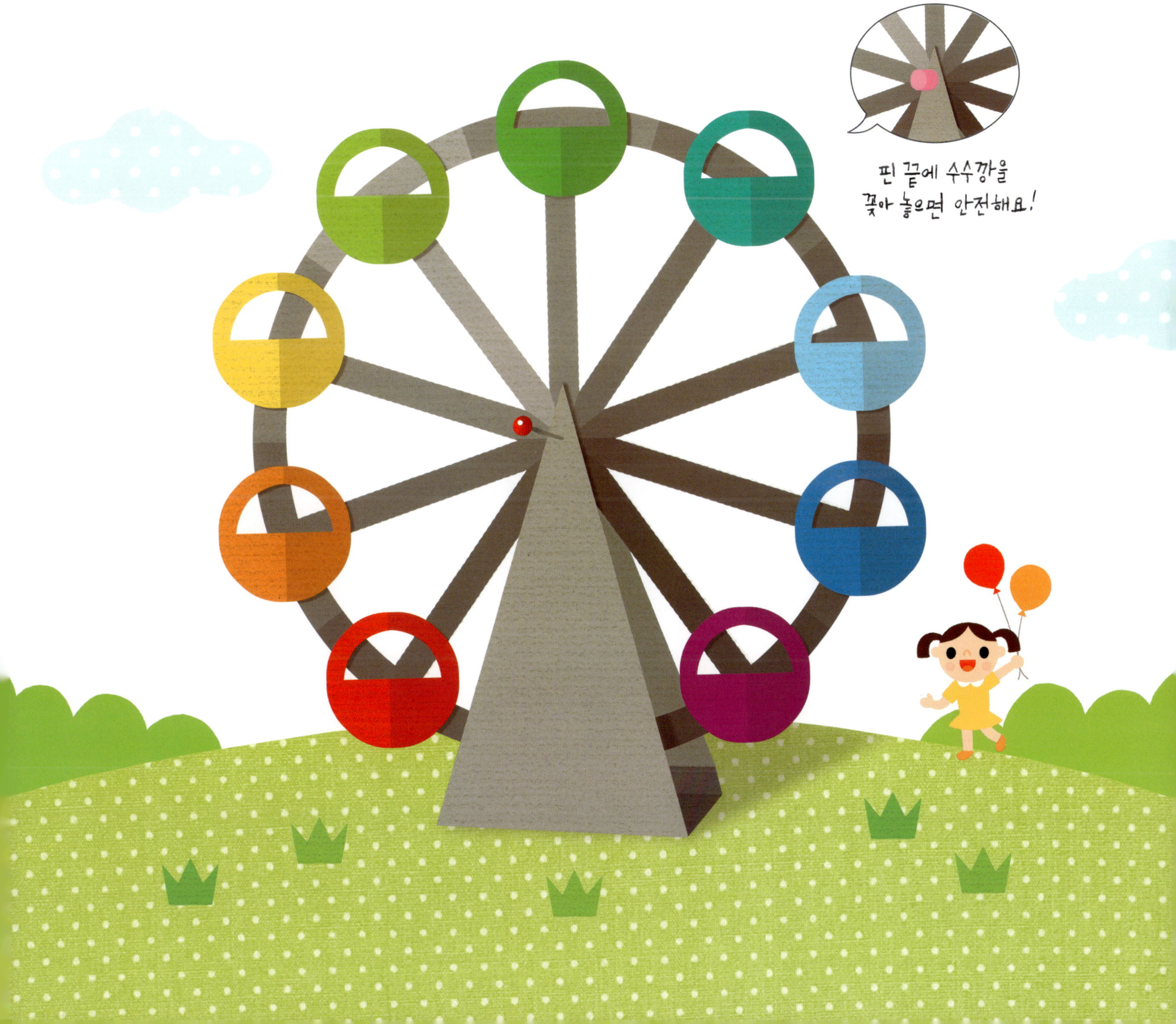

1
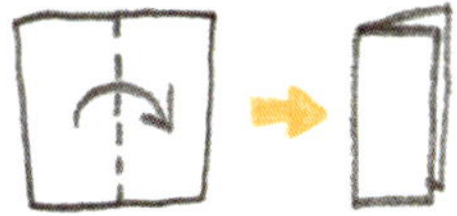
하늘색 노란색 으로
이루어진 양면 색종이를
네모 모양 세로로 한 번 접기

점선을 따라 접어 주세요.

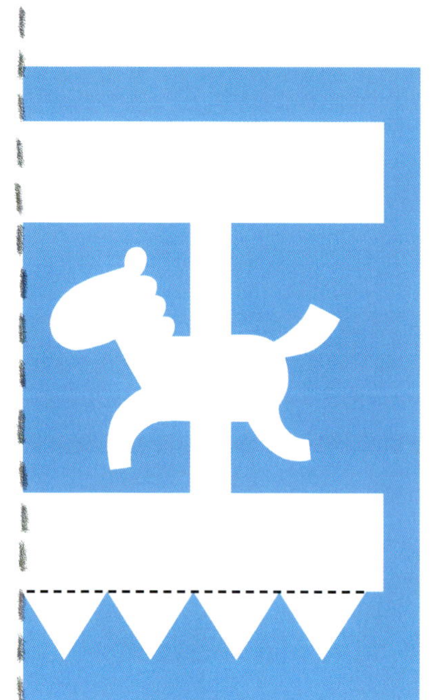

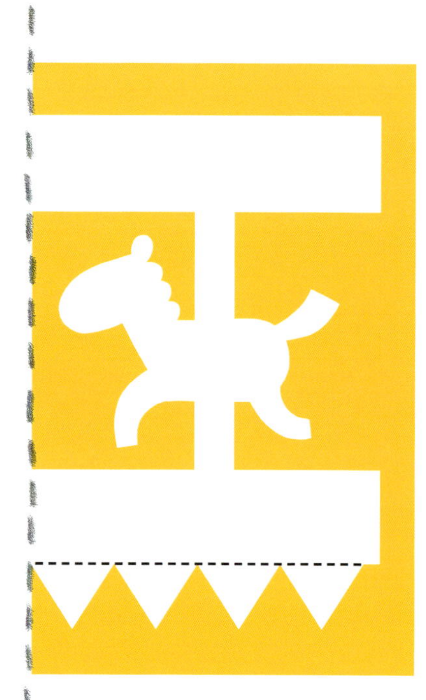

2

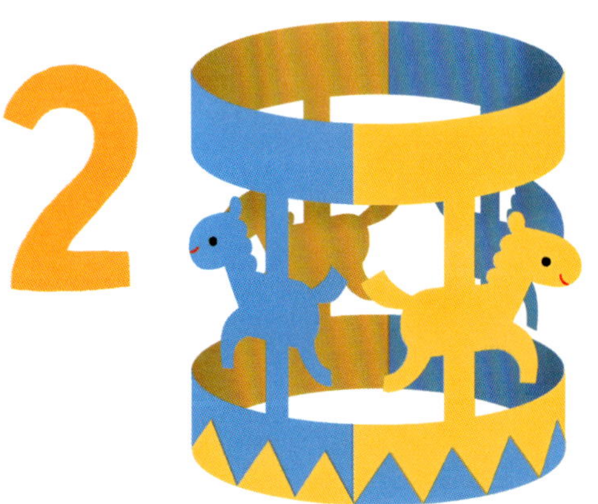

1을 동그랗게 말아
풀칠해 연결해요.
위아래 띠의 안쪽에
도화지를 붙이면 더욱 튼튼해요!

3

열면 접기

점선을 따라 접고 검은 실선은 가위로
오려요. 빗금 친 부분에 풀칠해 붙여
지붕을 만들어요.

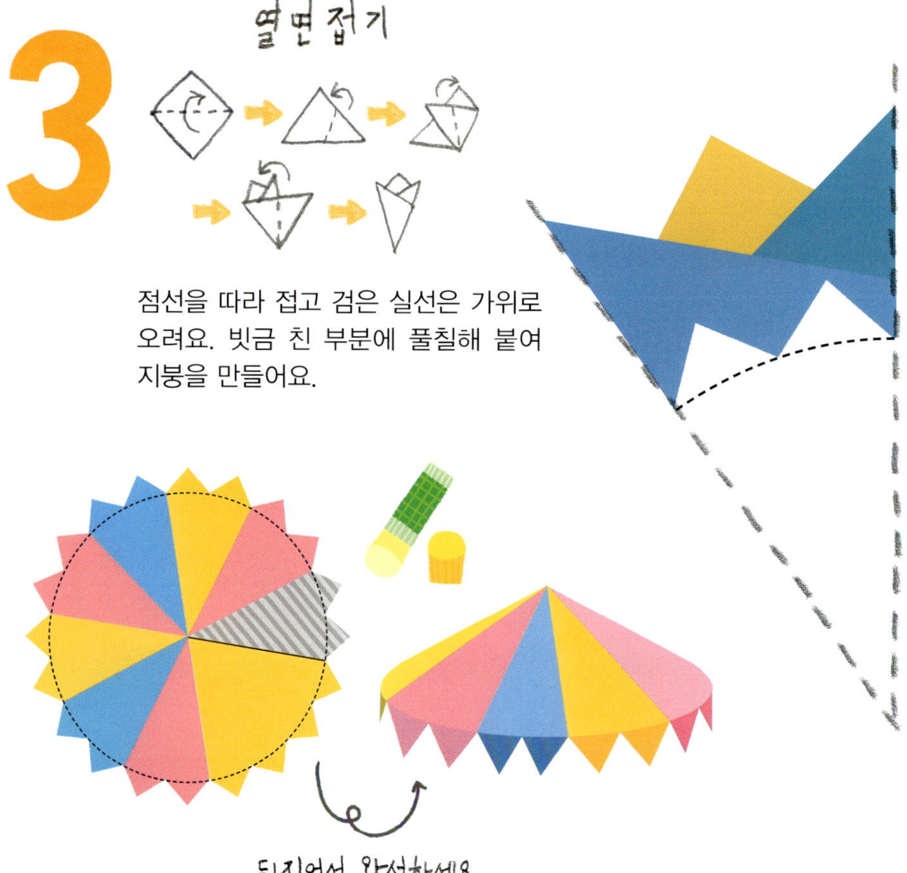

뒤집어서 완성하세요.

4

2에 3을 씌워 붙이면
회전목마 완성!

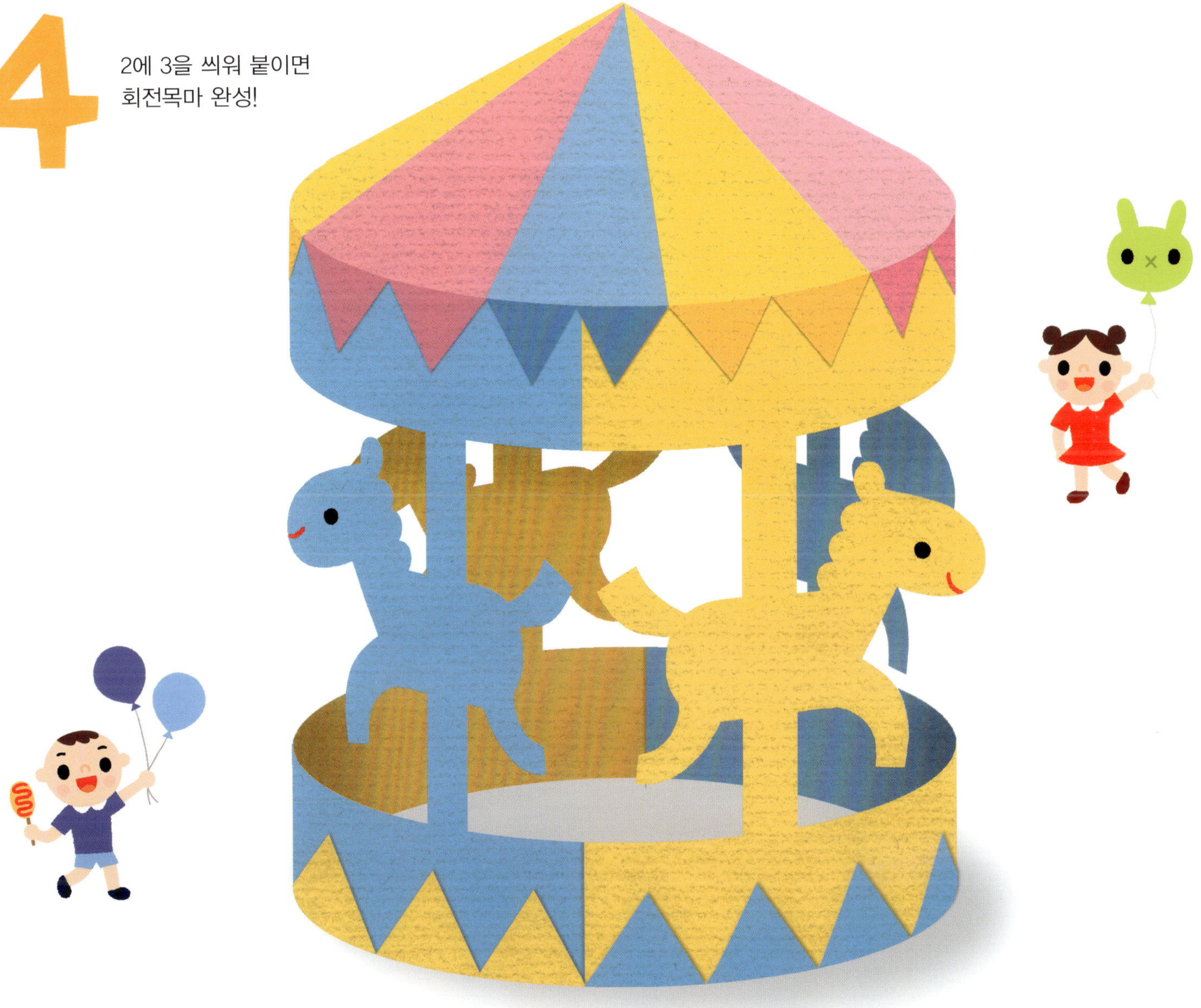

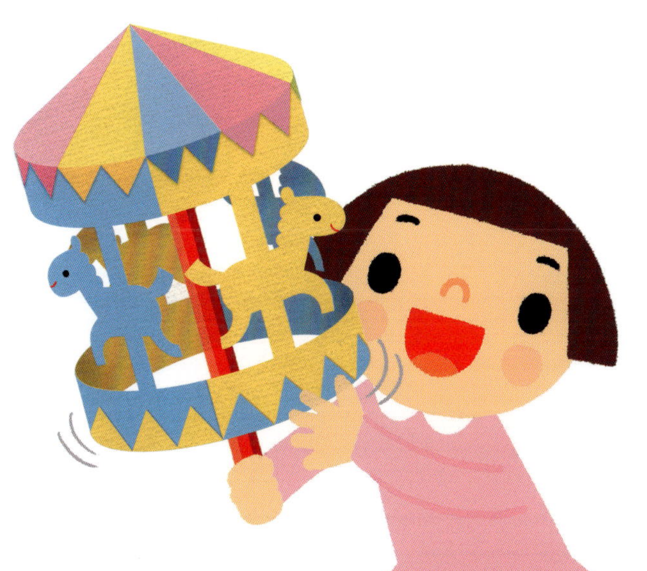

지붕 가운데
연필을 받쳐 세우면
회전목마를 돌릴 수 있어요!

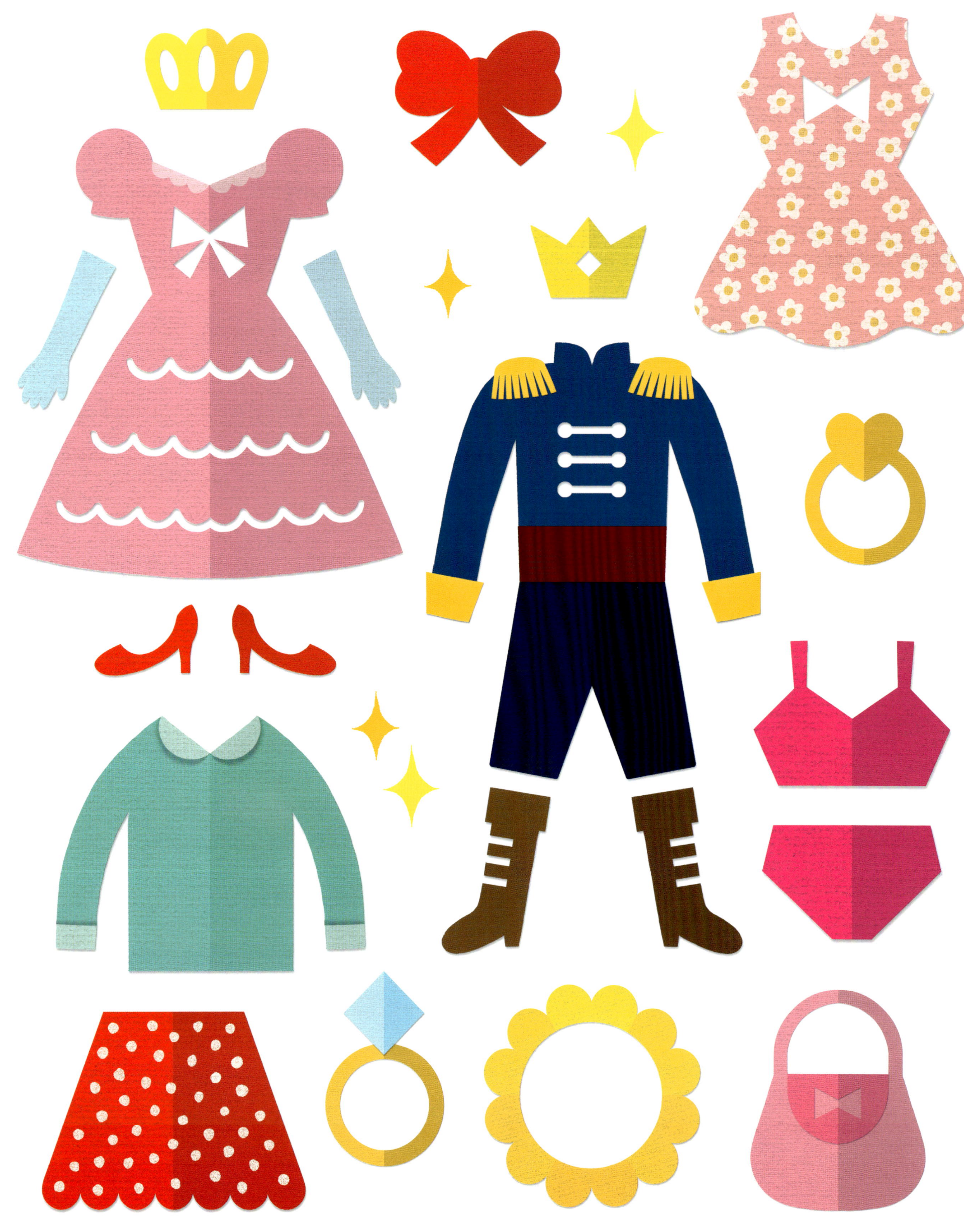

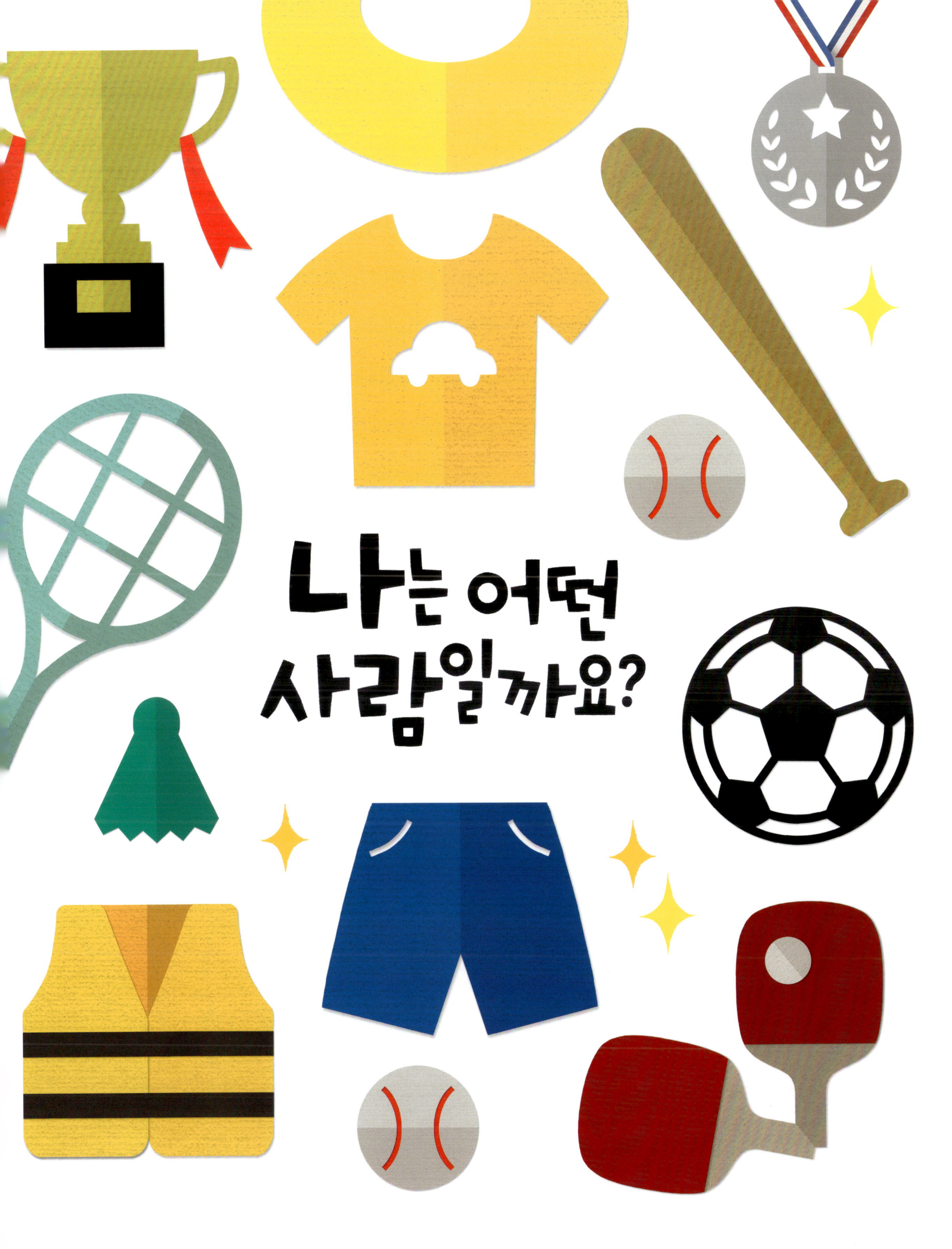
나는 어떤 사람일까요?

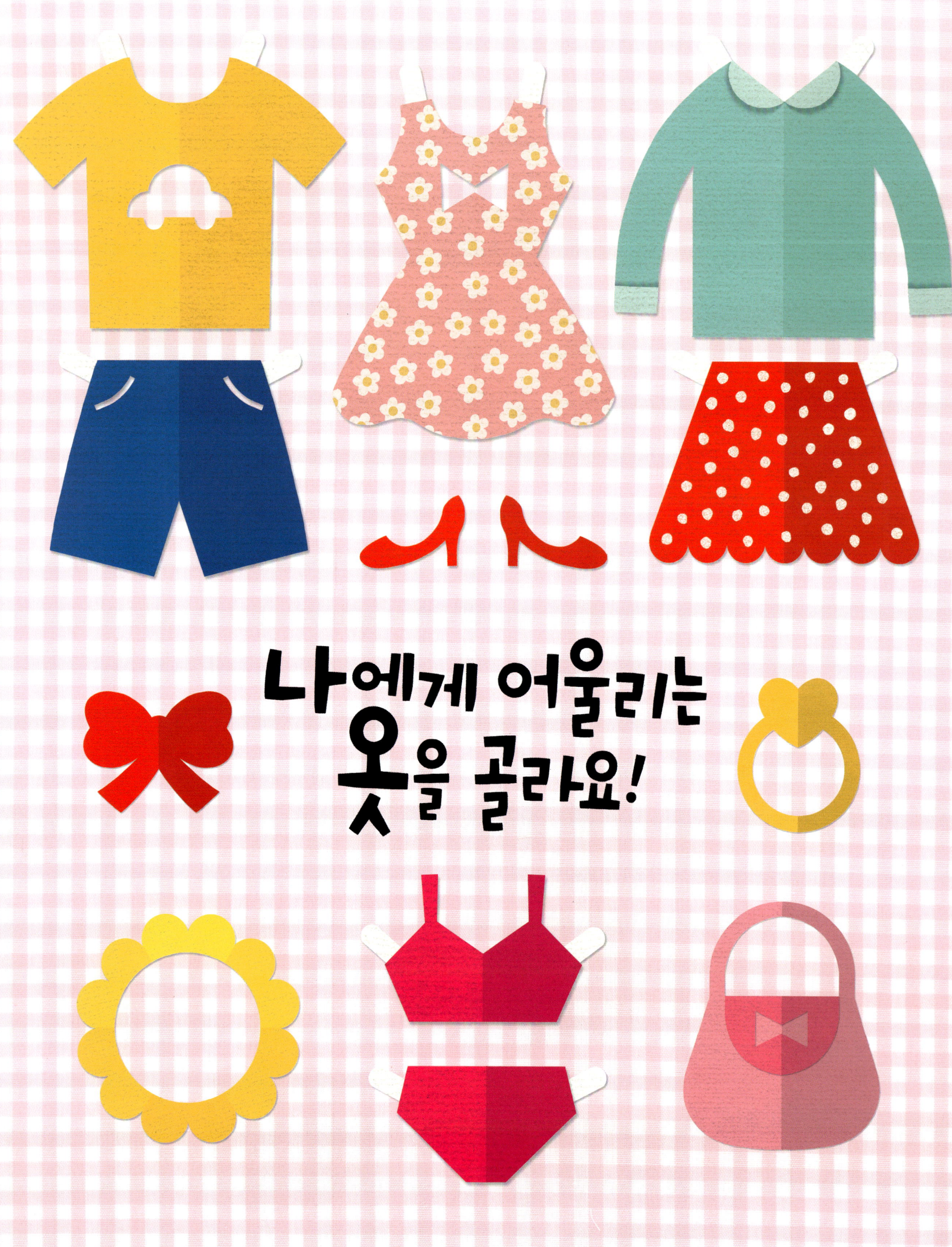
나에게 어울리는
옷을 골라요!

티셔츠와 블라우스

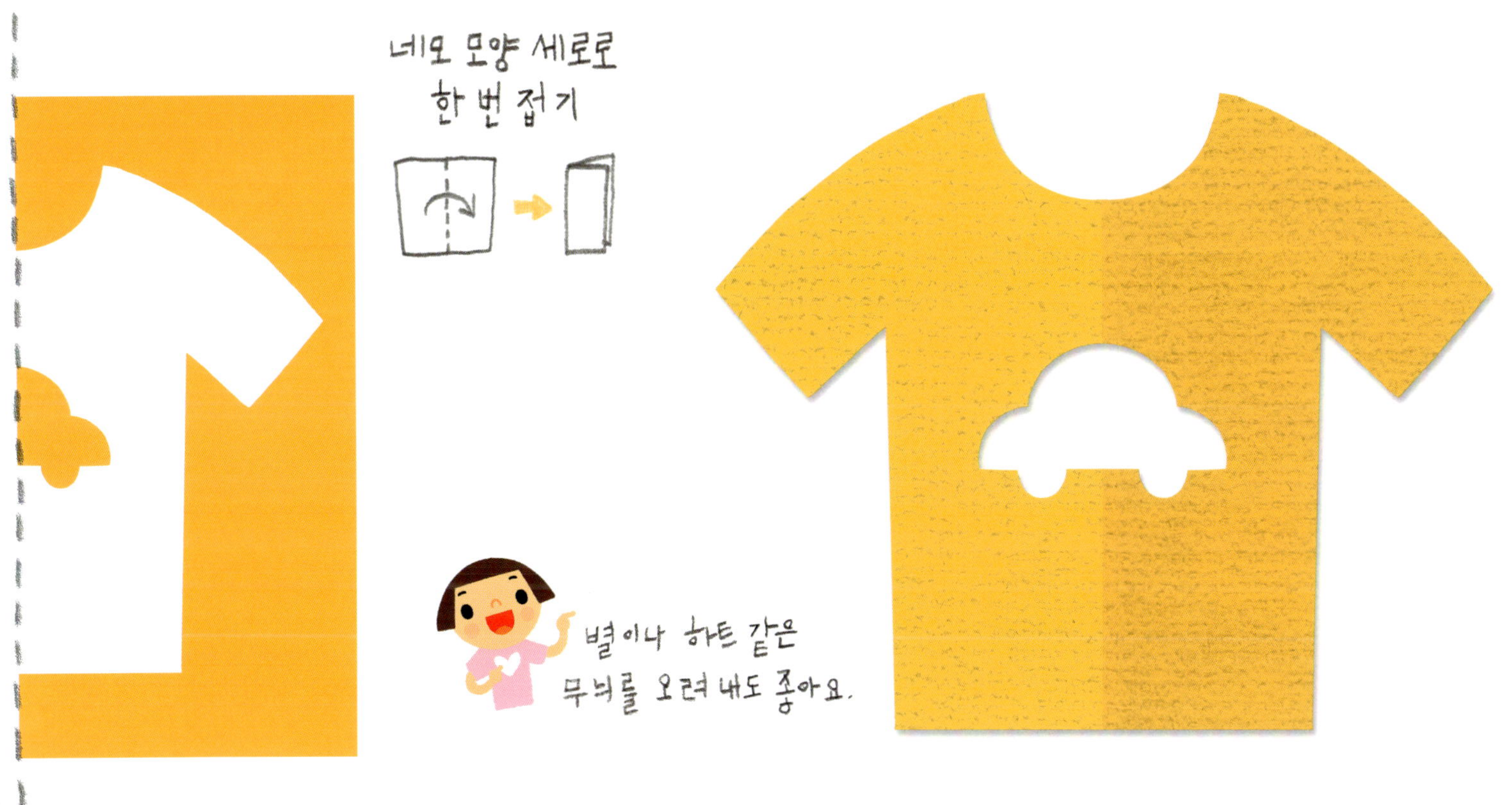

네모 모양 세로로
한 번 접기
별이나 하트 같은
무늬를 오려 내도 좋아요.

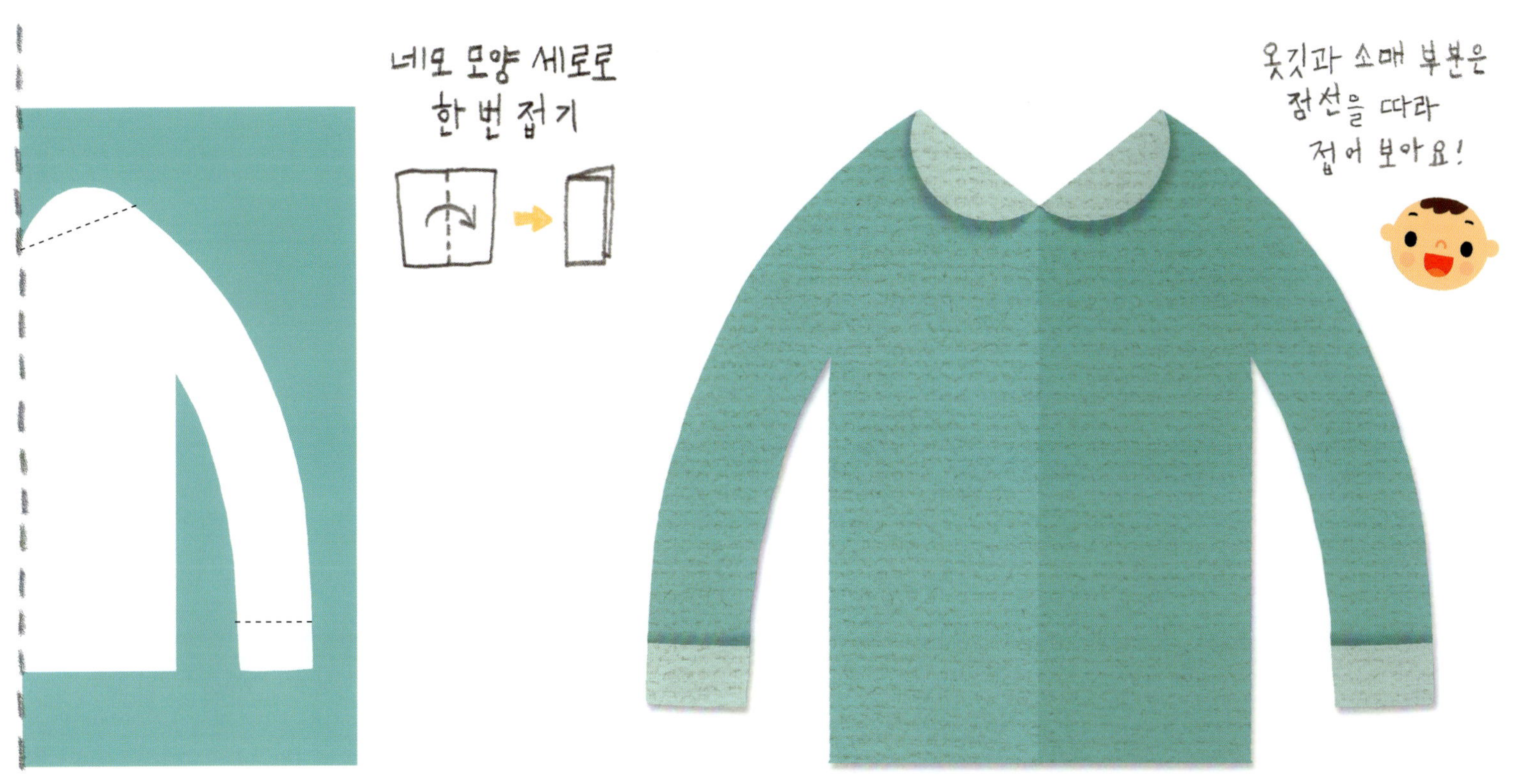

네모 모양 세로로
한 번 접기
옷깃과 소매 부분은
점선을 따라
접어 보아요!

반바지와 치마 

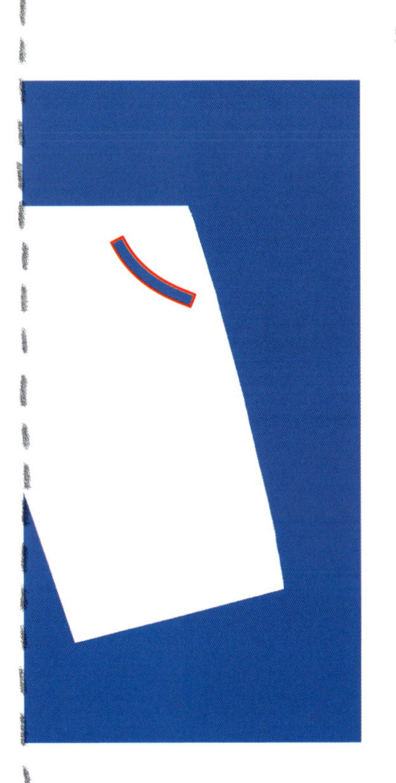

네모 모양 세로로
한 번 접기

주머니는 칼로 조심조심 오려요.
엄마가 도와주세요!
어려우면 사인펜으로 그려도 좋아요.

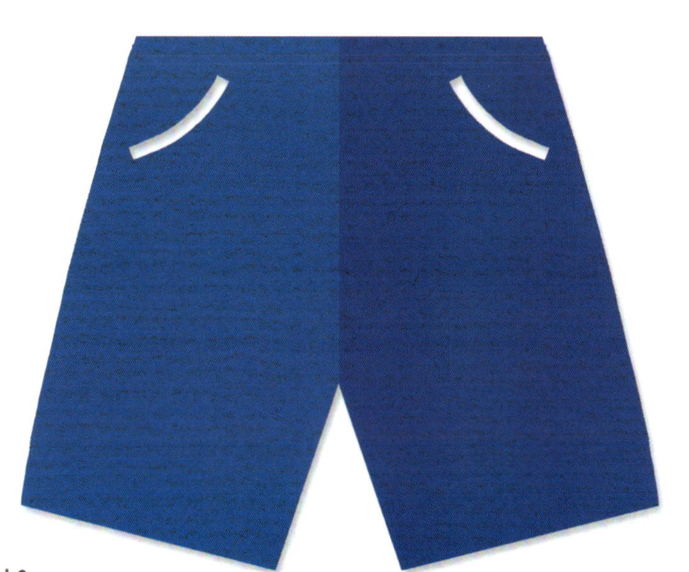

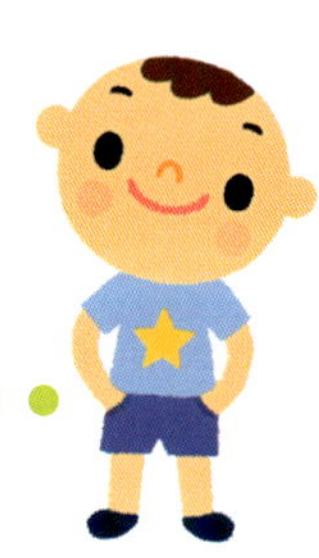

네모 모양 세로로
한 번 접기

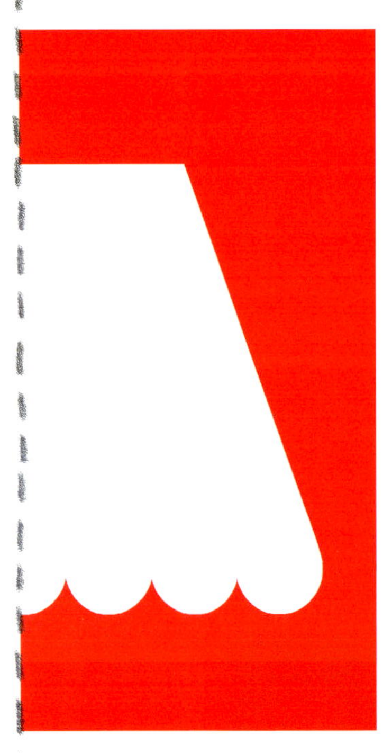

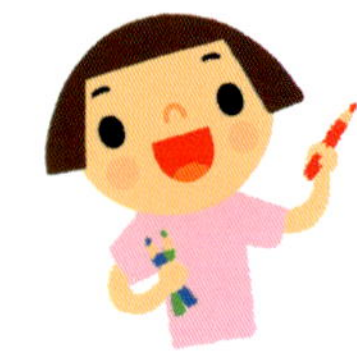

치마에
물방울무늬를
그려 보아요.

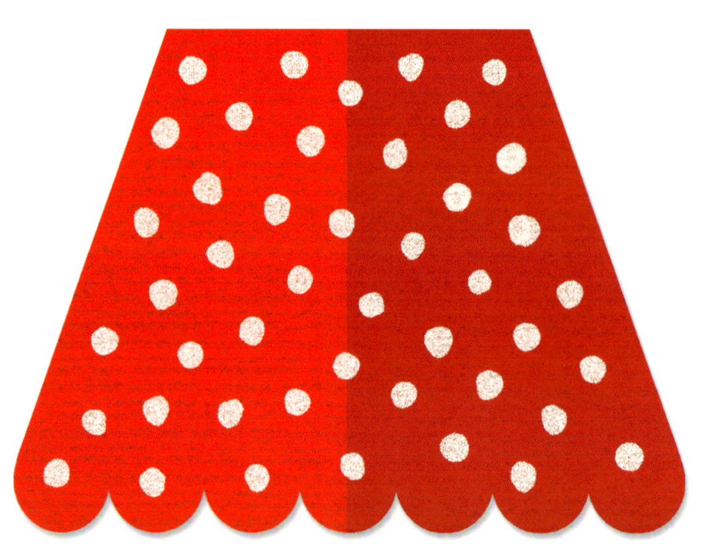

원피스와 수영복 ✂✂✂✂✂

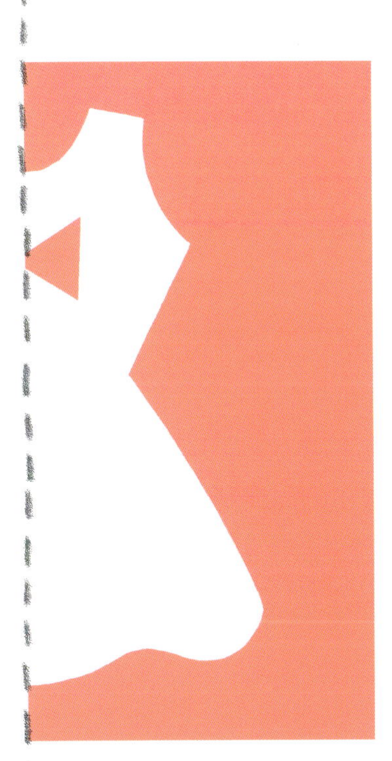

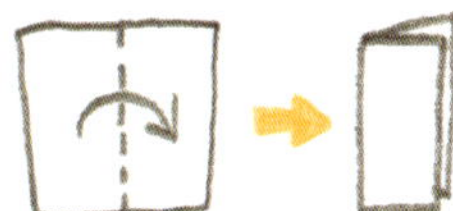

네모 모양 세로로
한 번 접기

예쁜 무늬가 있는
종이로 오리면 사랑스러운
원피스가 짠!

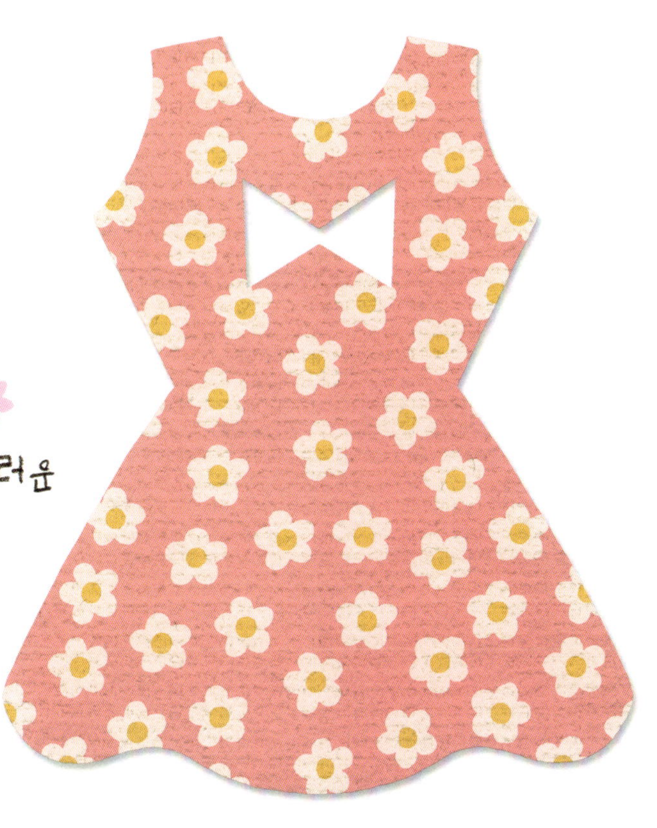

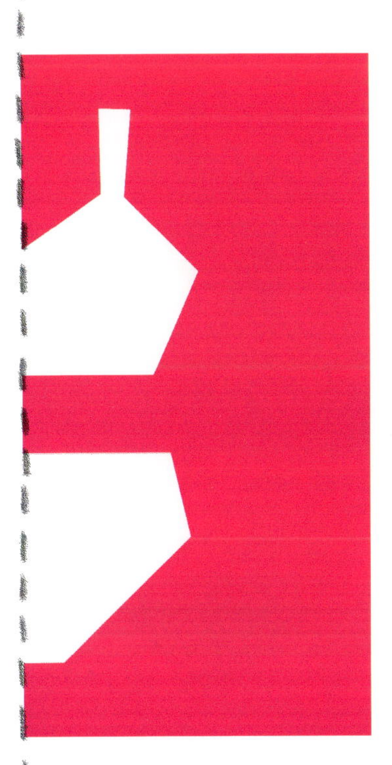

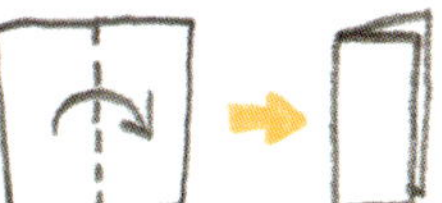

네모 모양 세로로
한 번 접기

수영복 입고
물놀이하러
출발!

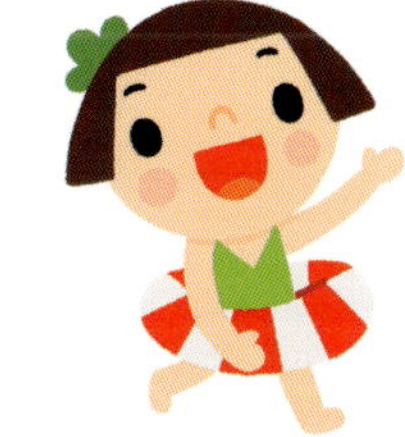

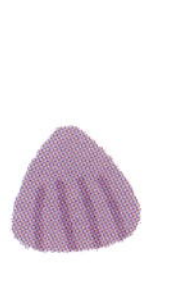

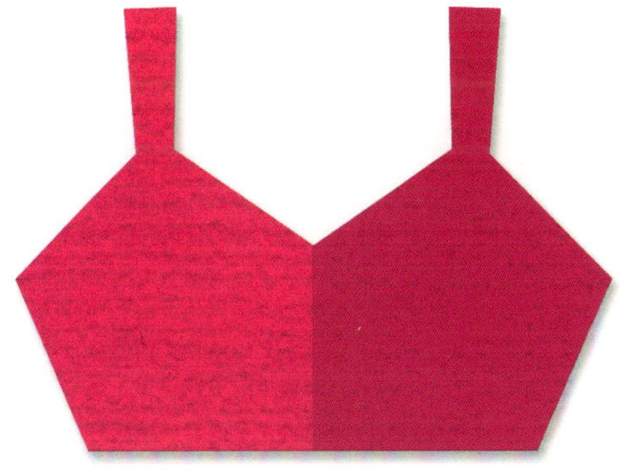

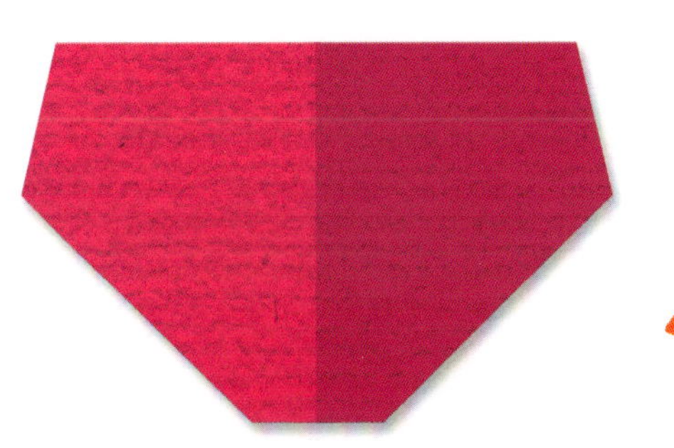

핸드백과 리본

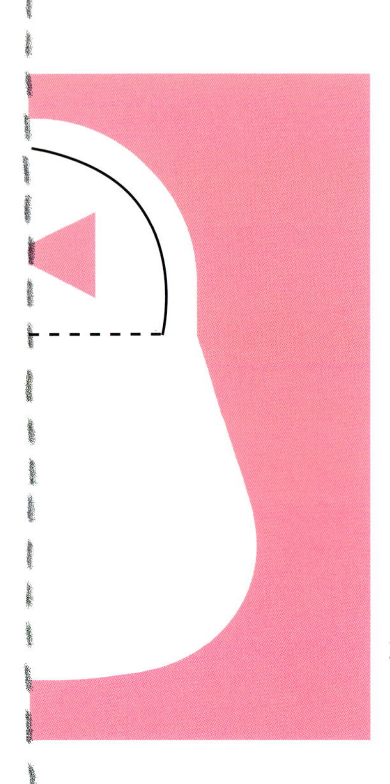

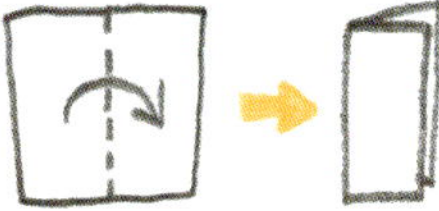

연분홍색 진분홍색 으로
이루어진 양면 색종이를
네모 모양 세로로 한 번 접기

점선을 따라 접어
뚜껑을 달아요.

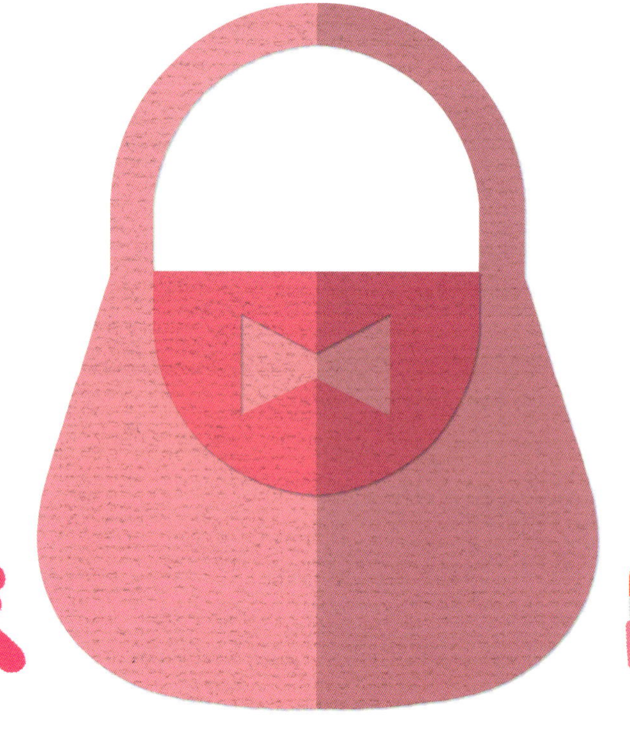

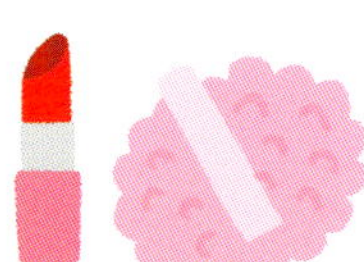

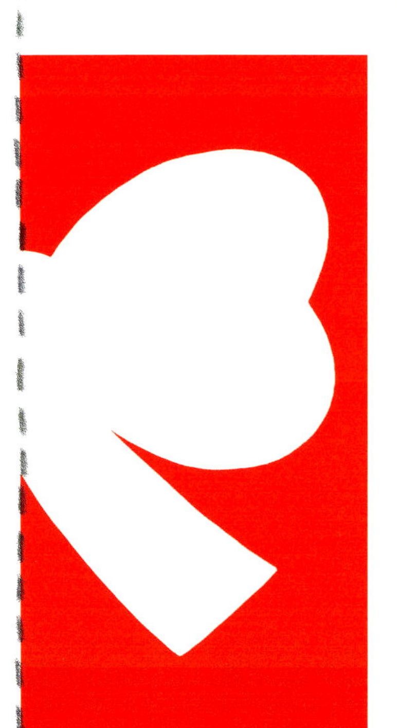

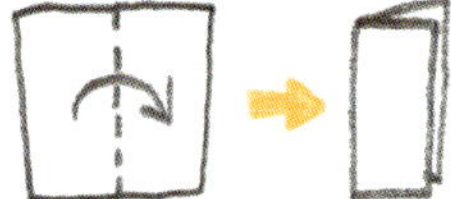

네모 모양 세로로
한 번 접기

리본을 오려서
여기저기
장식해 봐요.

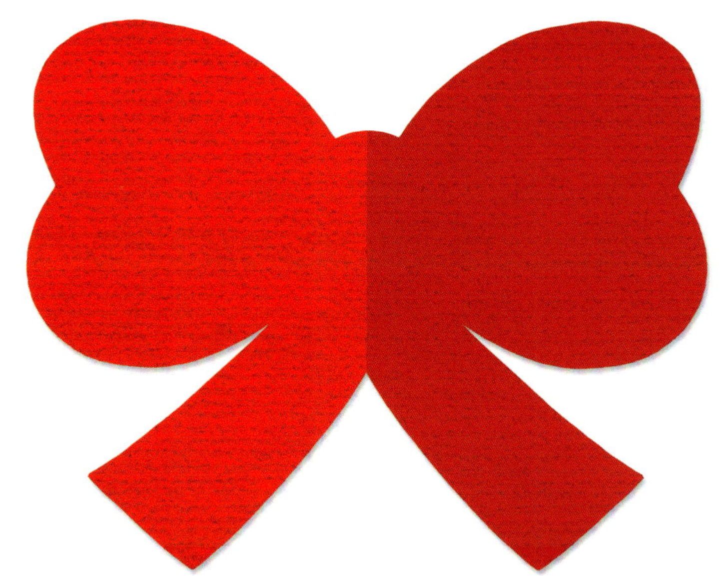

반지와 팔찌 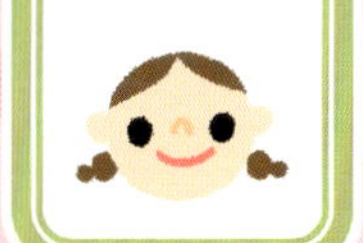

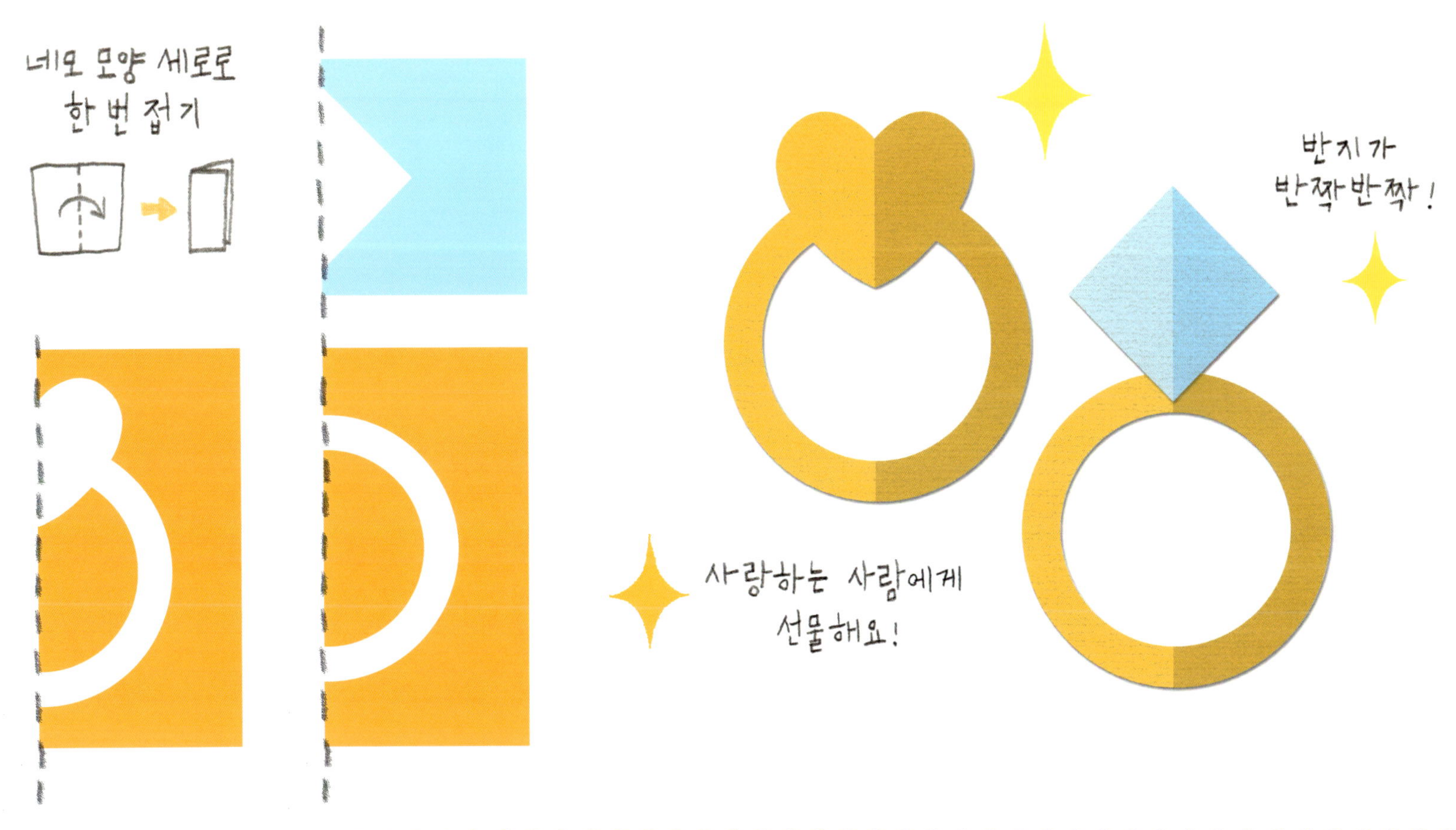

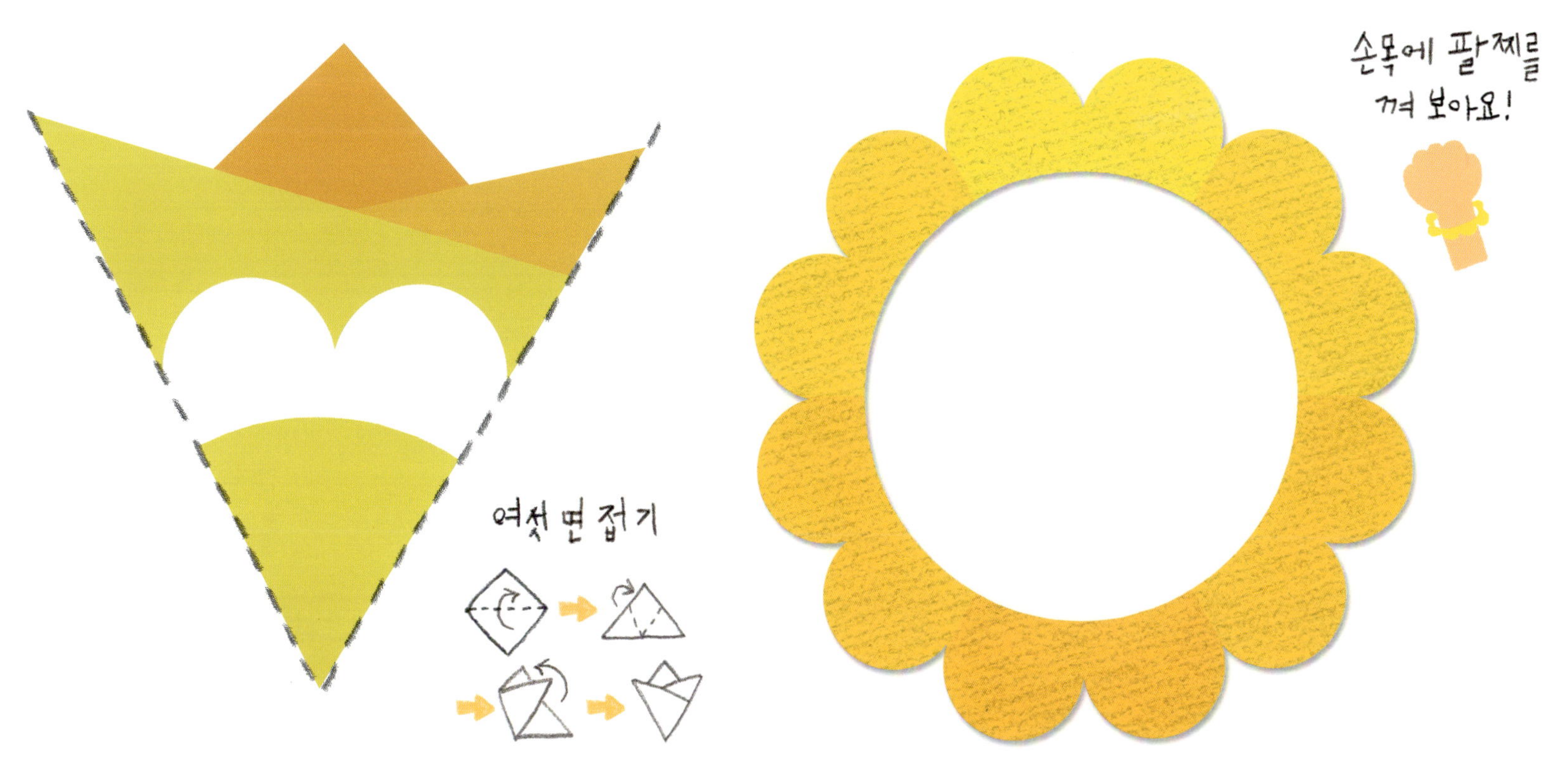

공주

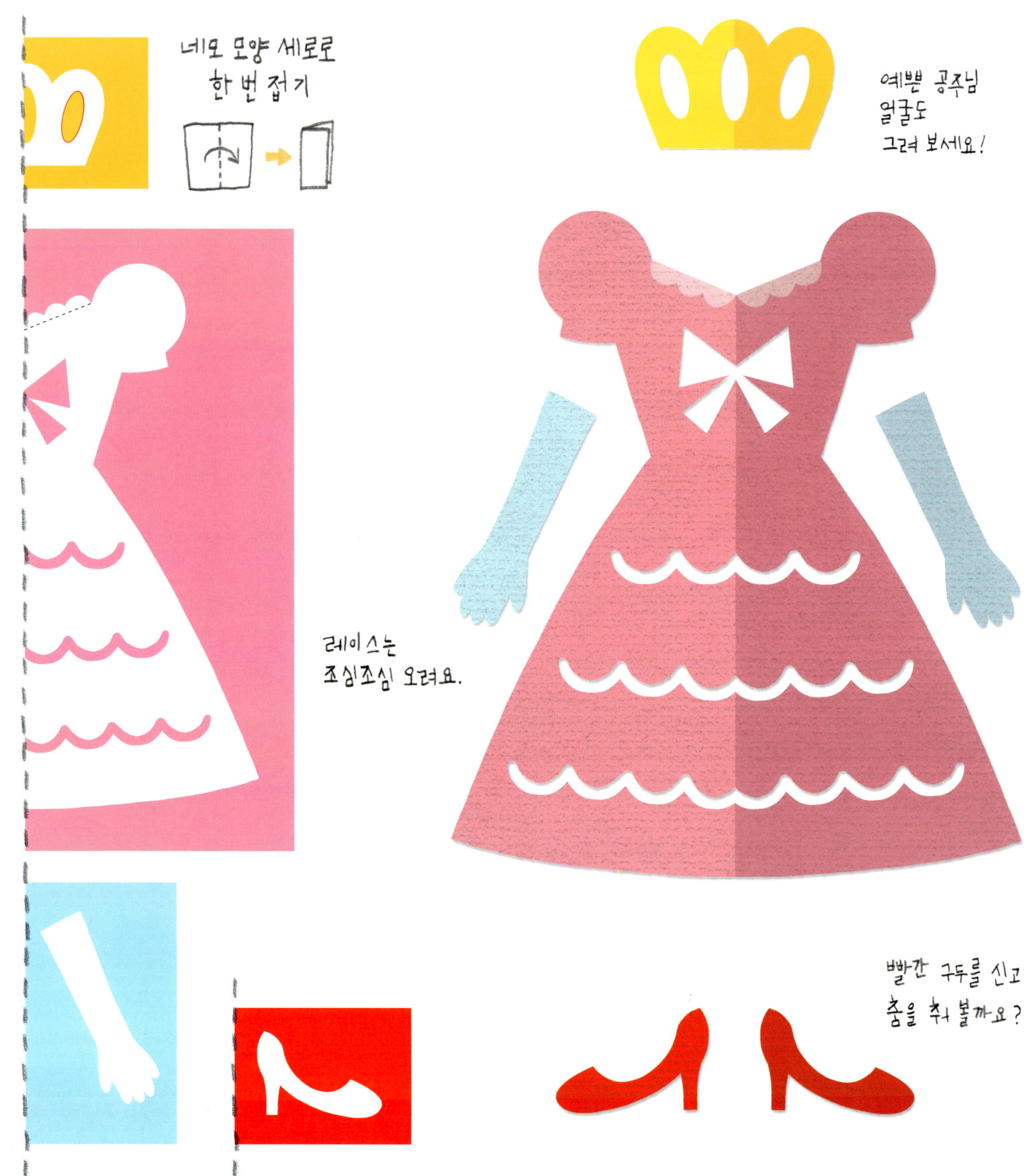

왕자 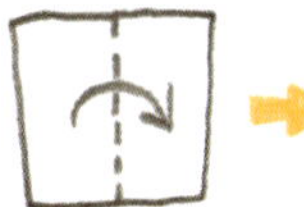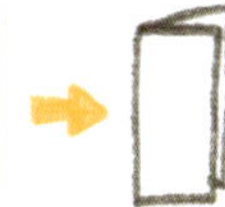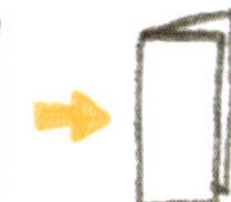

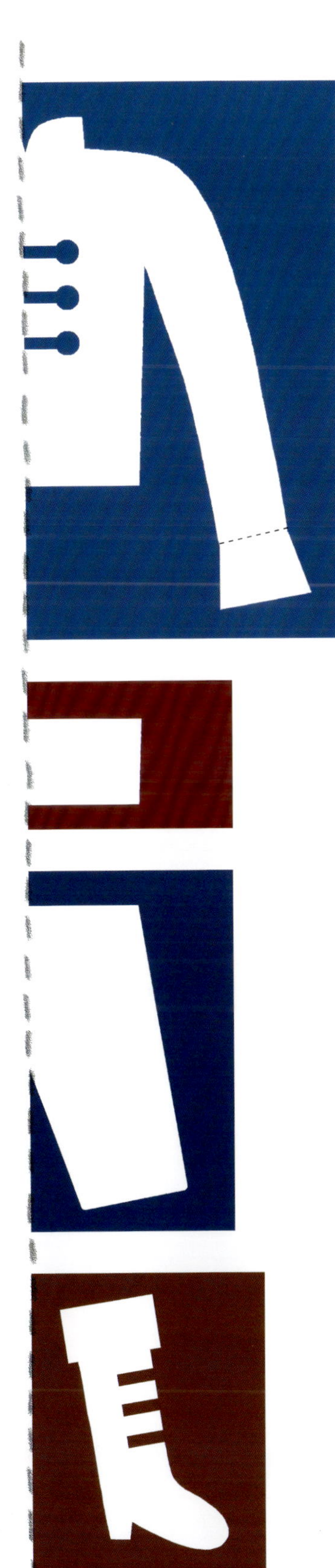

네모 모양 세로로
한 번 접기

소매 부분을
접어 보아요!

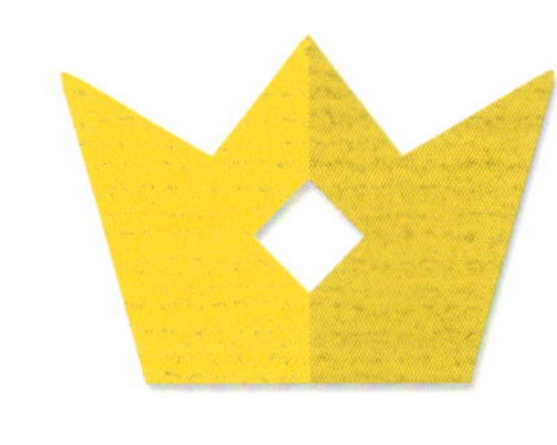

공주님과 왕자님을
만들어서
종이 인형 놀이를
해 보아요.

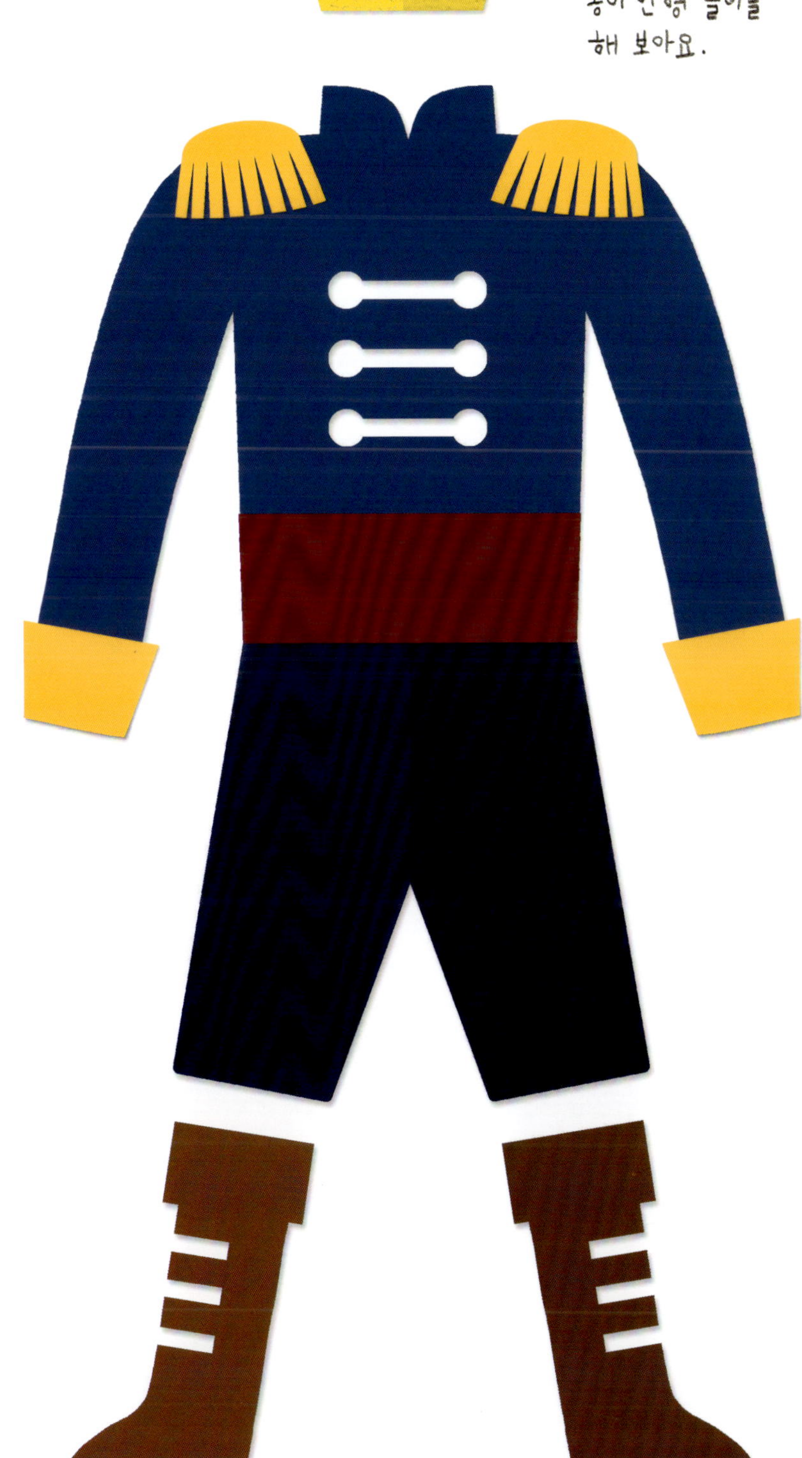

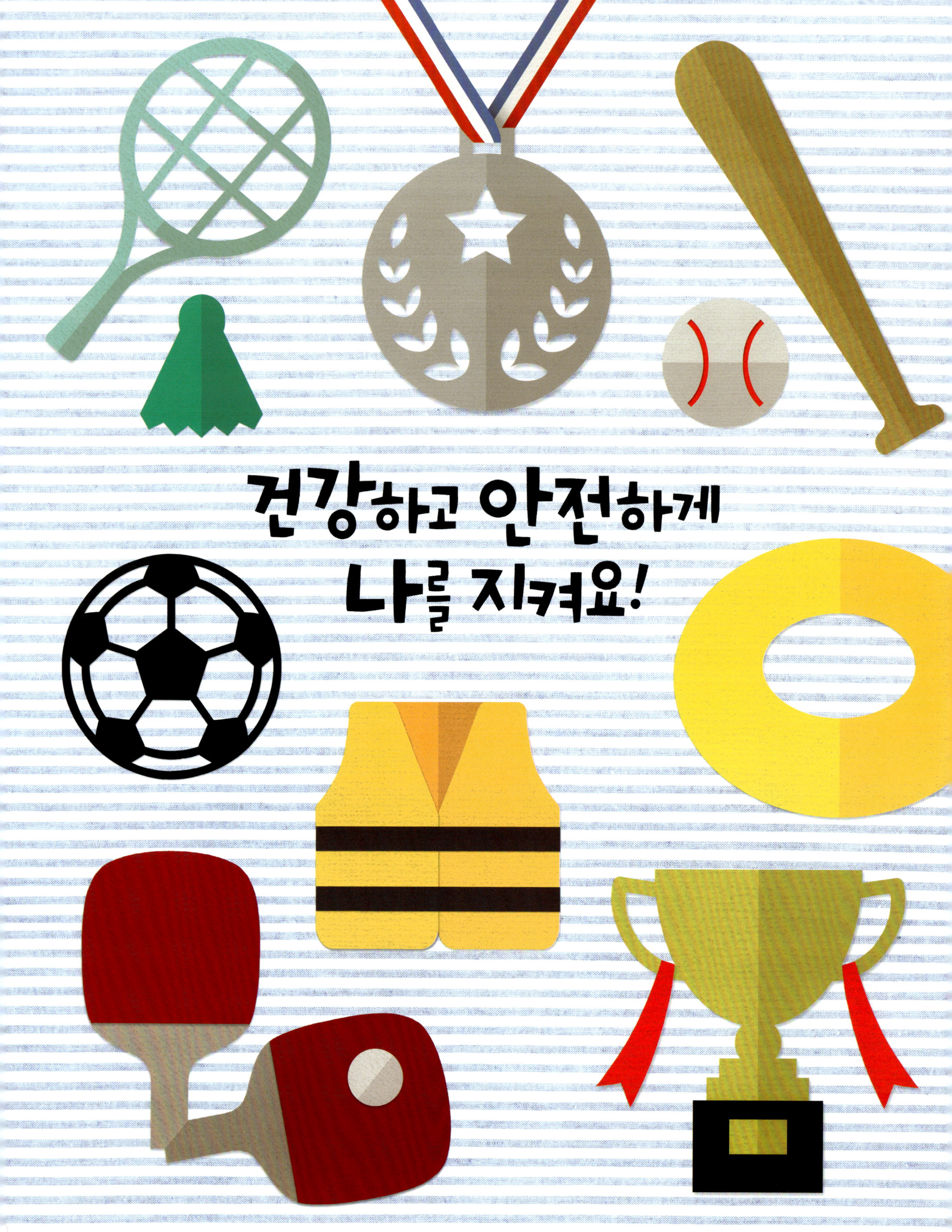
건강하고 안전하게
나를 지켜요!

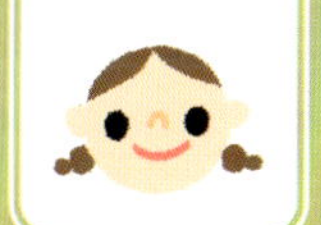

야구공과 배트 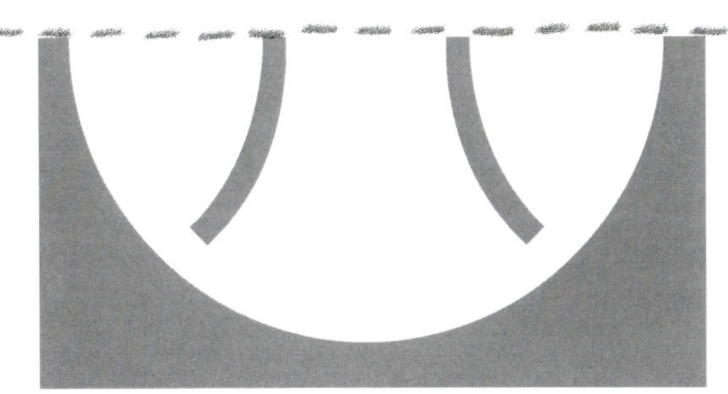

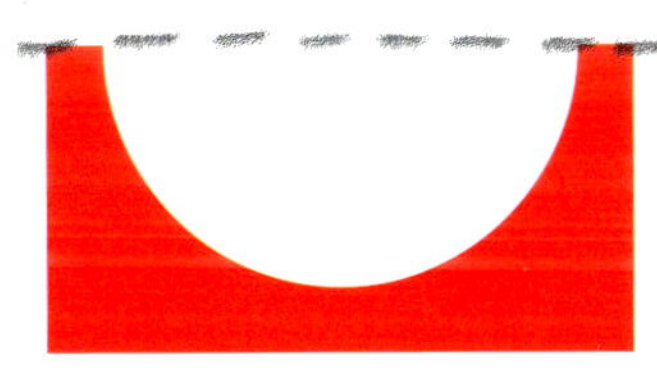

빨간 동그라미를
붙여요.

네모 모양 가로로
한 번 접기

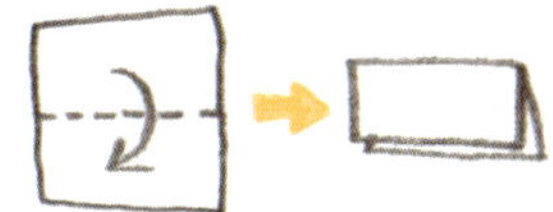

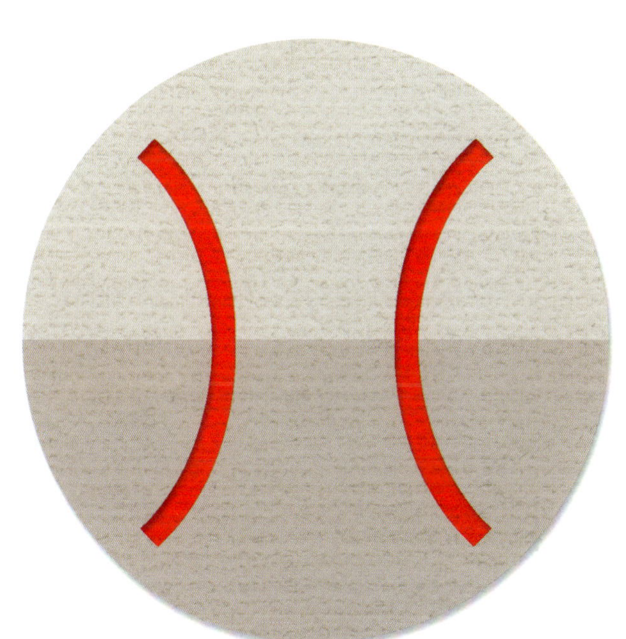

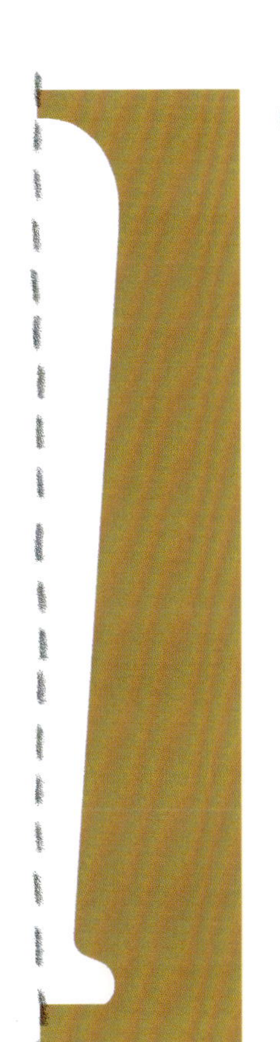

네모 모양 세로로
한 번 접기

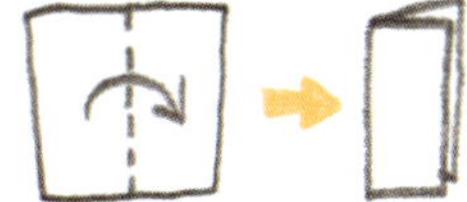

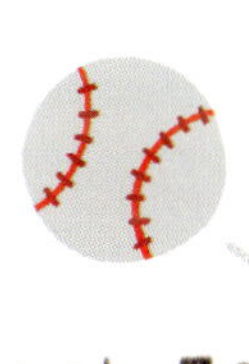

날아오는 공을
힘껏 쳐요!
"야호! 홈런이다."

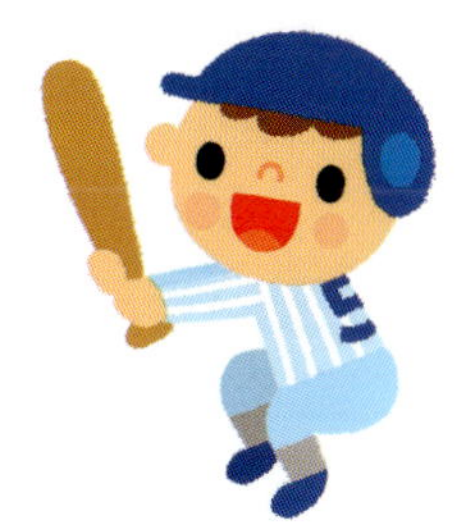

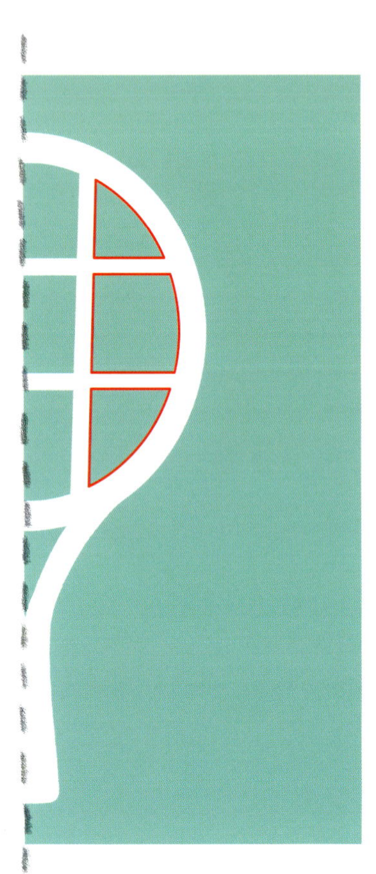

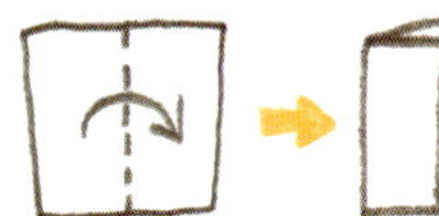

빨간 선은 칼로 조심조심 오려요.
엄마가 도와주세요!
어려우면 사인펜으로 그려도 좋아요.

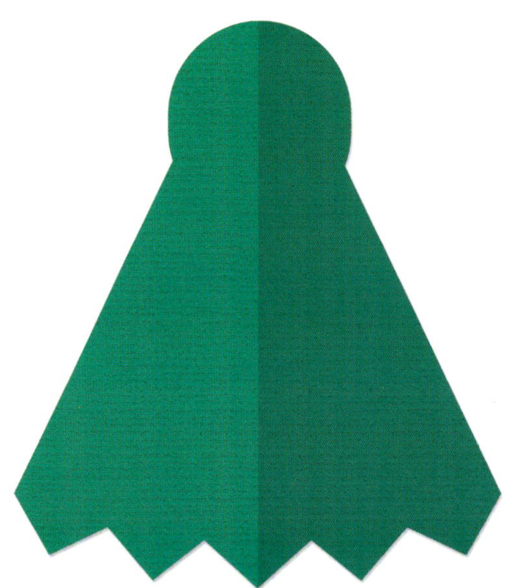

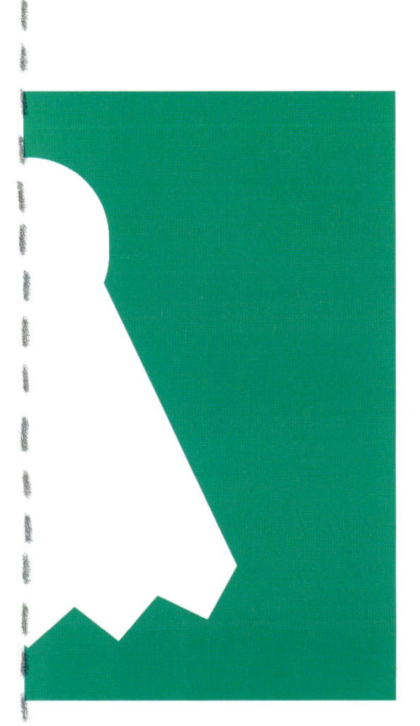

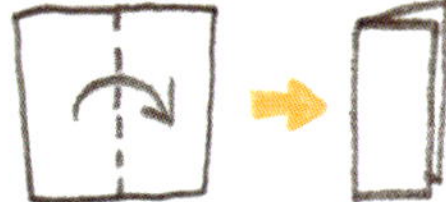

셔틀콕이라고도
해요.

축구공과 탁구채

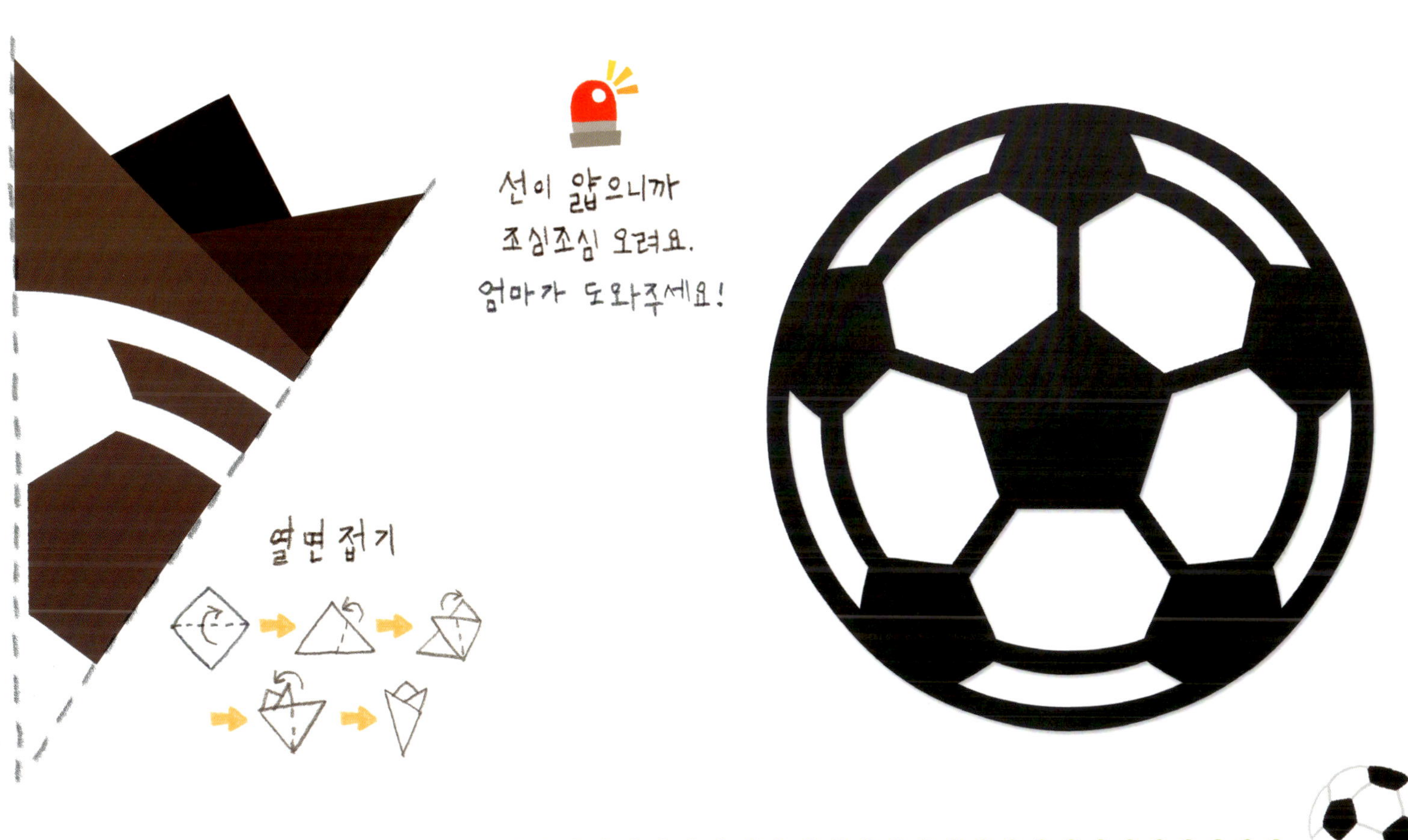

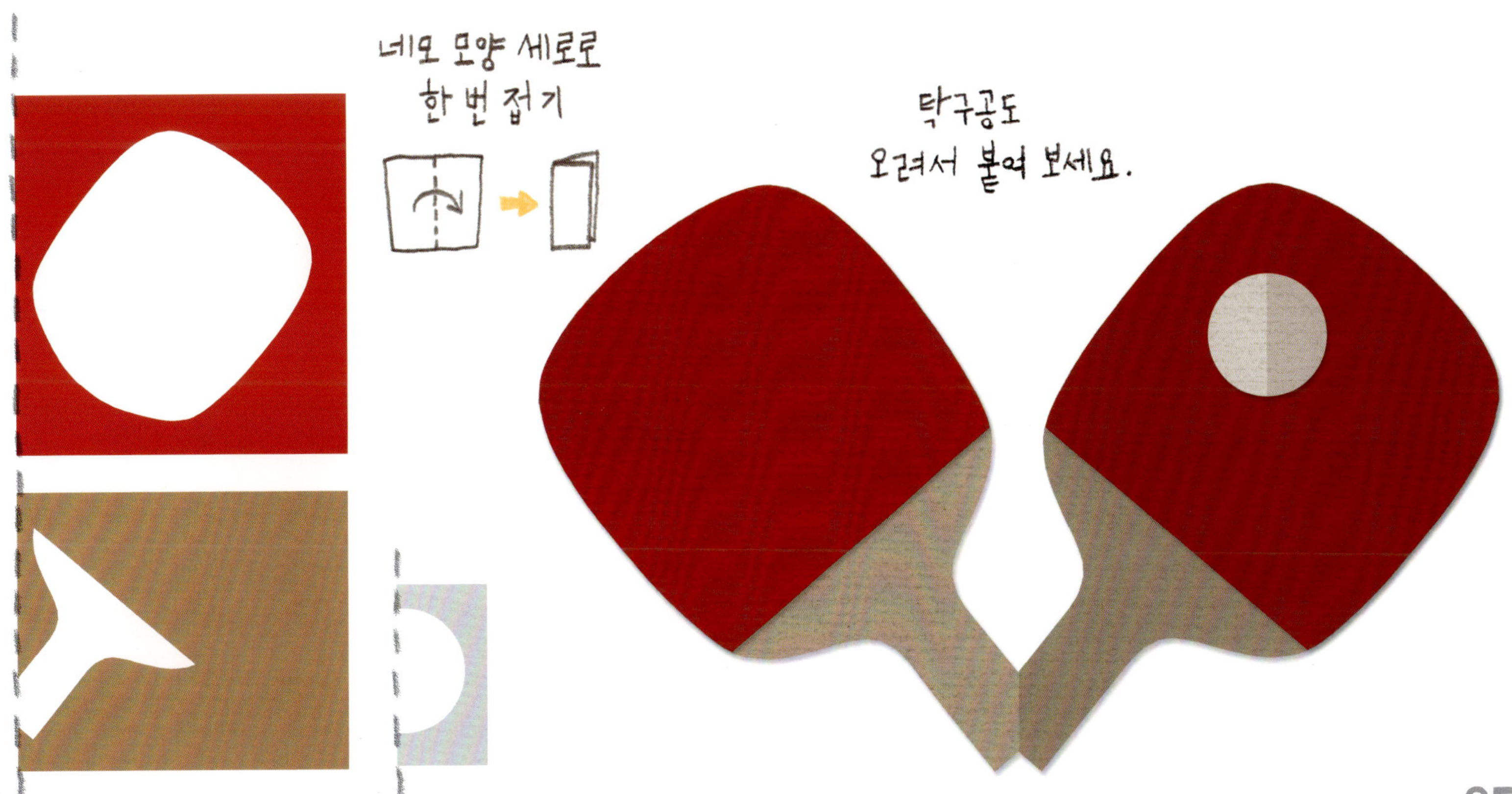

튜브와 구명조끼

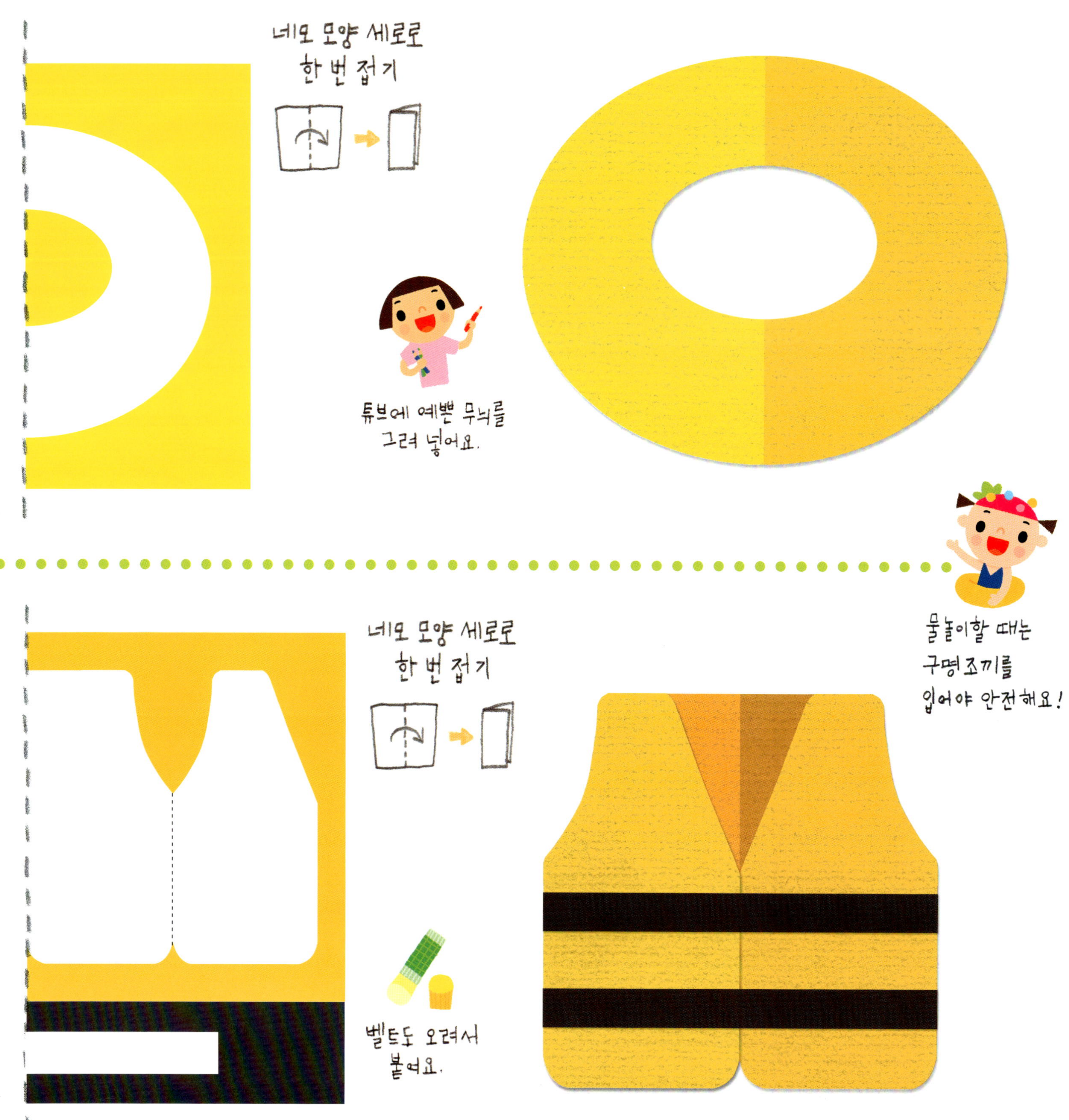

네모 모양 세로로
한 번 접기

튜브에 예쁜 무늬를
그려 넣어요.

네모 모양 세로로
한 번 접기

벨트도 오려서
붙여요.

물놀이할 때는
구명조끼를
입어야 안전해요!

메달_과 트로피

네모 모양 세로로
한 번 접기

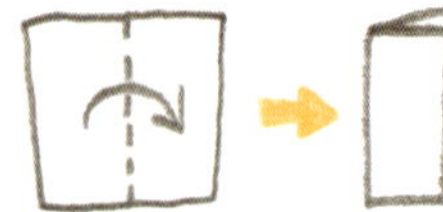

빨간 선은
칼로 조심조심 오려요.
엄마가 도와주세요!
메달에 무늬를 직접
그려 넣어도 좋아요.

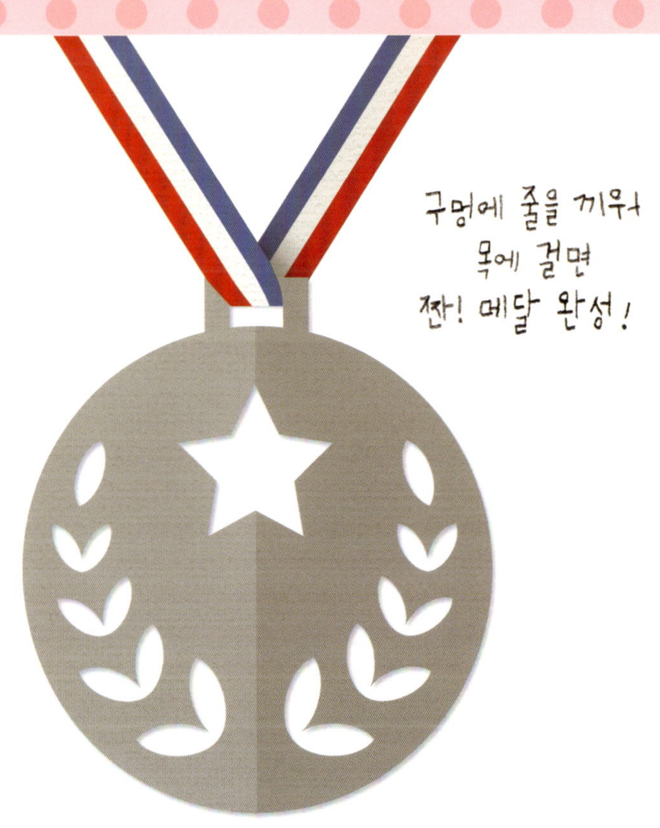

구멍에 줄을 끼워
목에 걸면
짠! 메달 완성!

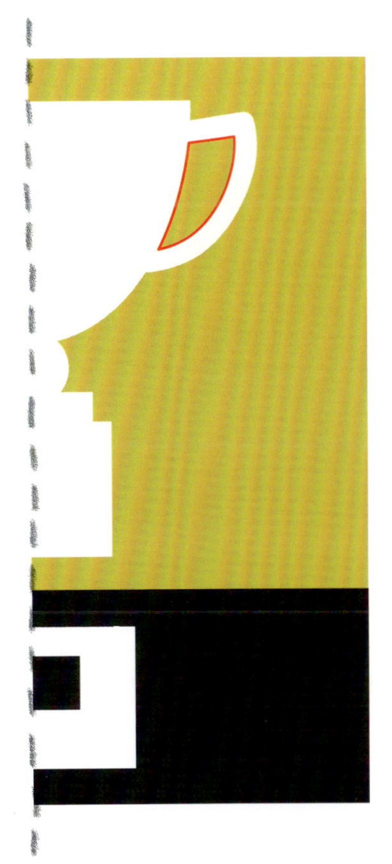

네모 모양 세로로
한 번 접기

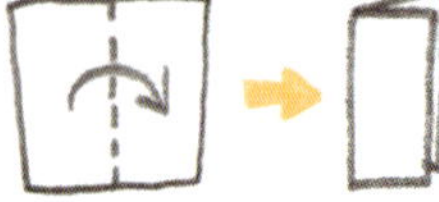

손잡이에 리본도
붙여요.

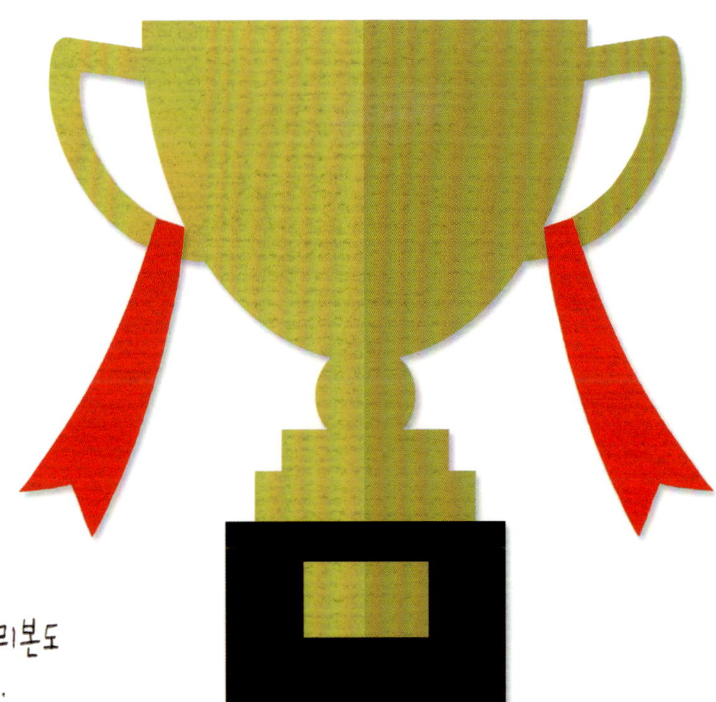

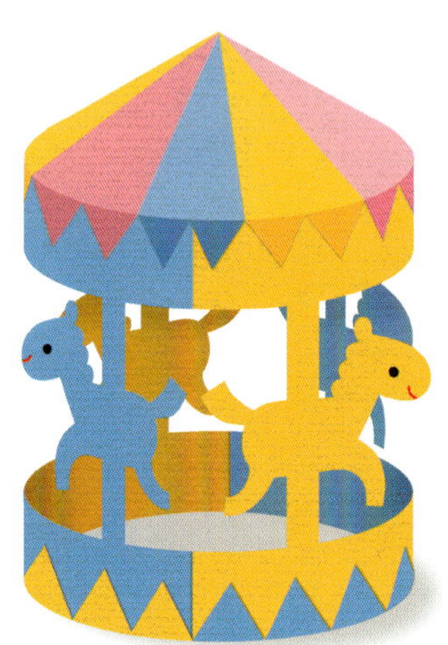

세상 오리기 본

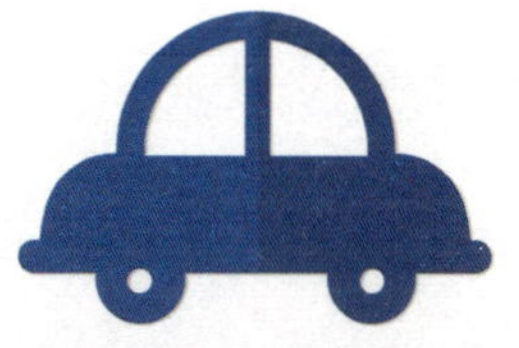

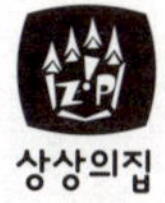

상상의집

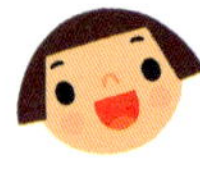 오리기 선 안쪽을 따라 오린 뒤
뒤집어서 완성하세요. 그래야 오리기 선과
접기 선이 보이지 않는답니다.

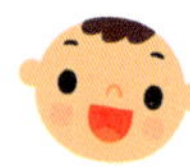 접기 기호를 알아 두면 좋아요!
앞으로 접기 --------------------
뒤로 접기 — · — · — · — · —

 빨간 선과 검은 선은
칼로 조심조심 오려요.
엄마가 도와주세요!

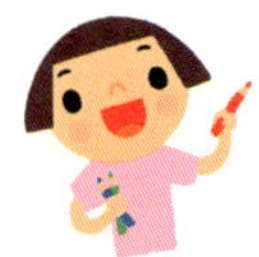 칼 쓰기가 어렵다면
사인펜이나 색연필로 칠해도 돼요.

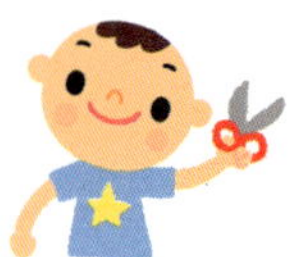 옆 면을 접어 오릴 때는
하얀 선이 보이도록 아코디언 접기를 하면
자르기가 편하답니다.

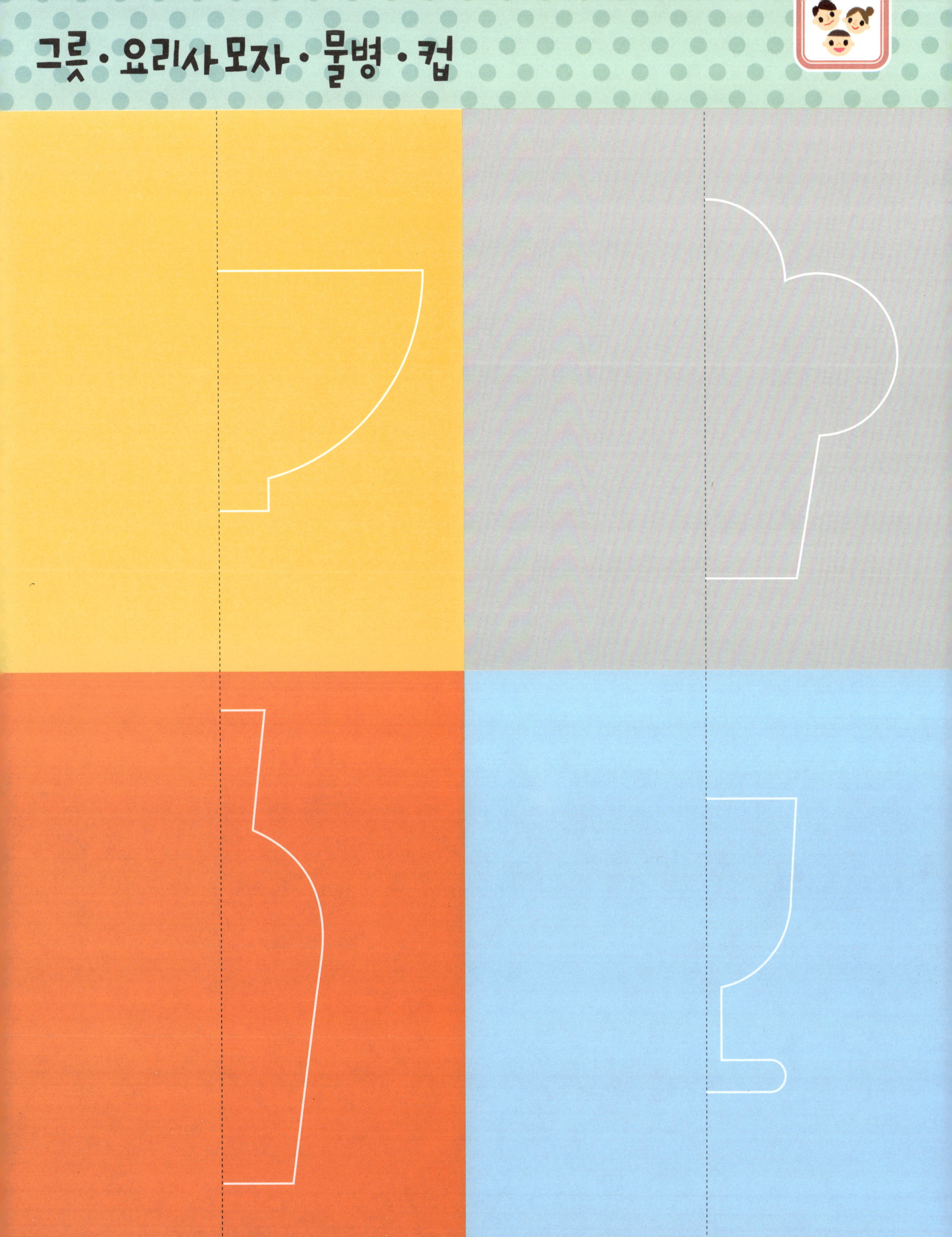
그릇 · 요리사 모자 · 물병 · 컵

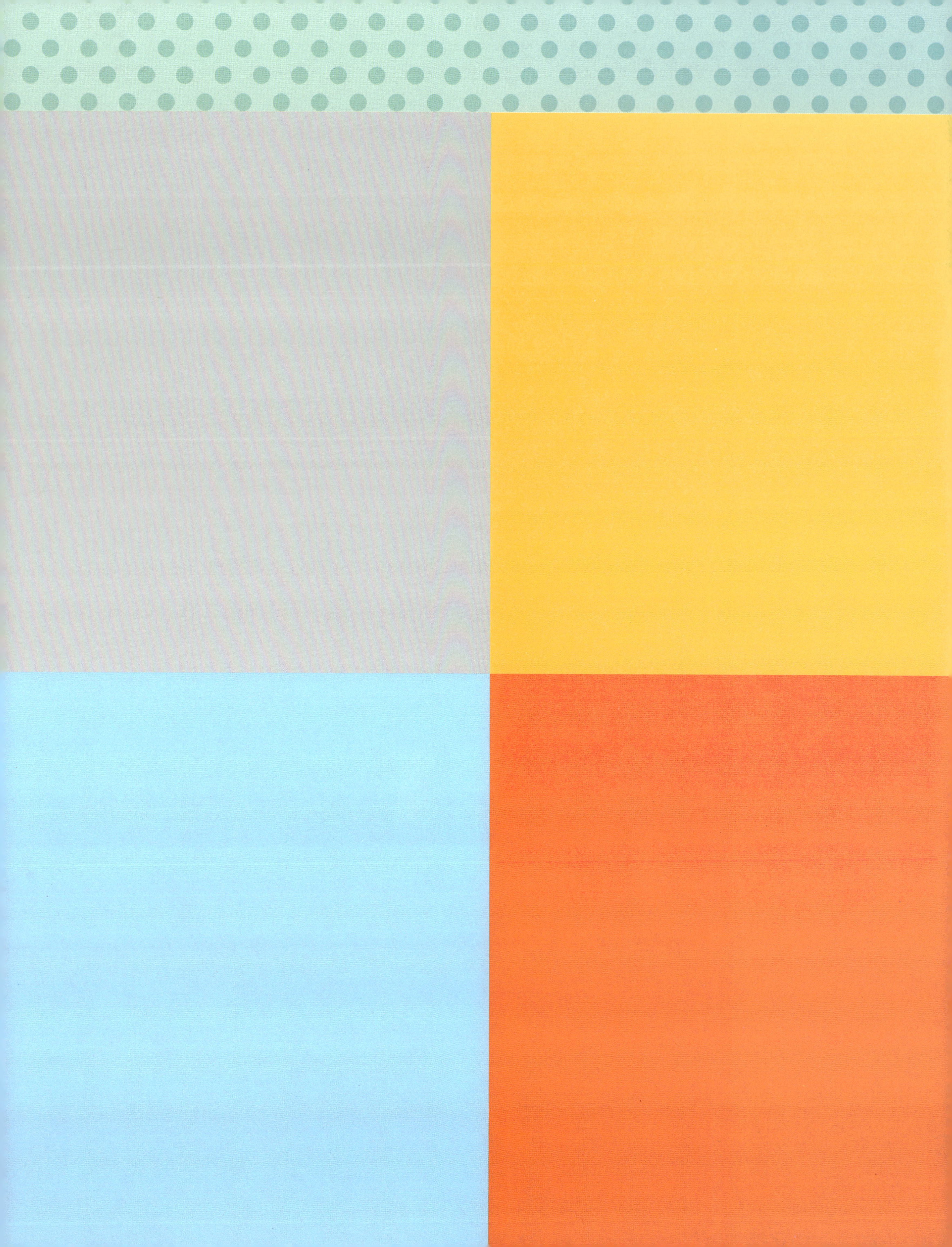

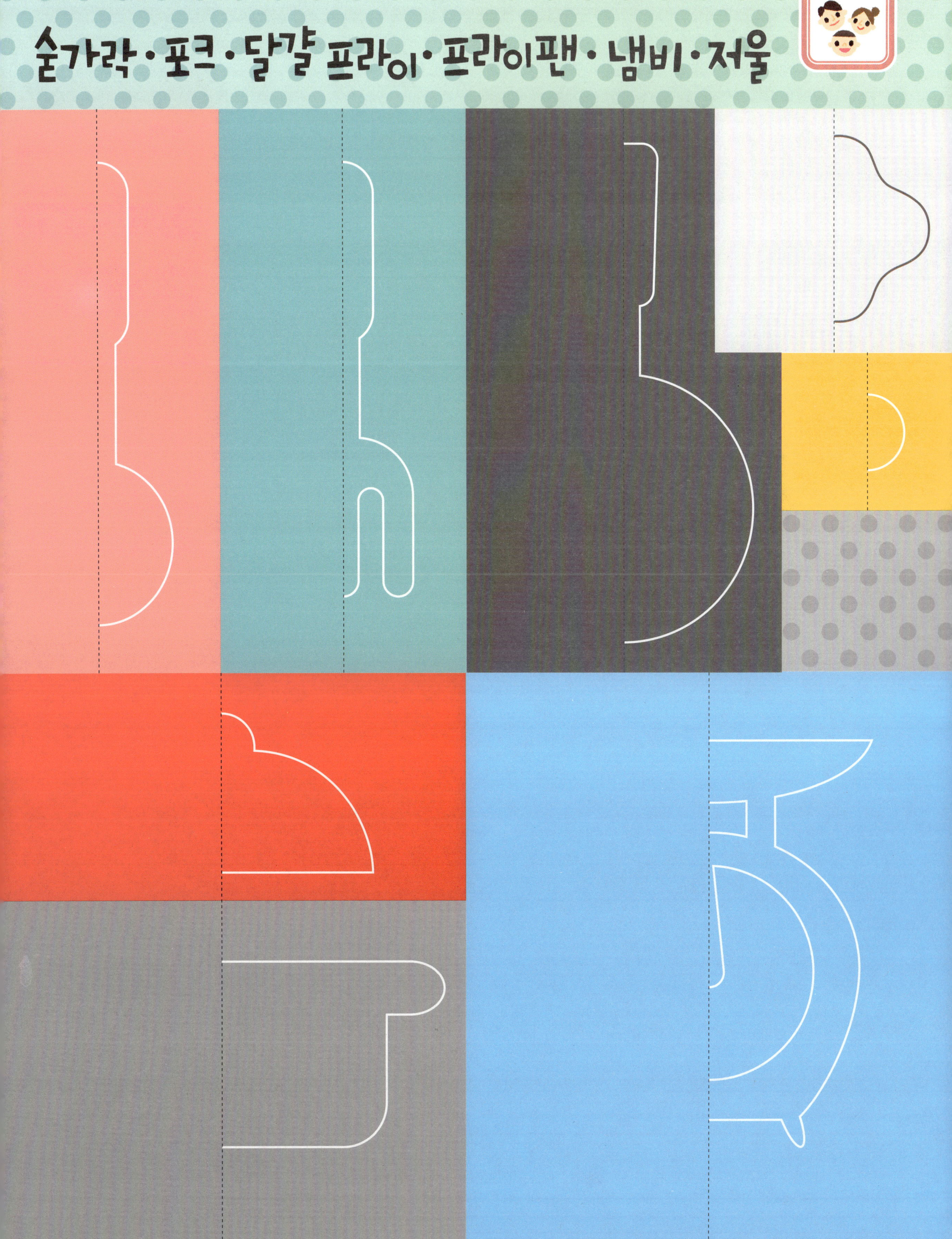

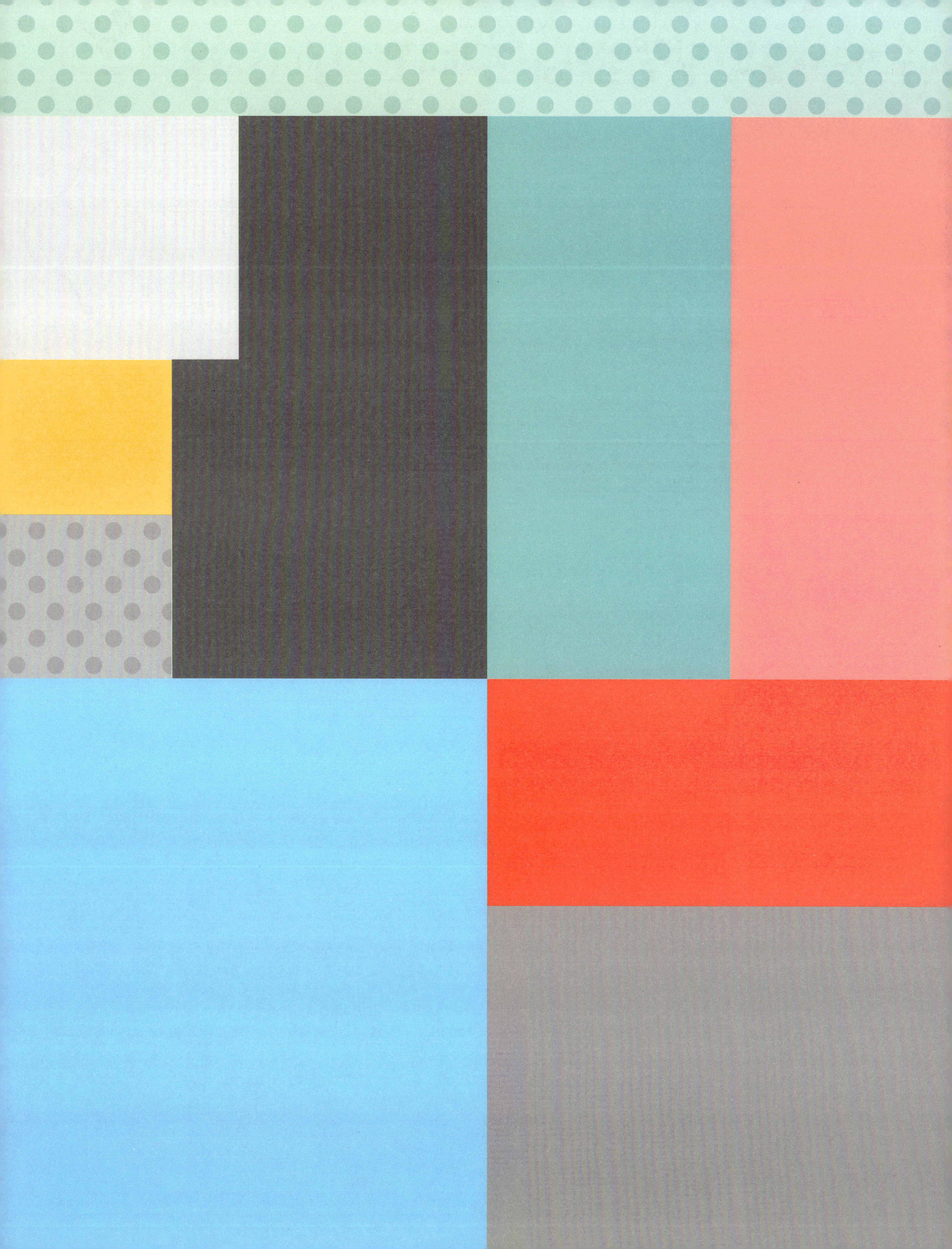

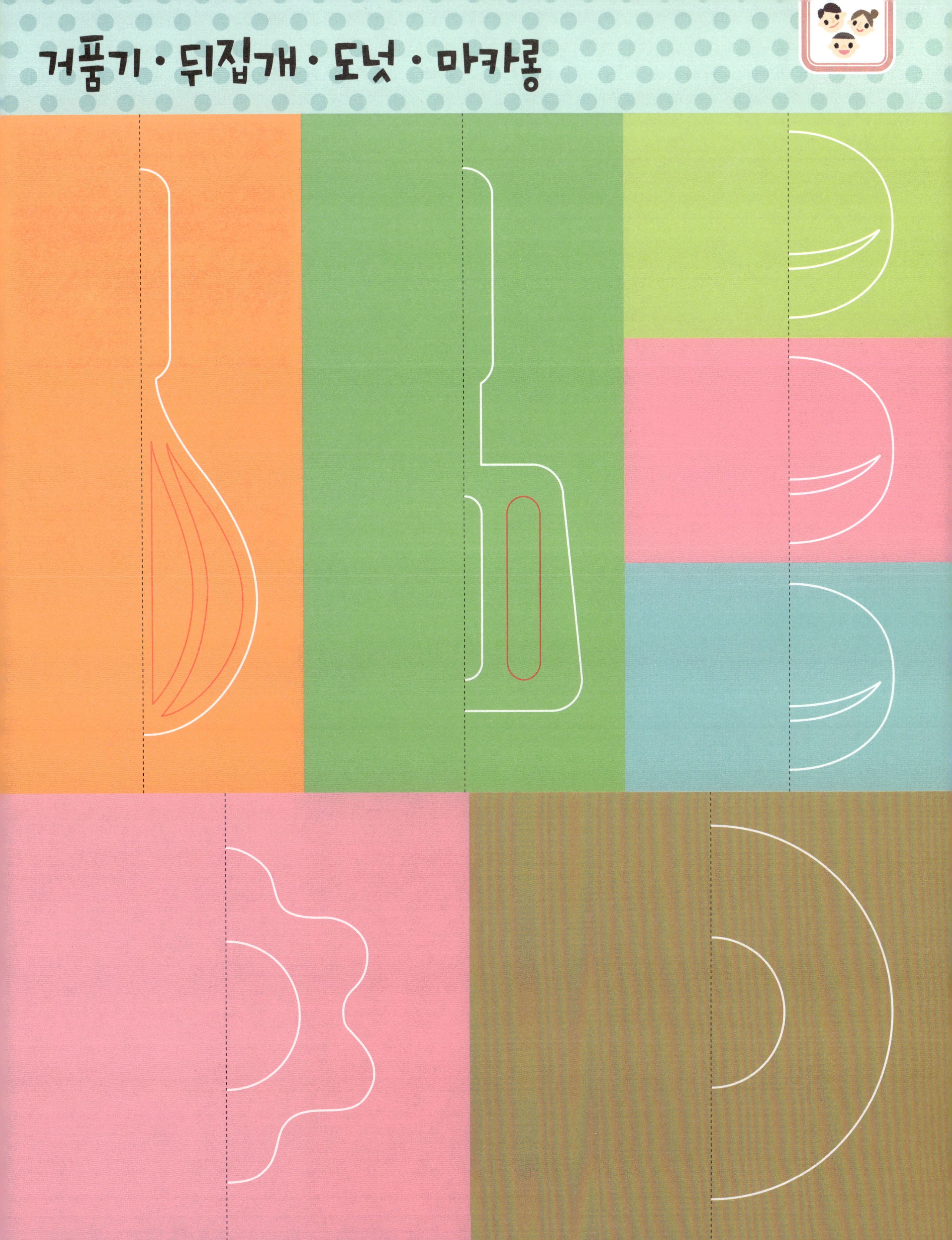

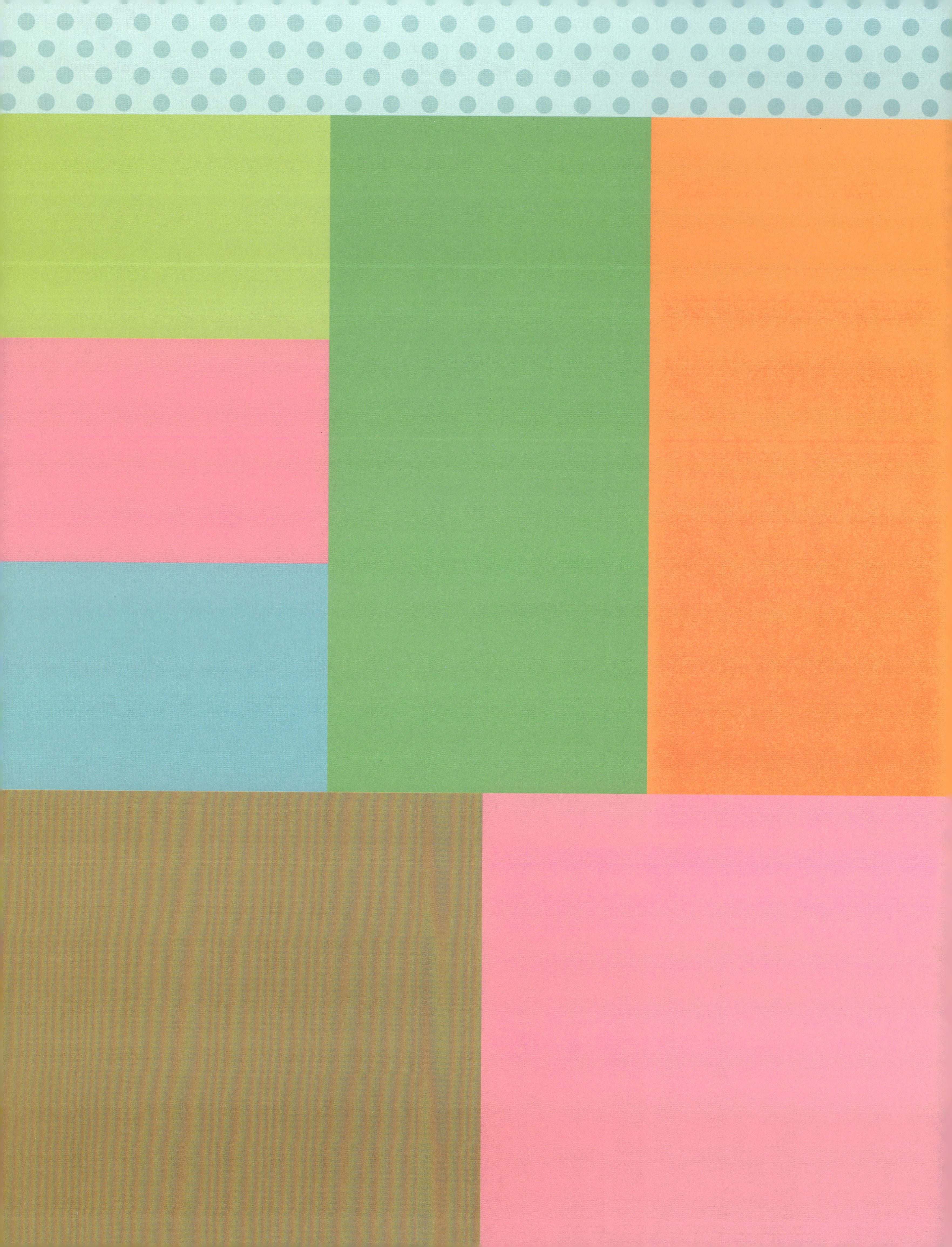

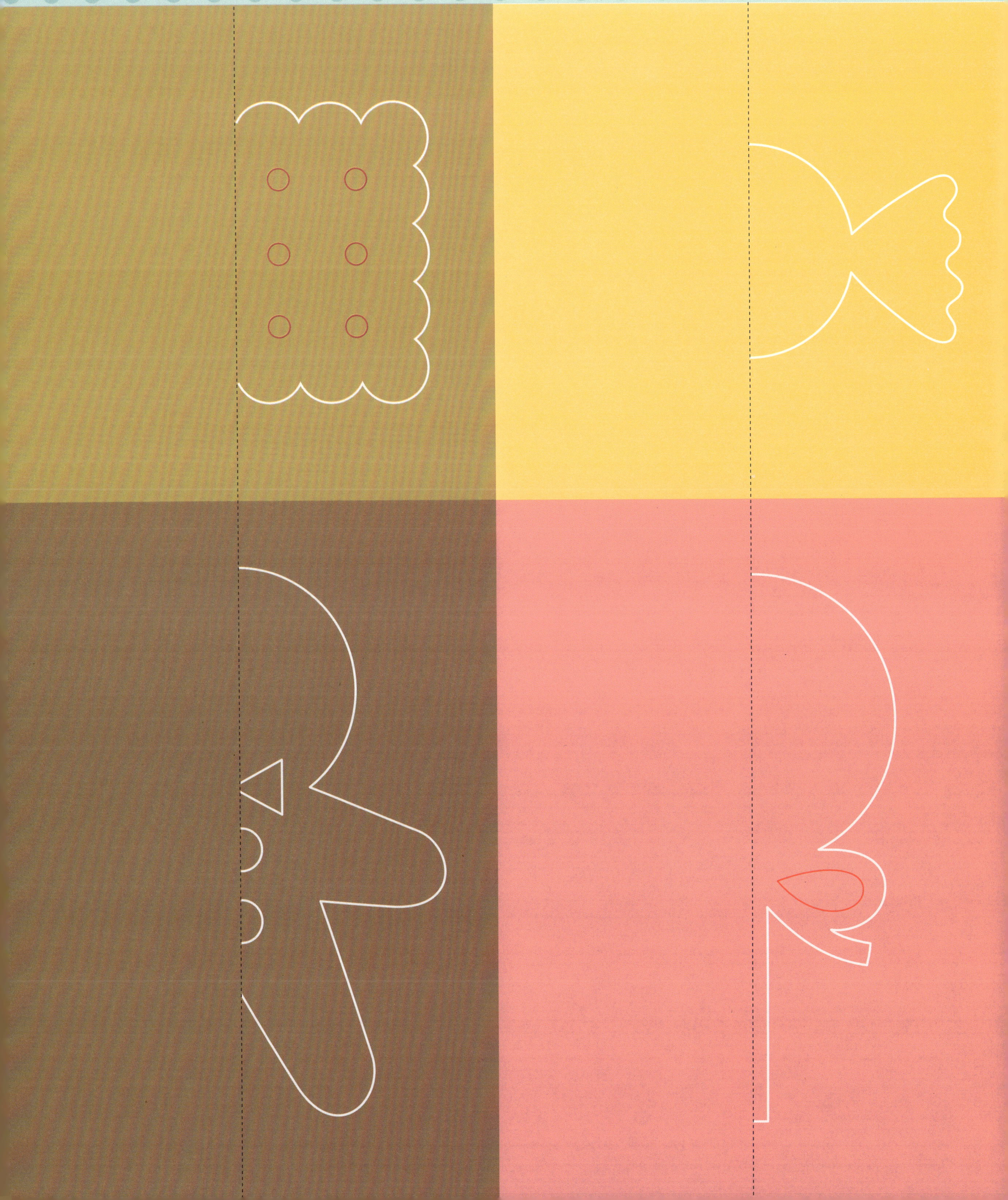

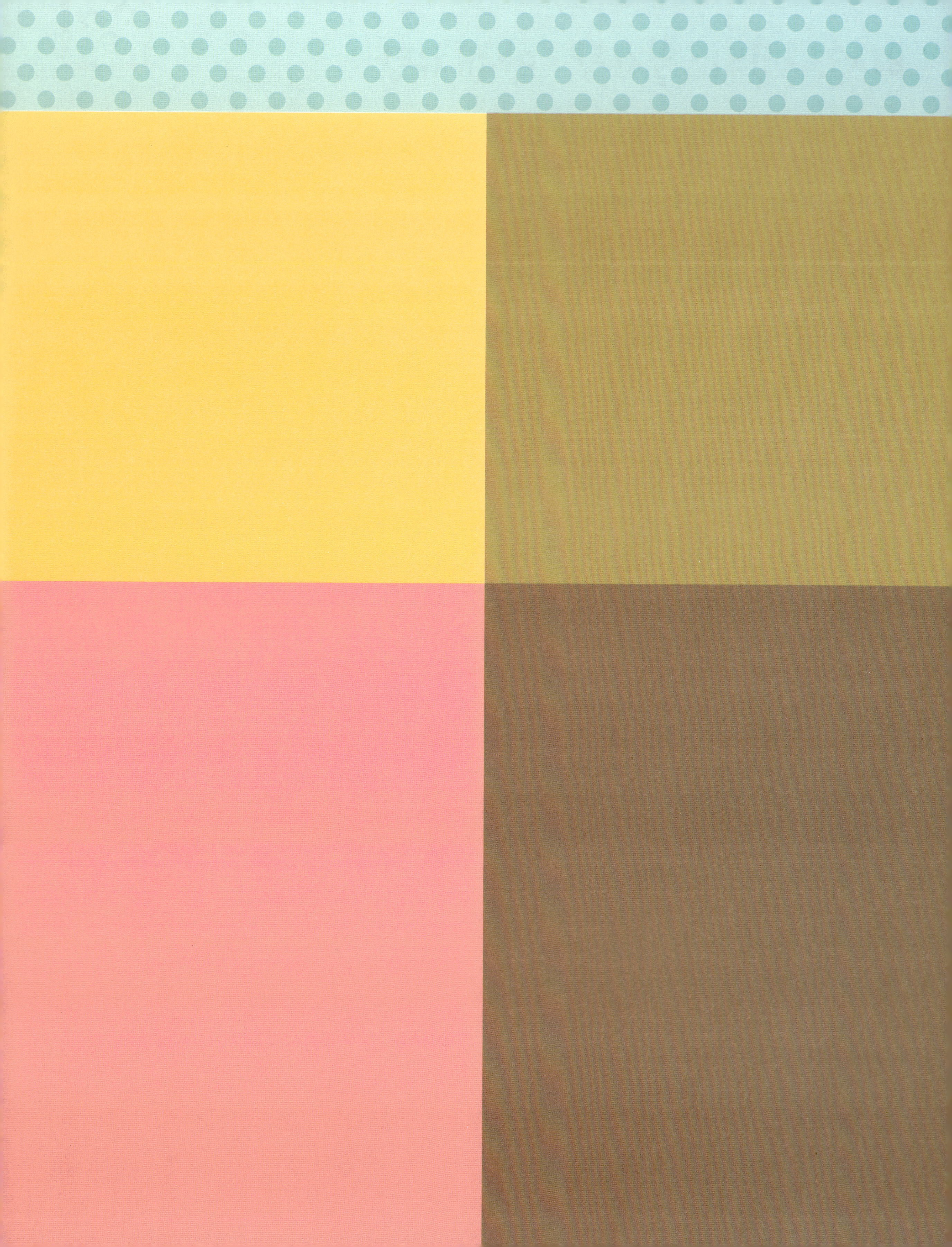

조각 케이크 · 생일 케이크 · 컵케이크 · 푸딩

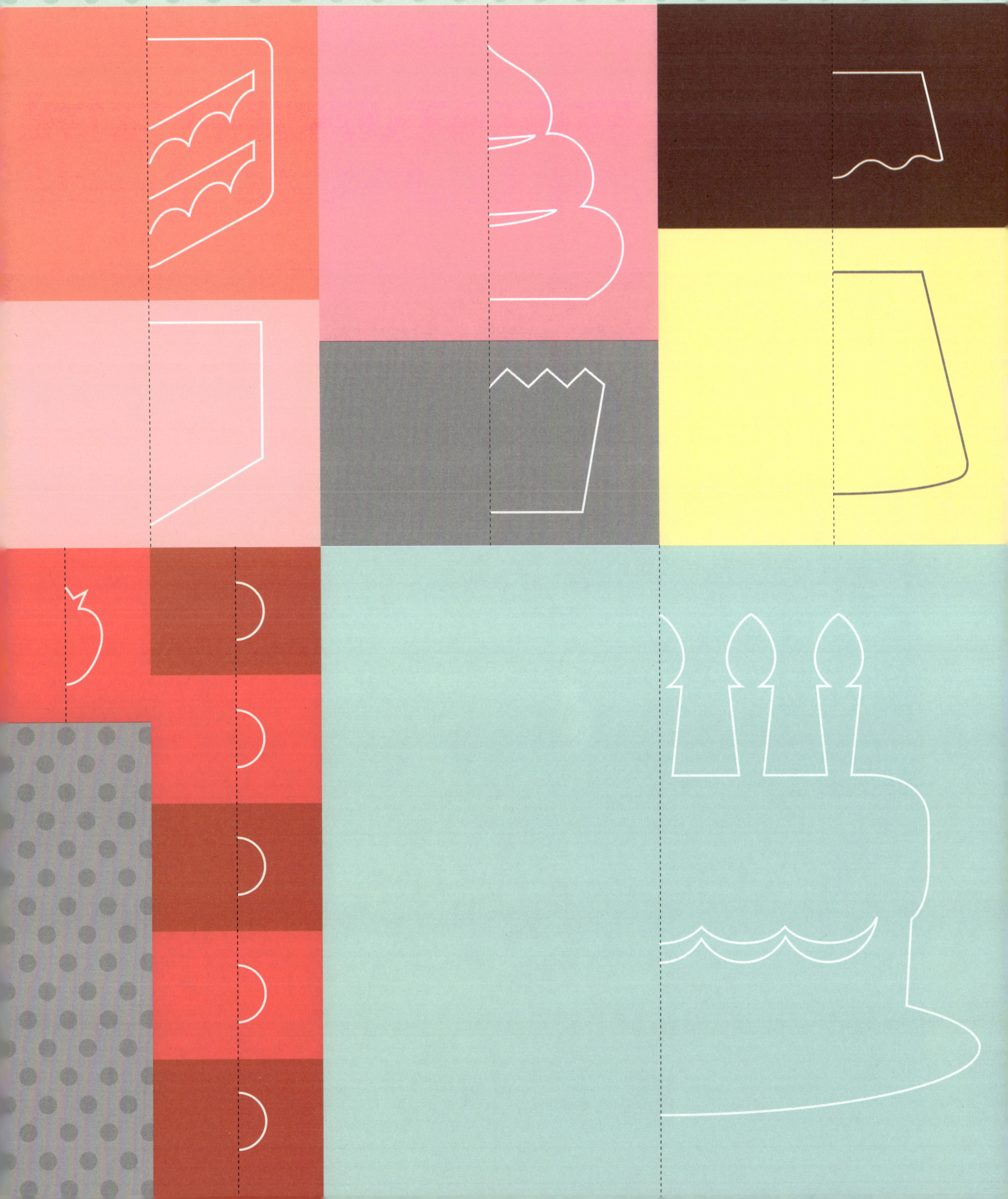

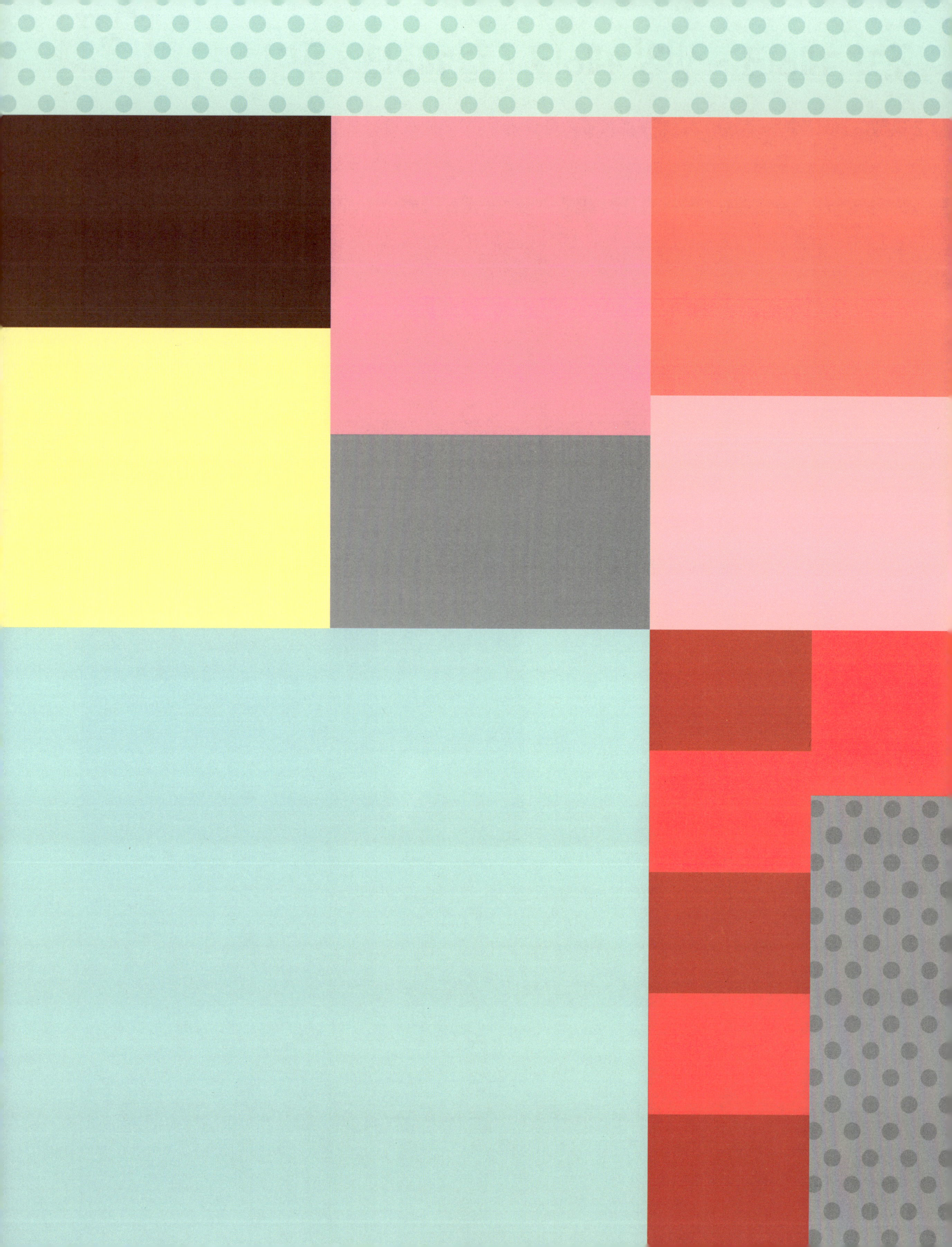

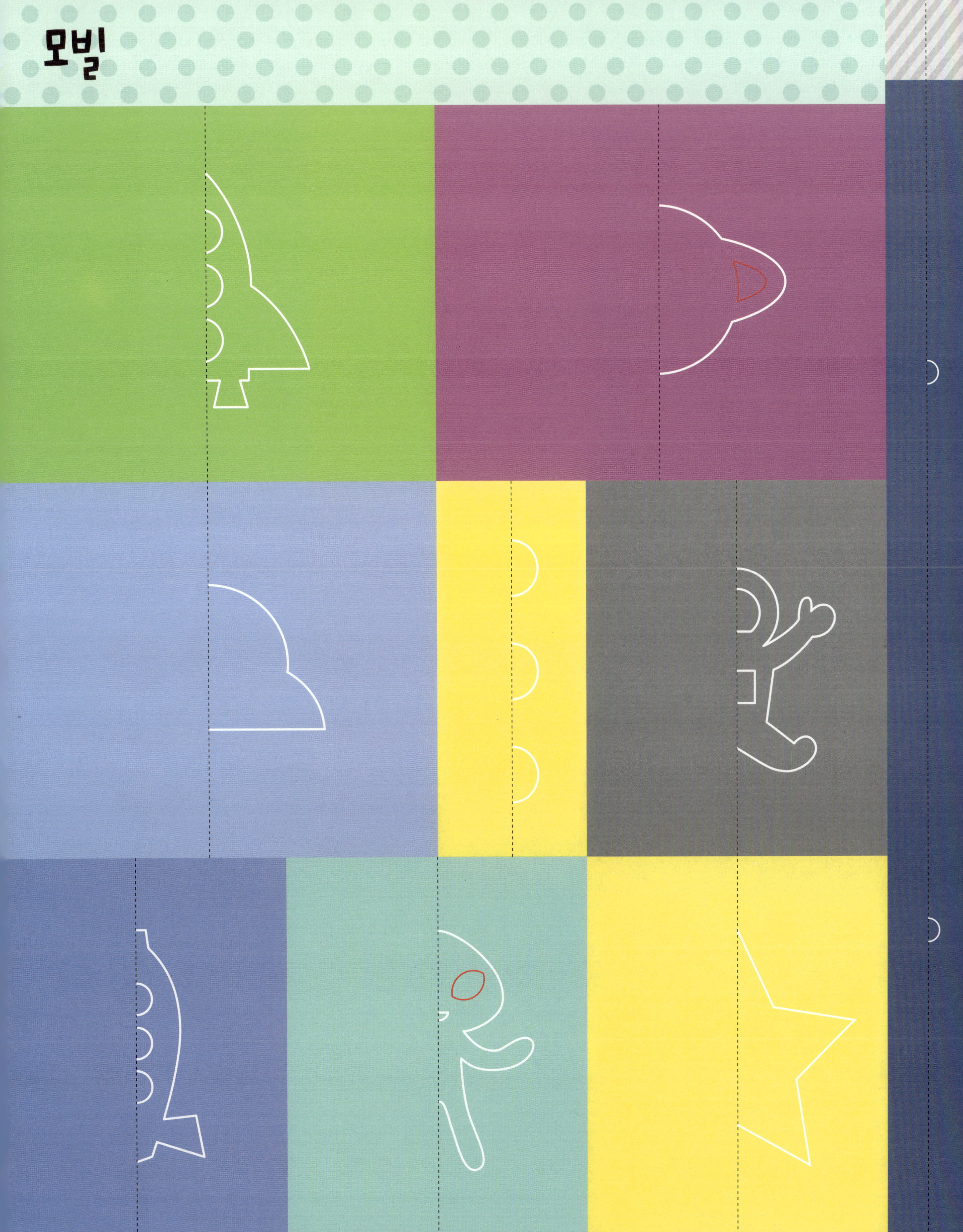

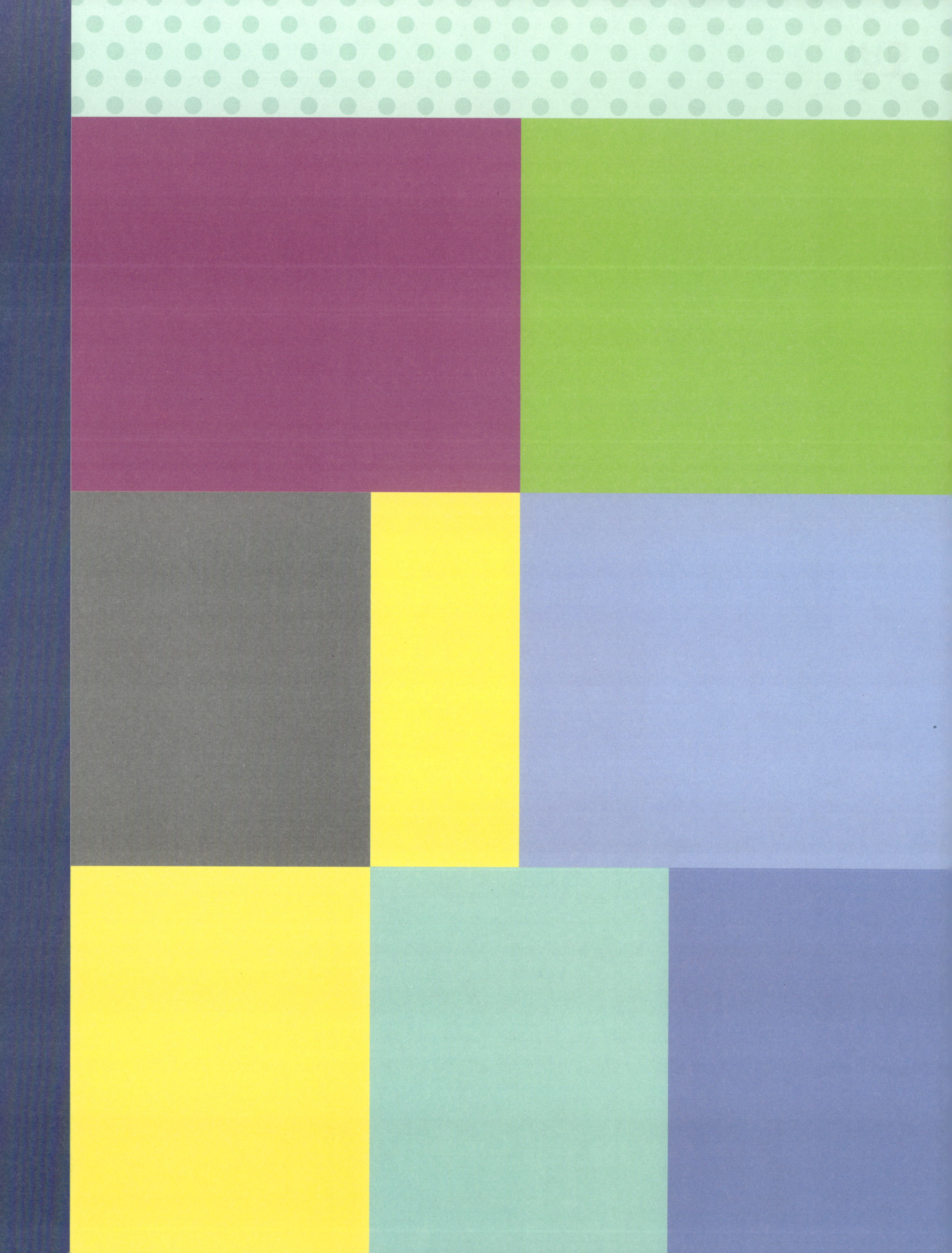

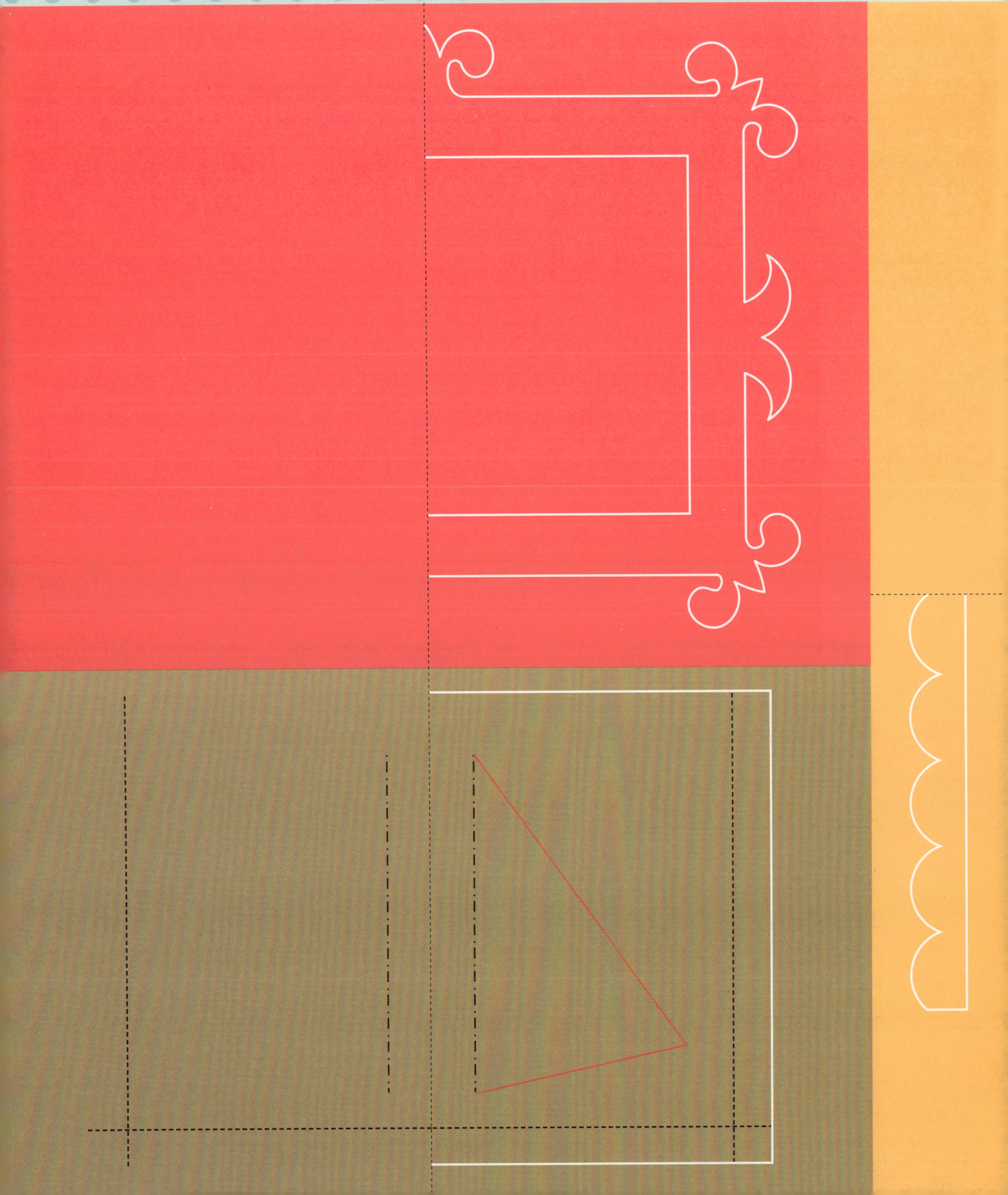

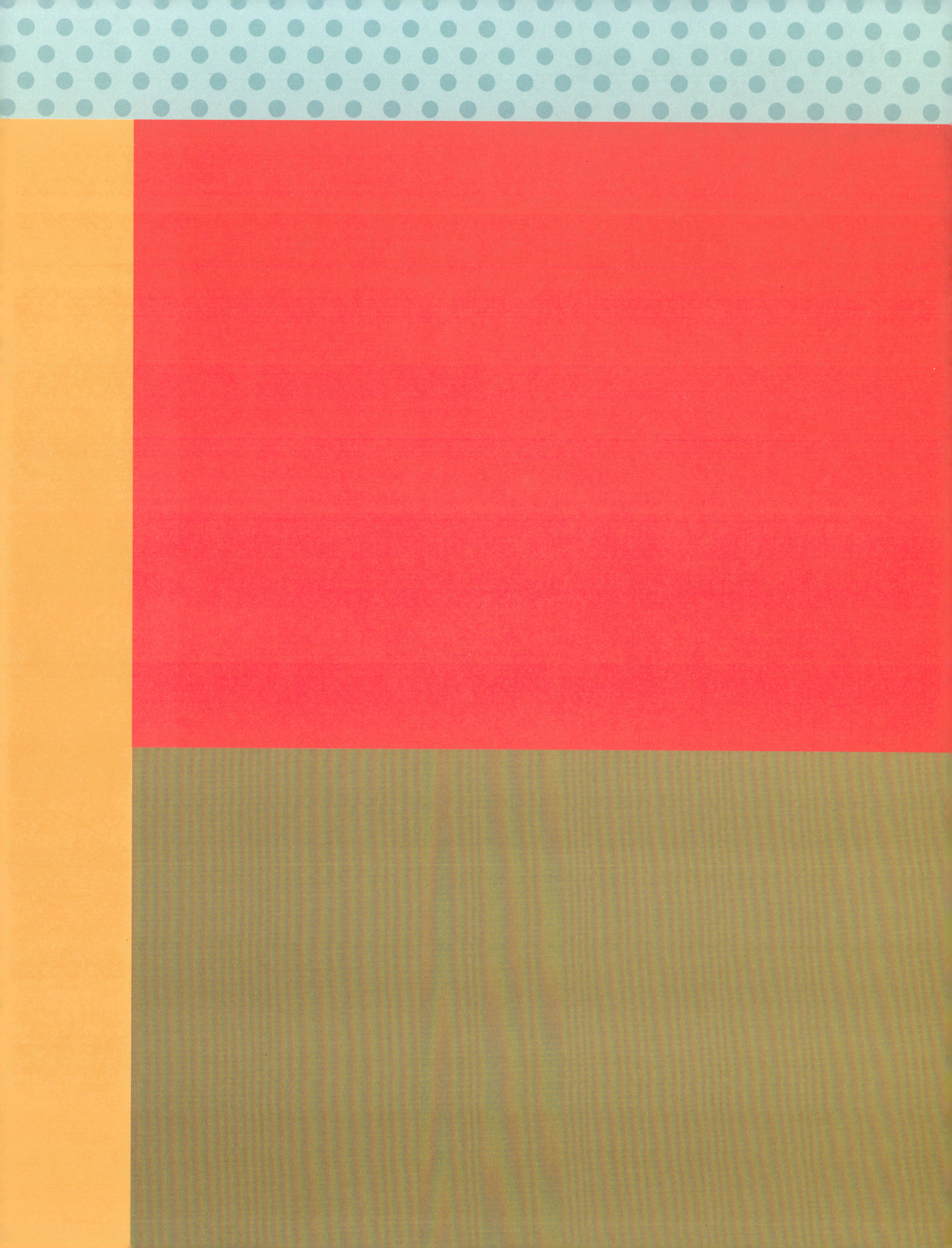

생일 축하 카드

생일 축하 카드

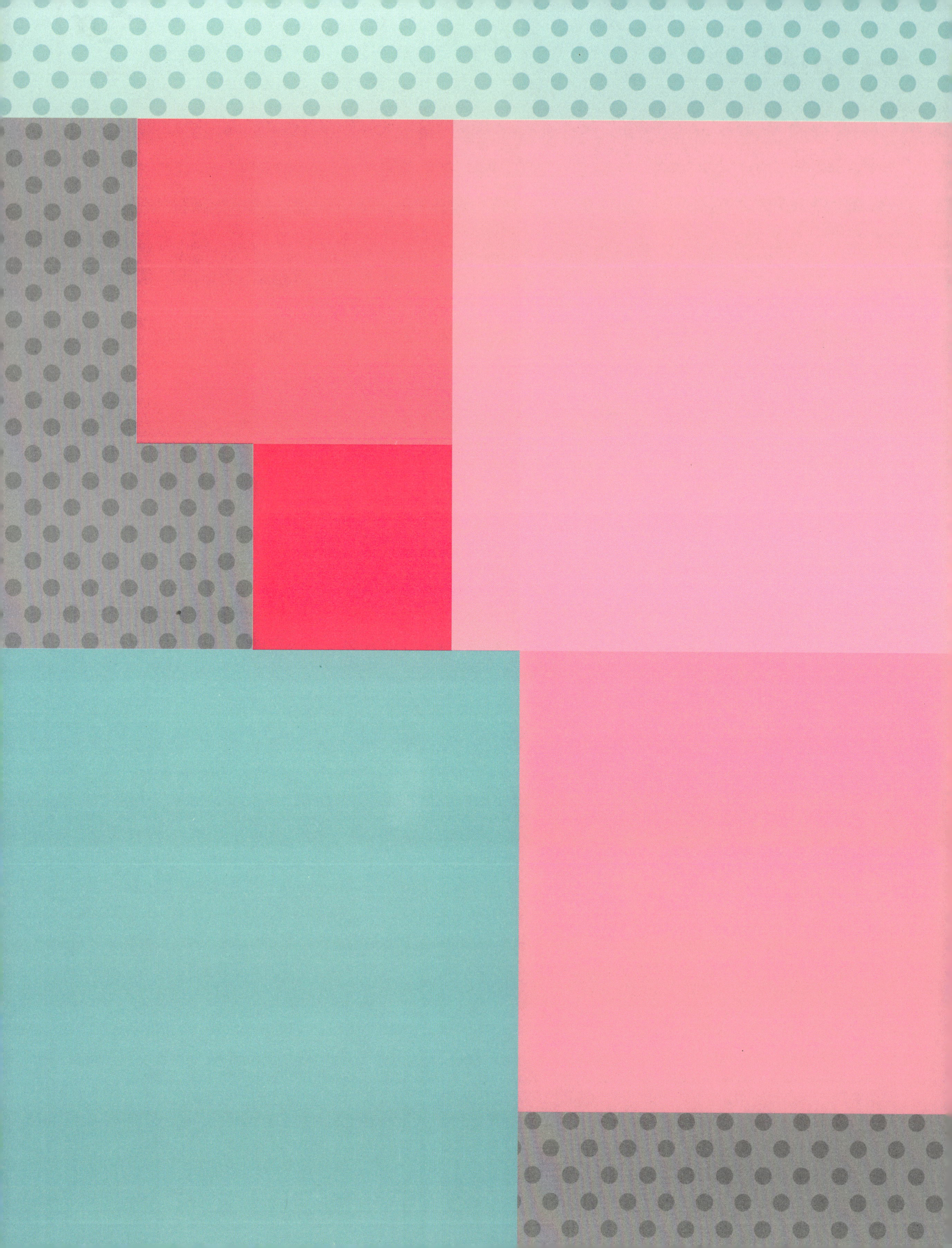

카네이션을 여러 송이 만들어서
고마운 분께 선물하세요~.

카네이션

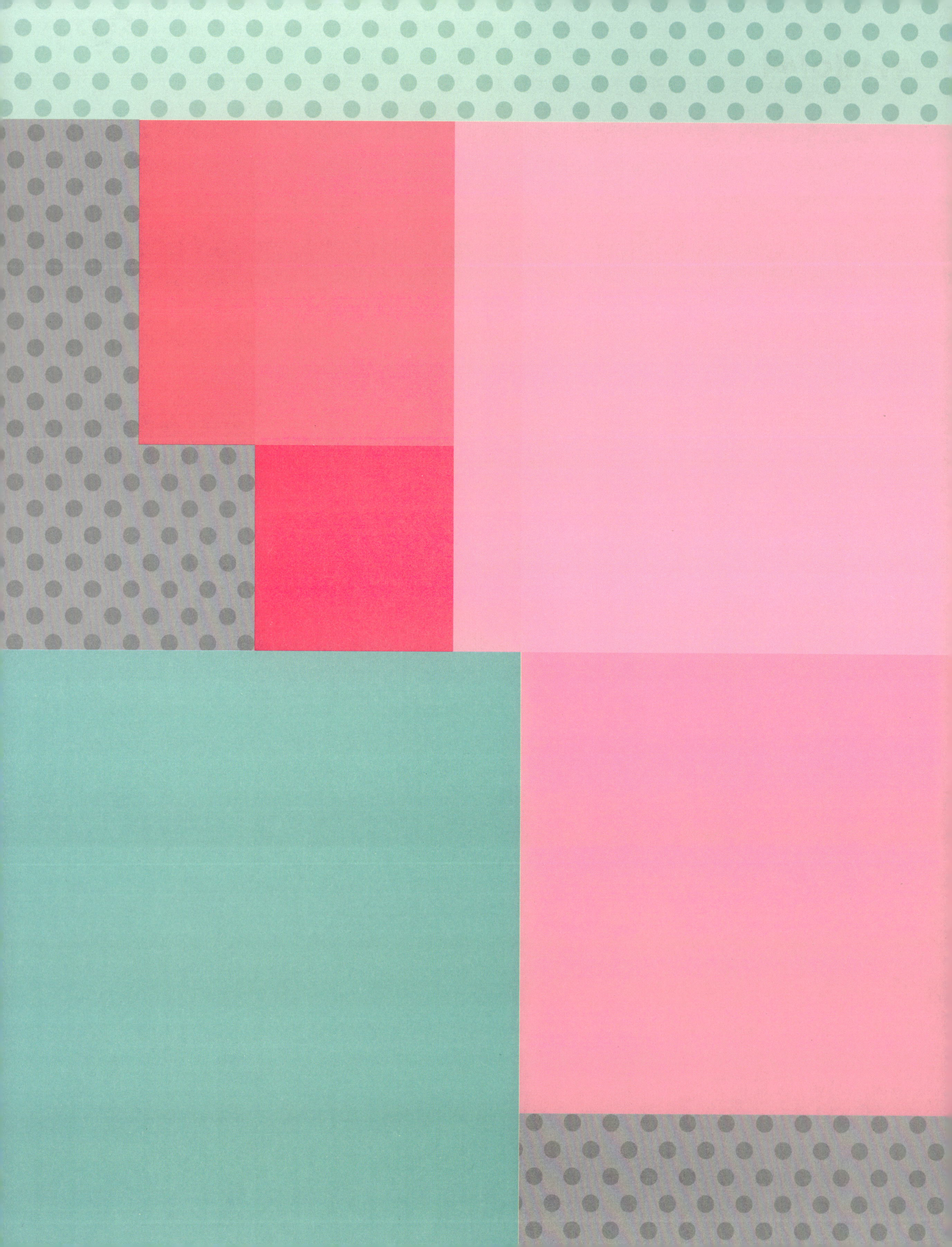

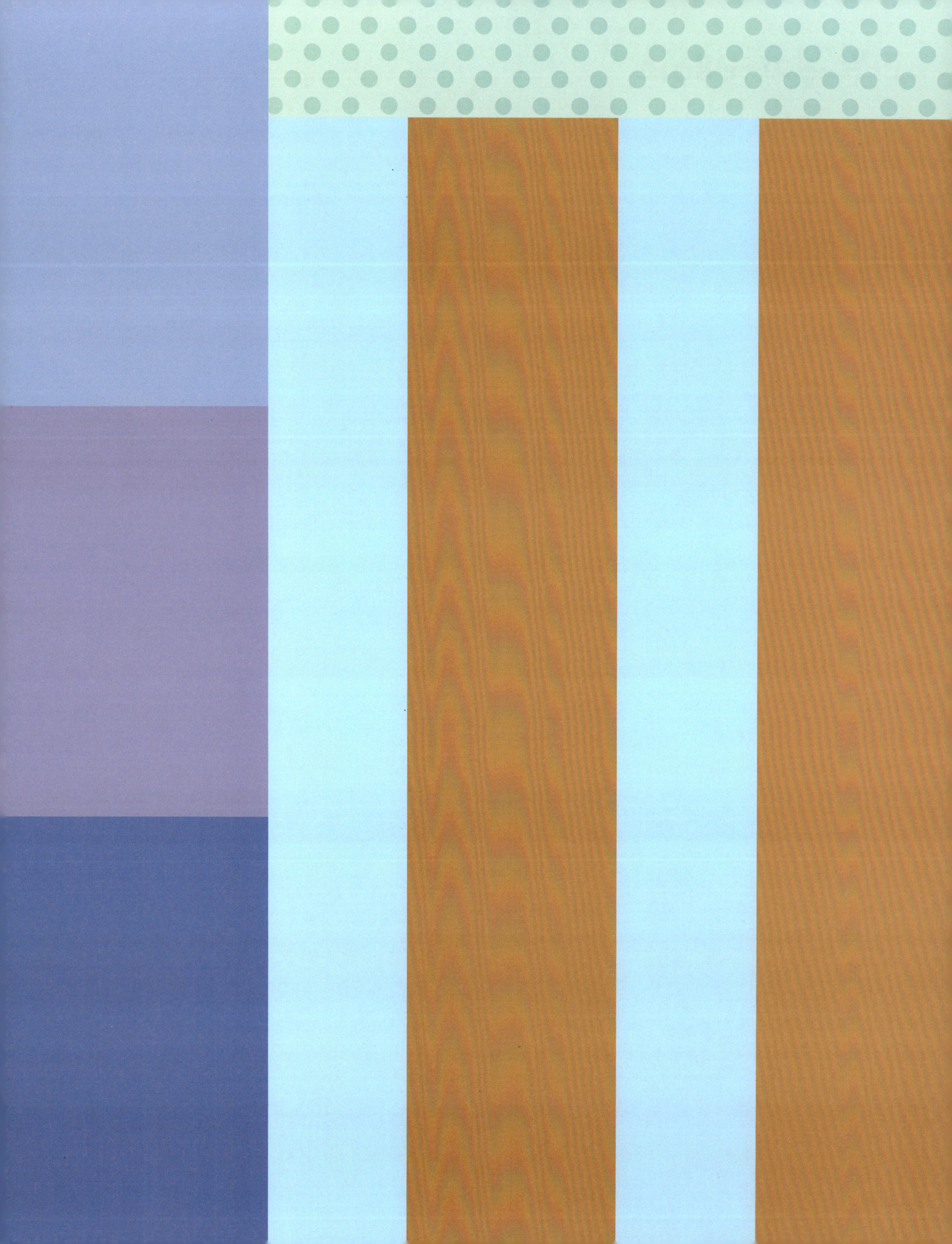

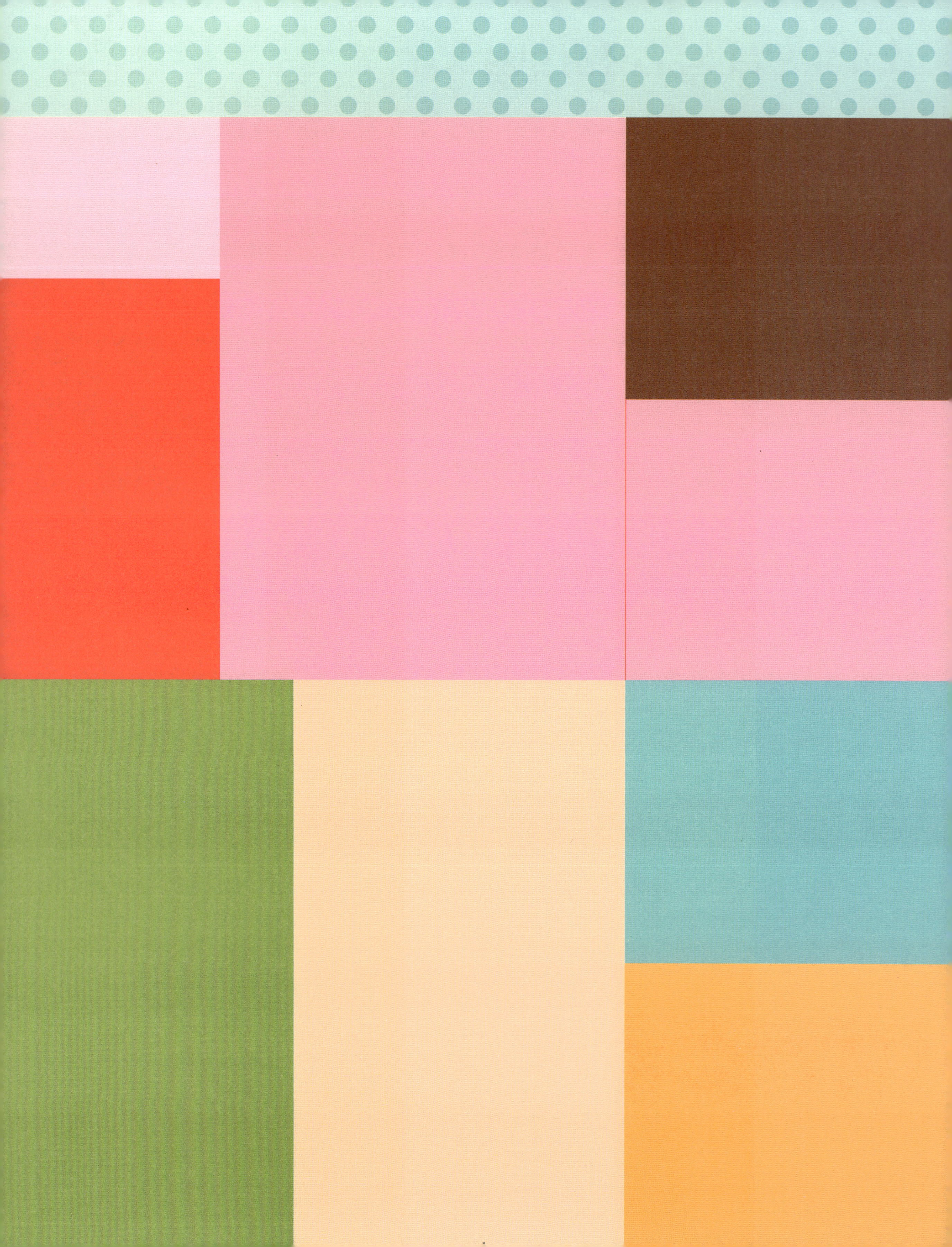

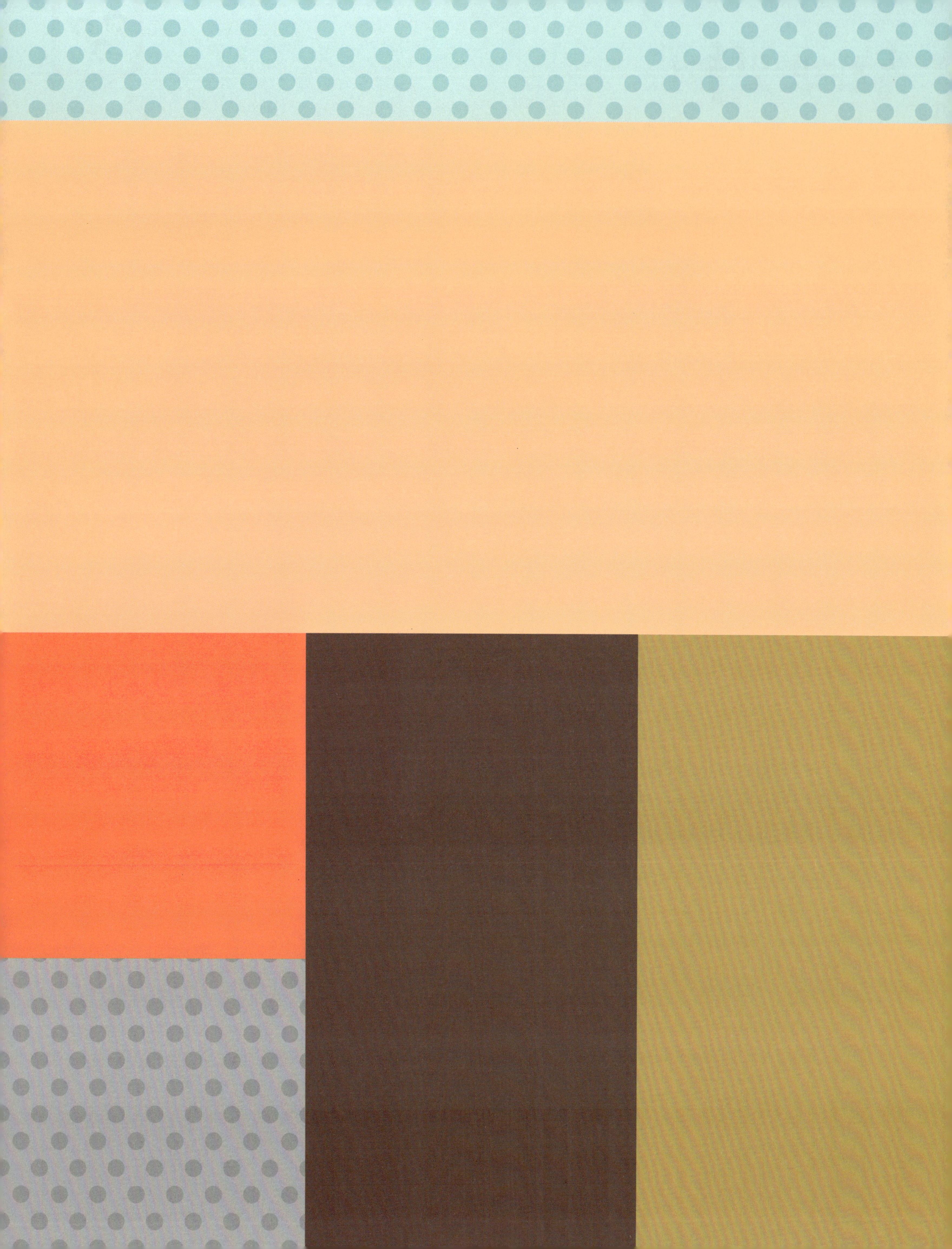

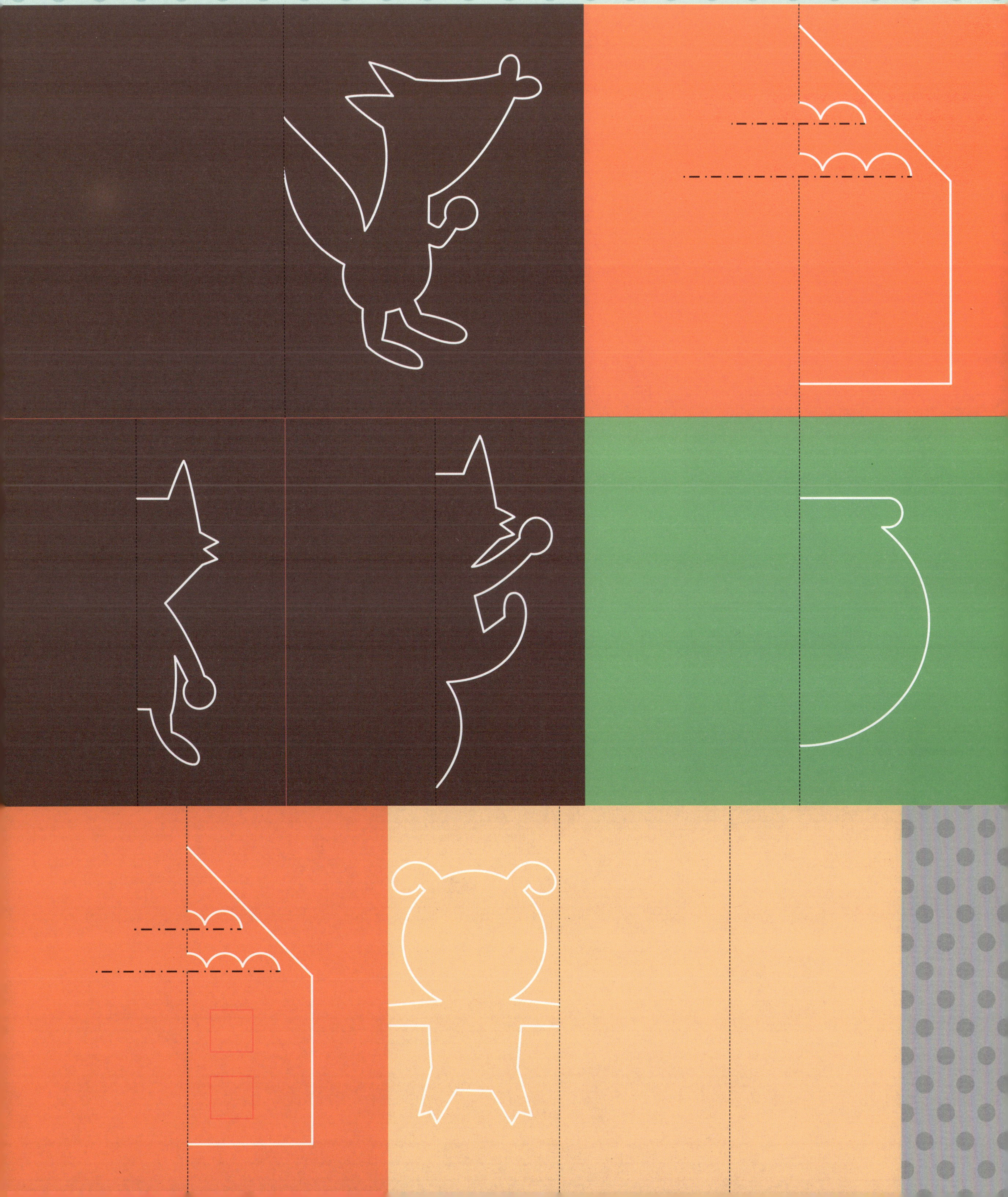

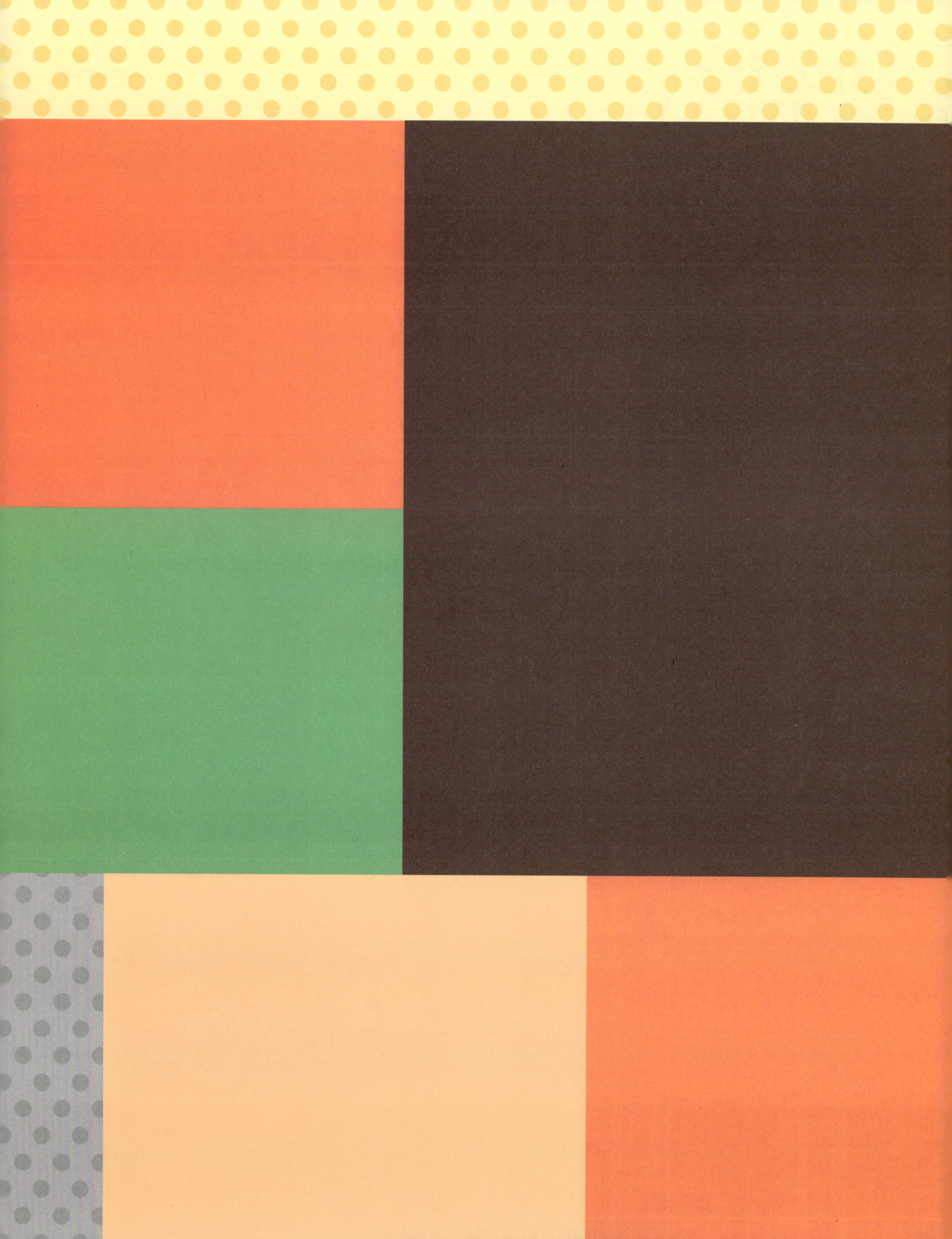

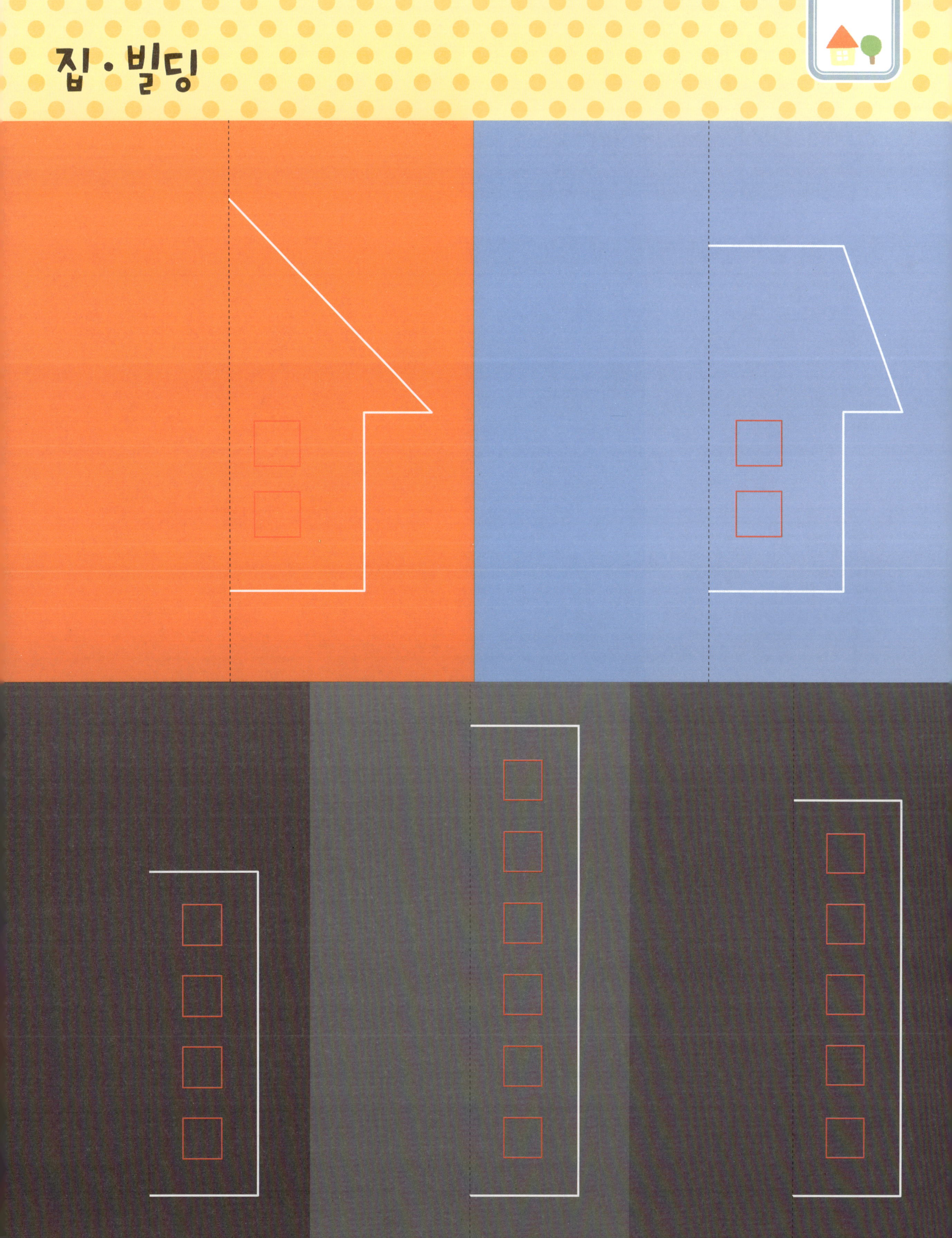

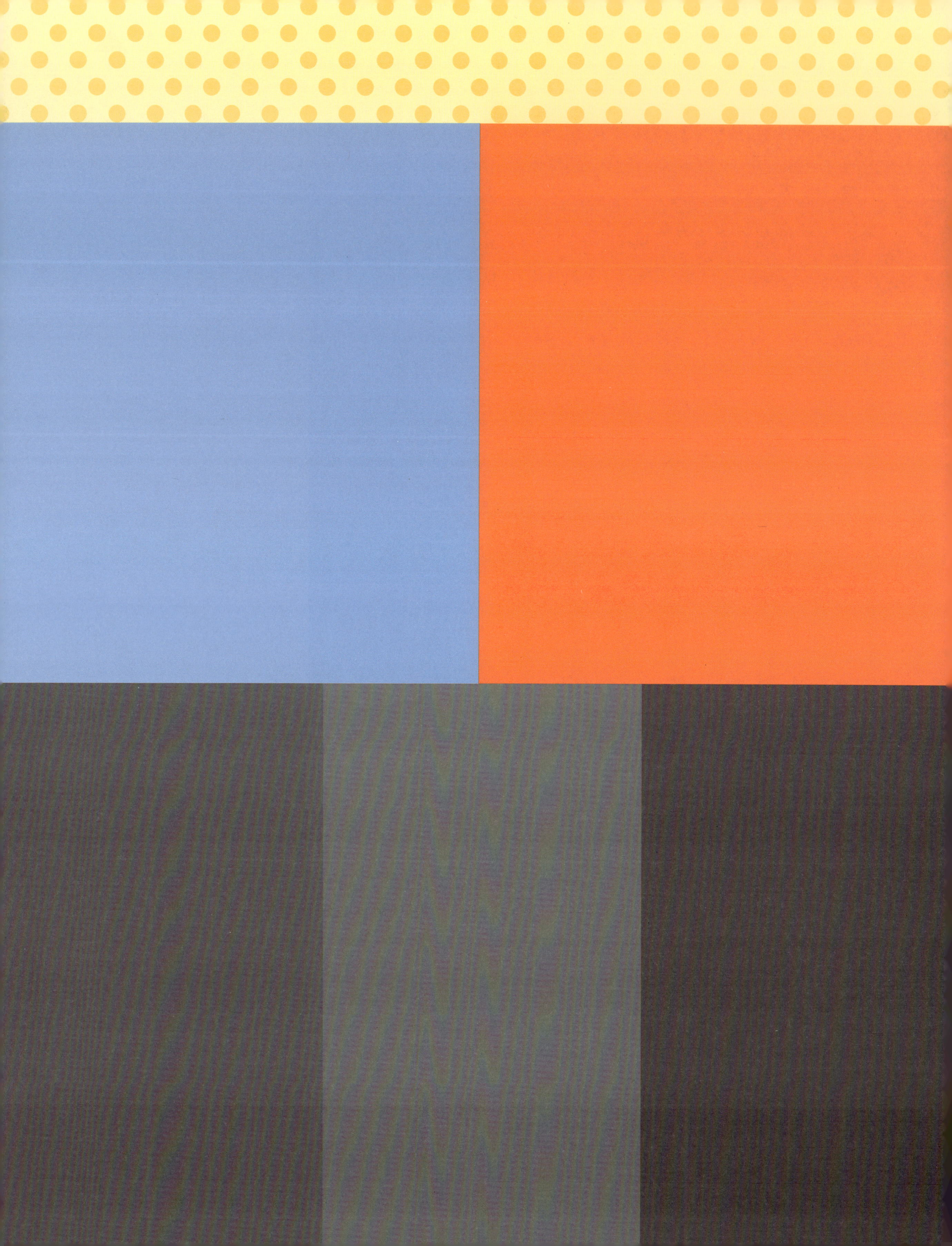

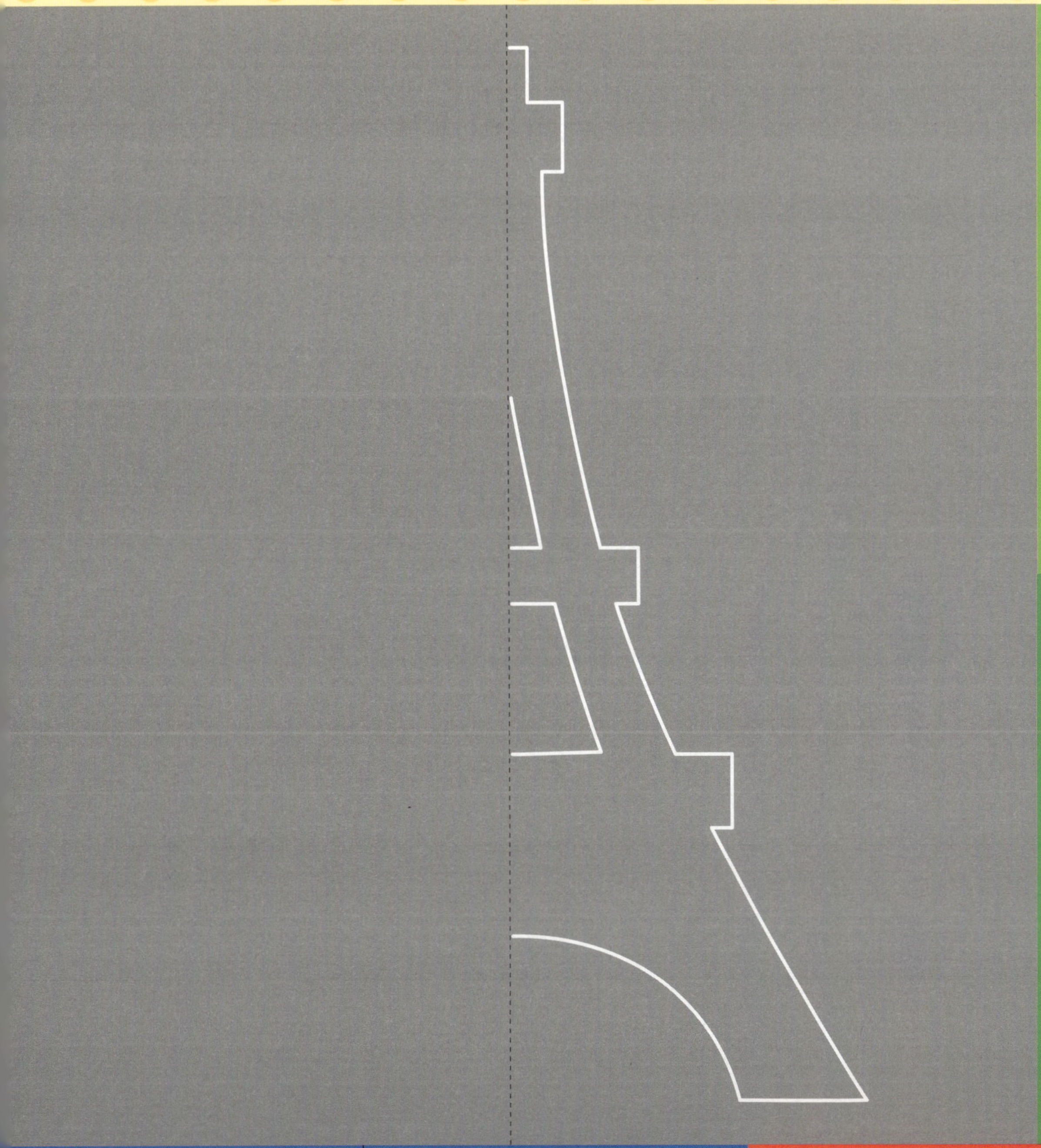

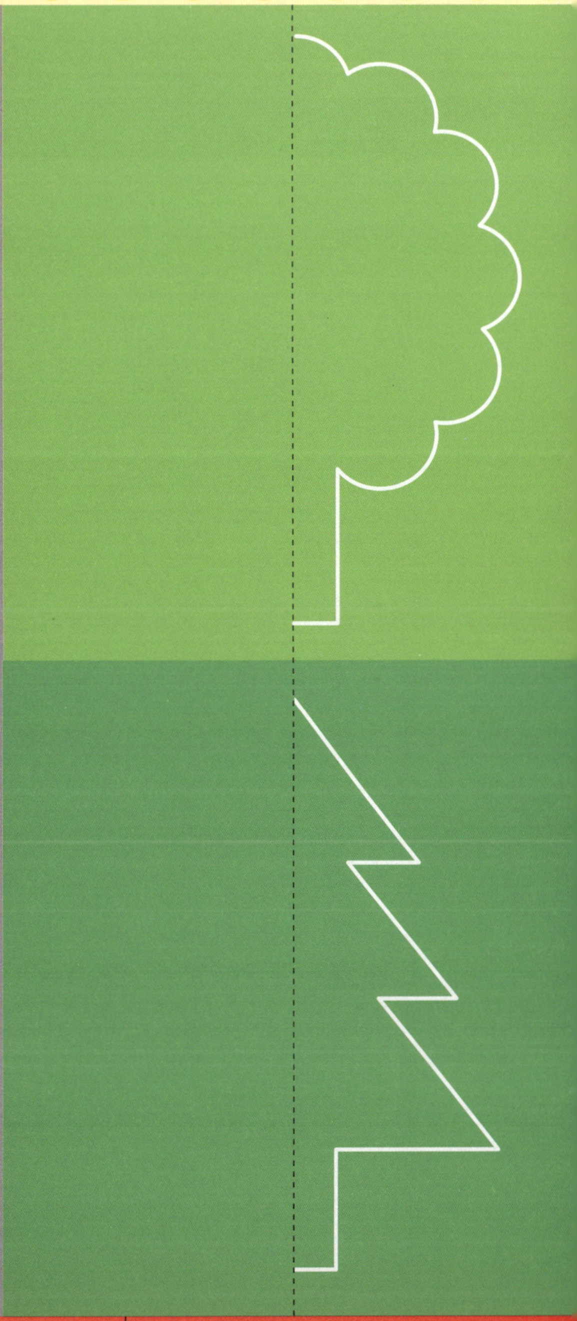

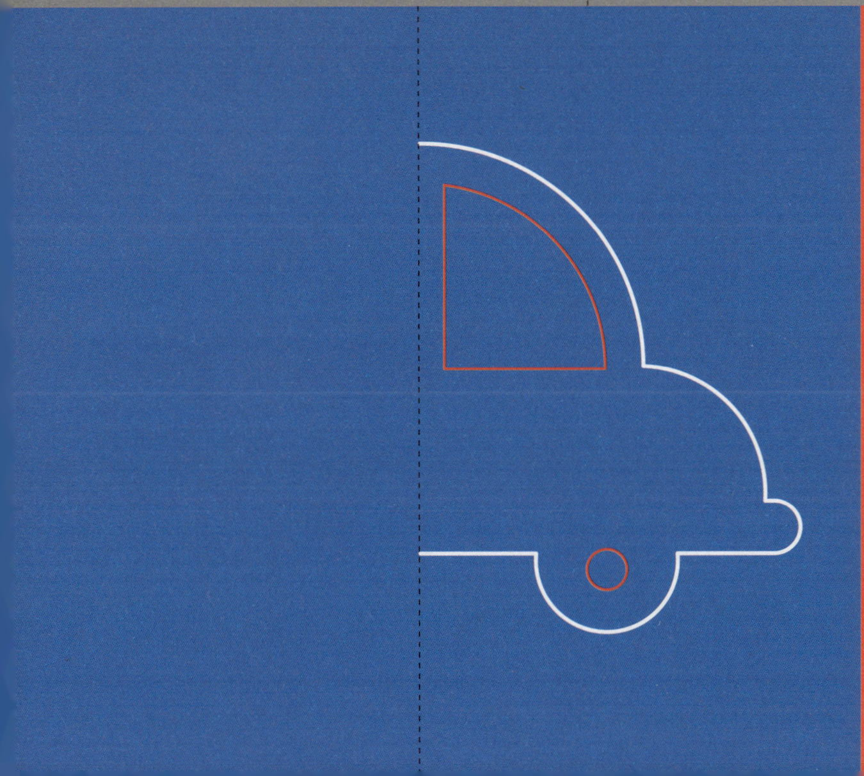

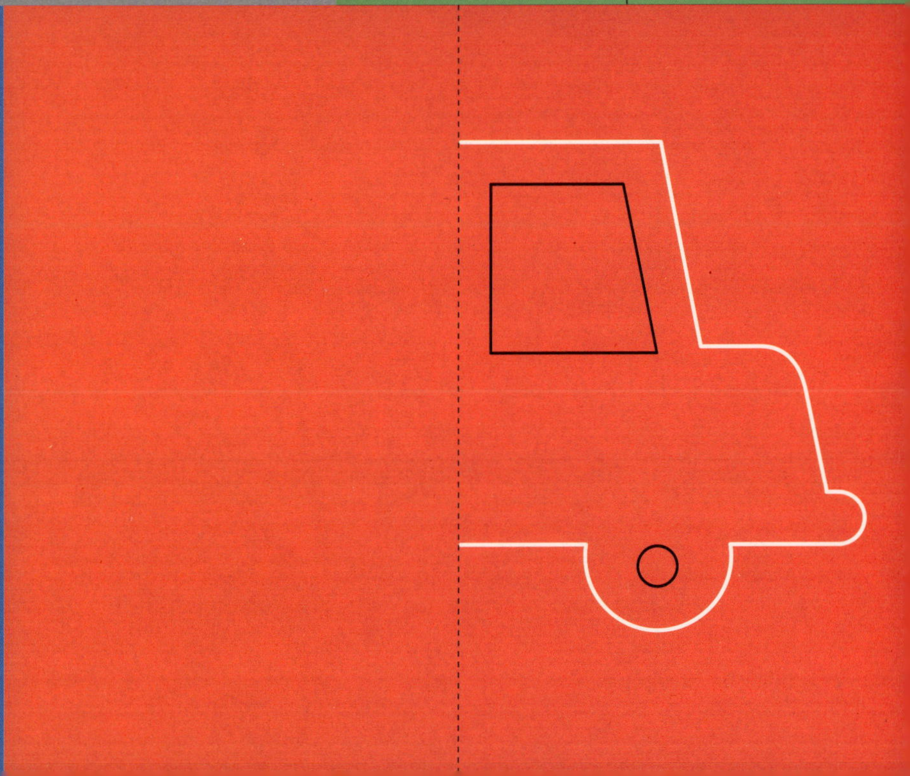

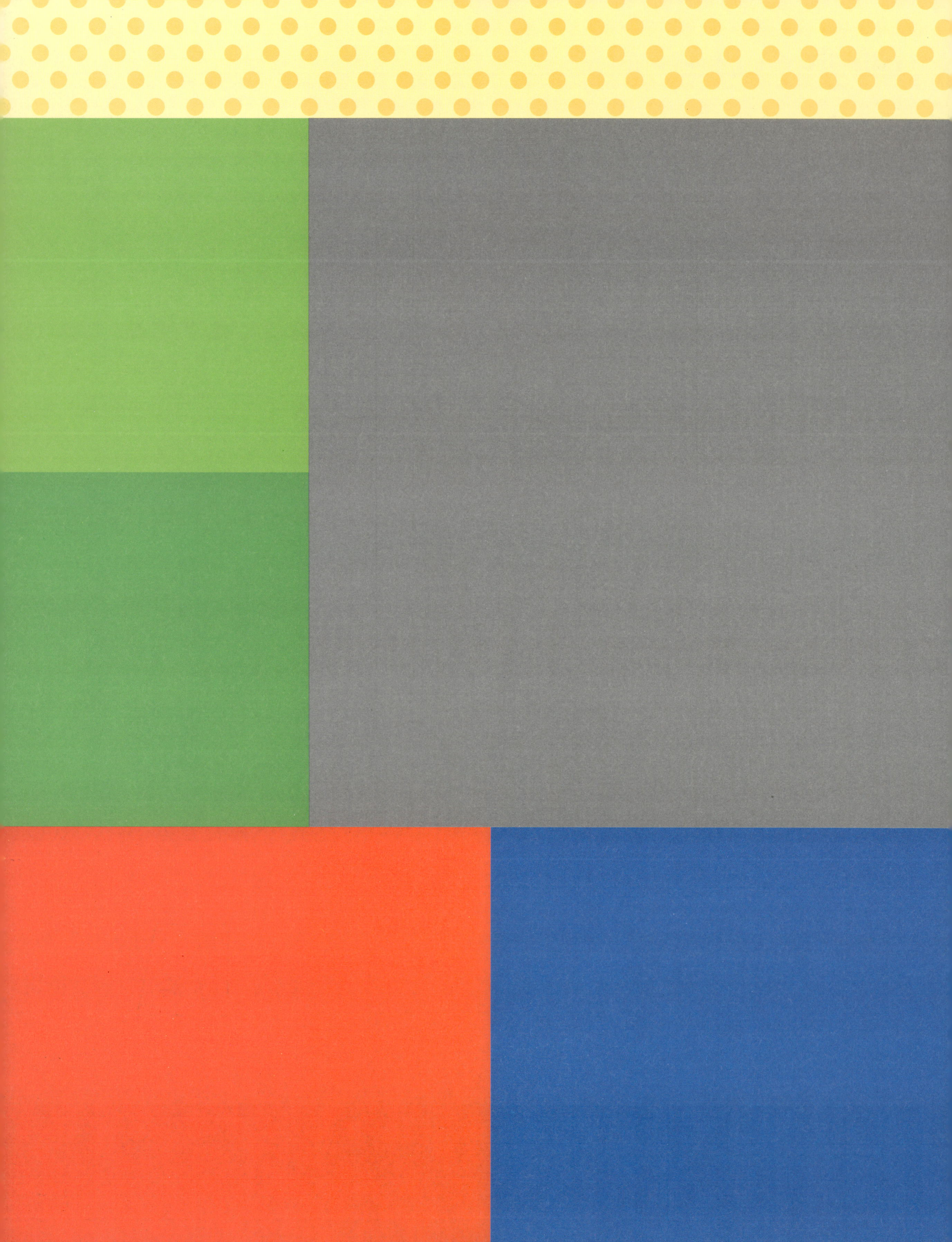

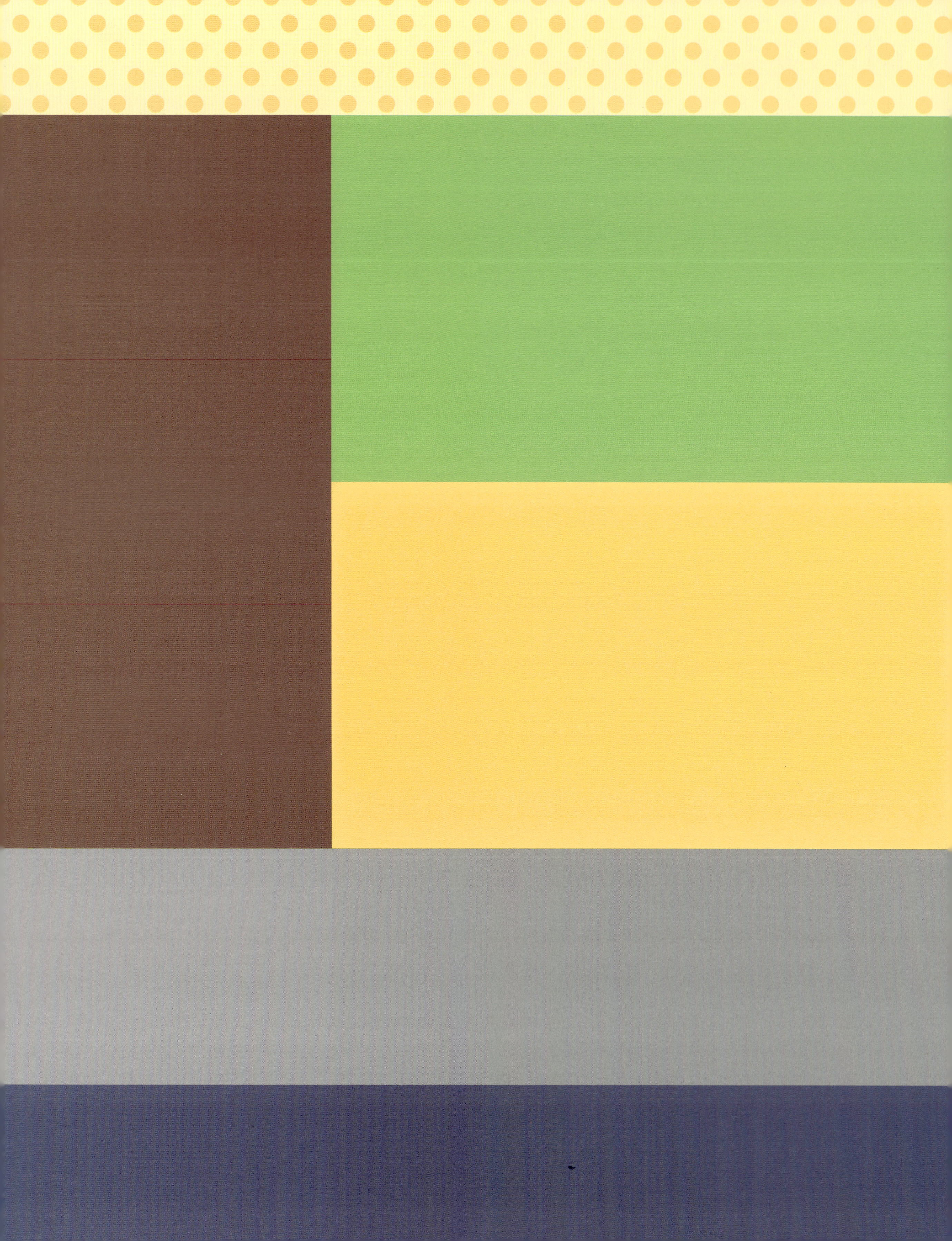

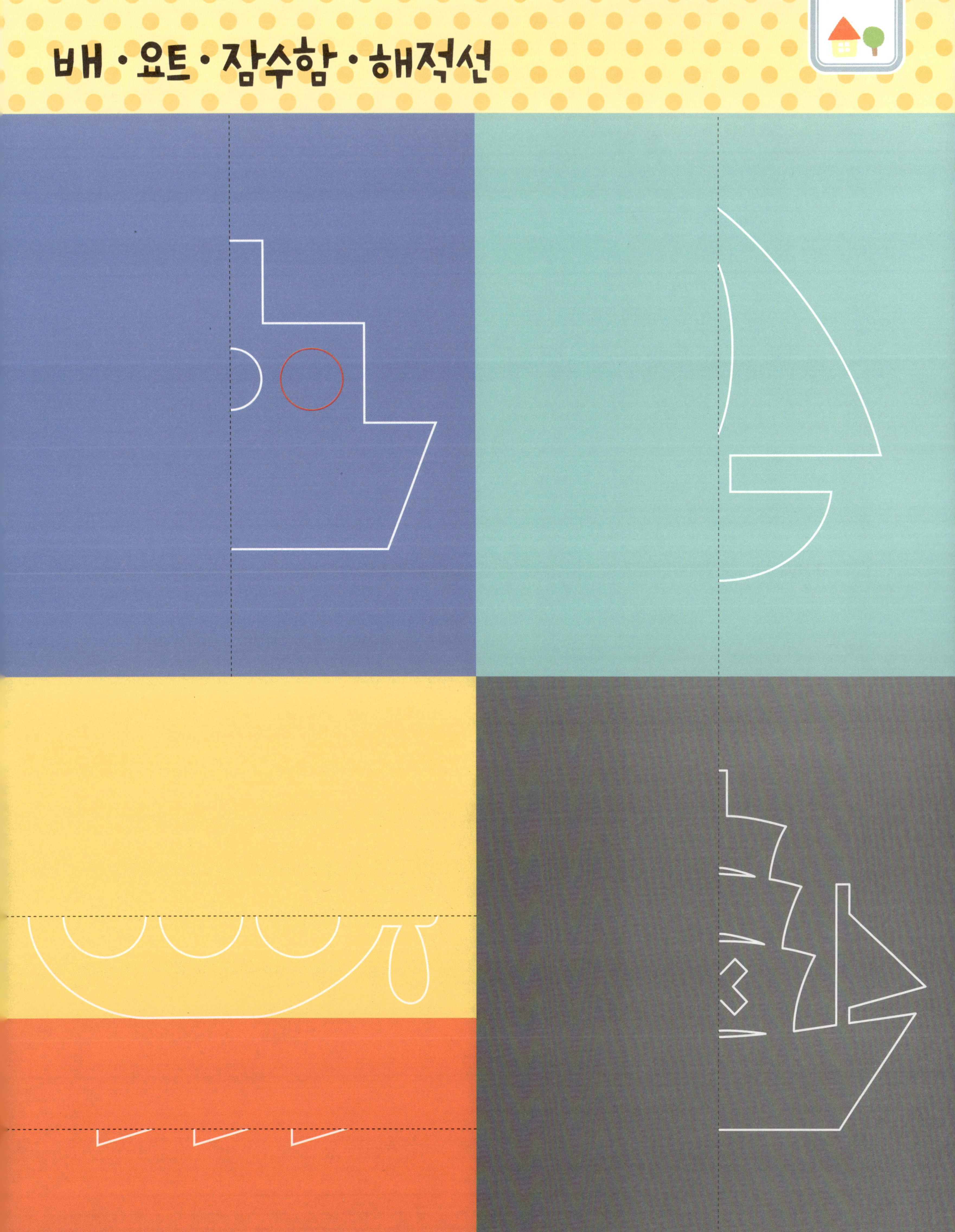

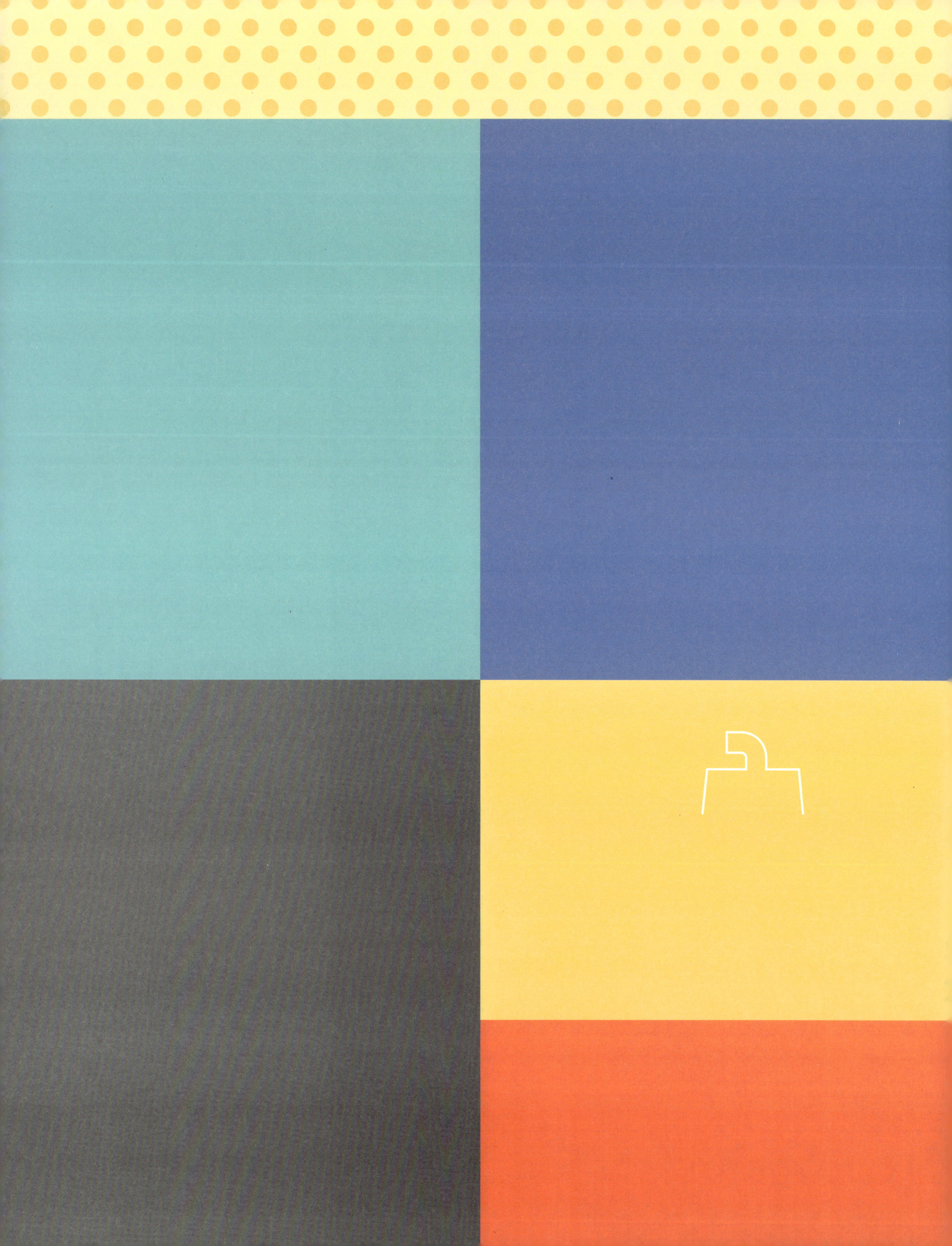

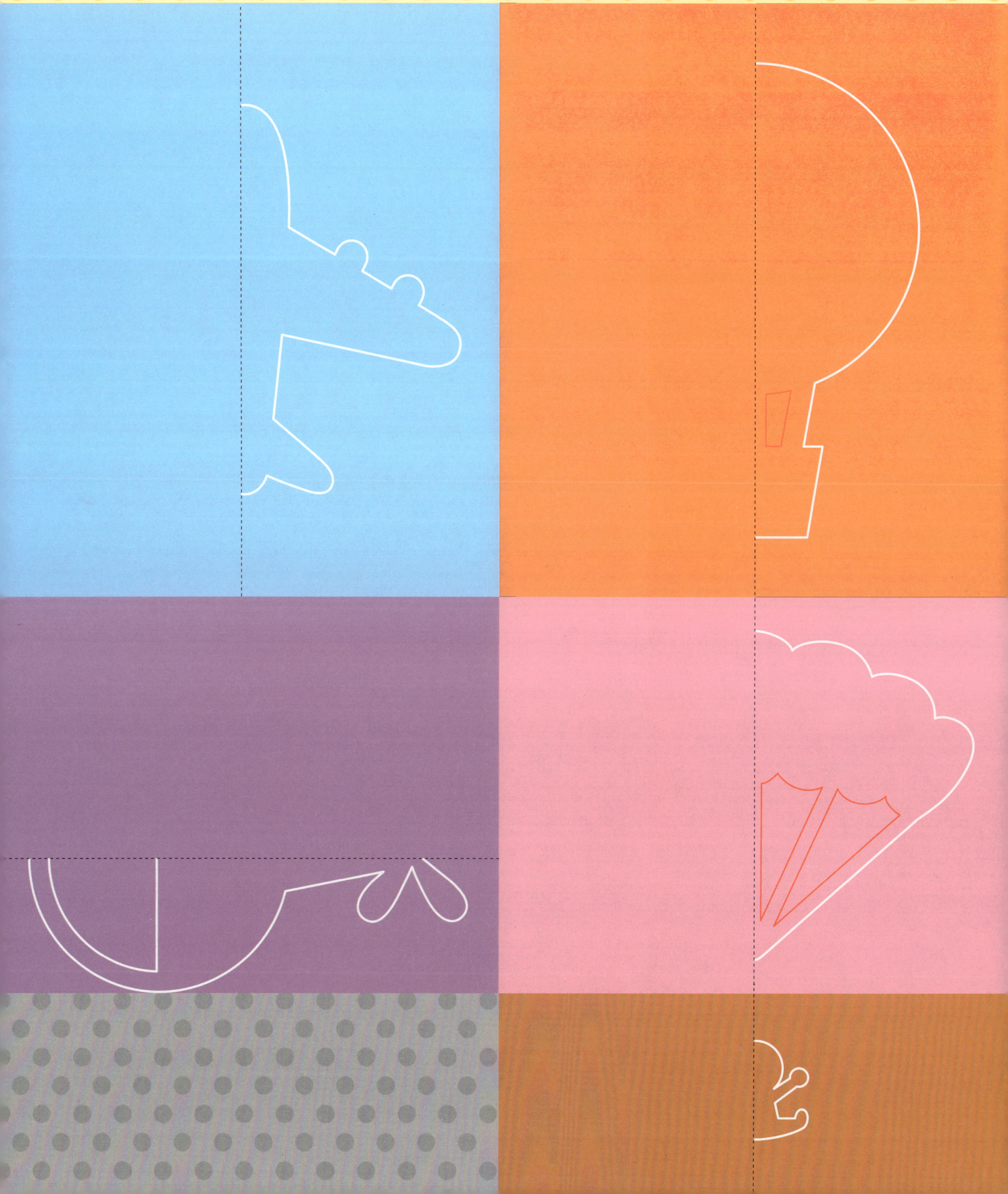

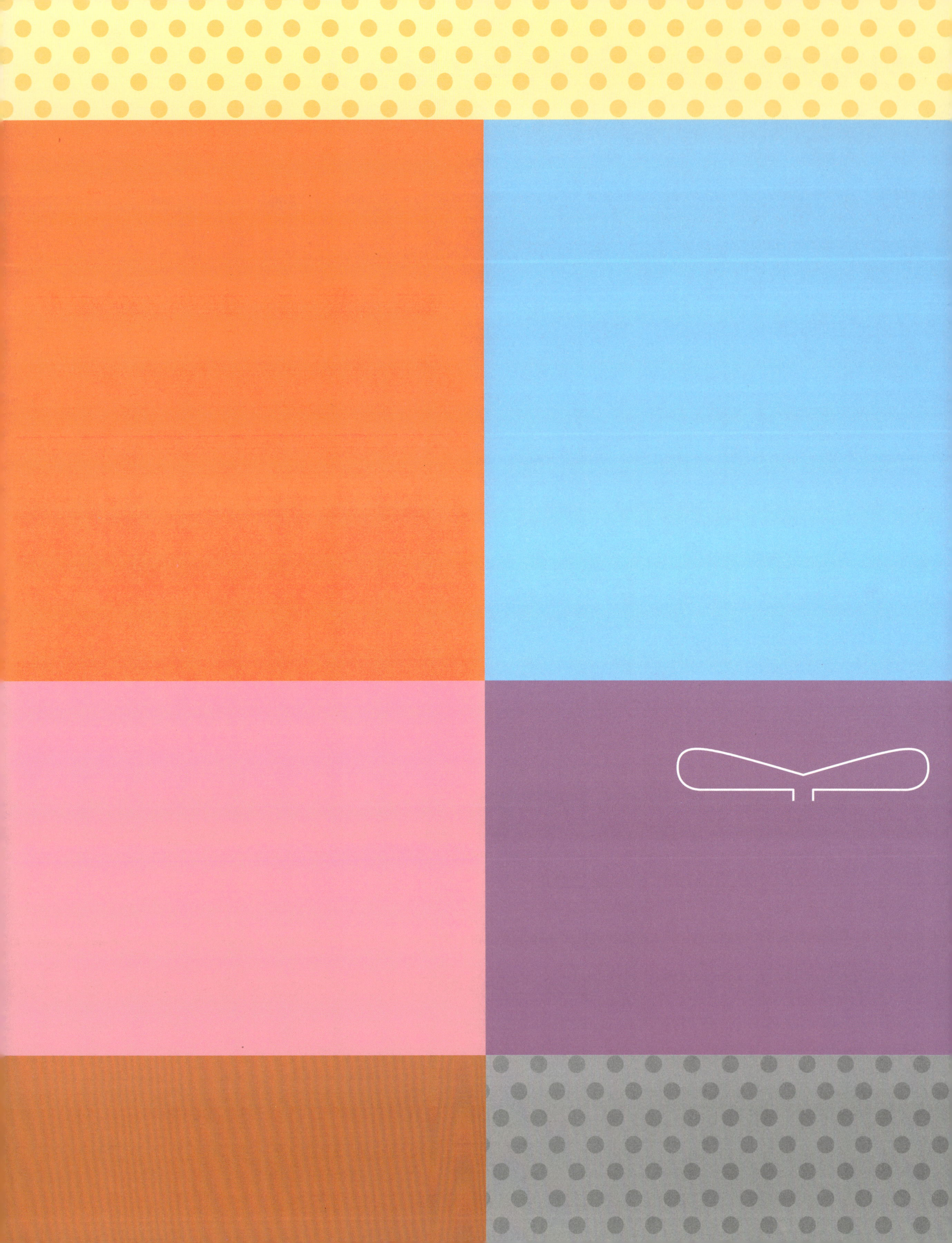

바이킹 · 우주 관람차

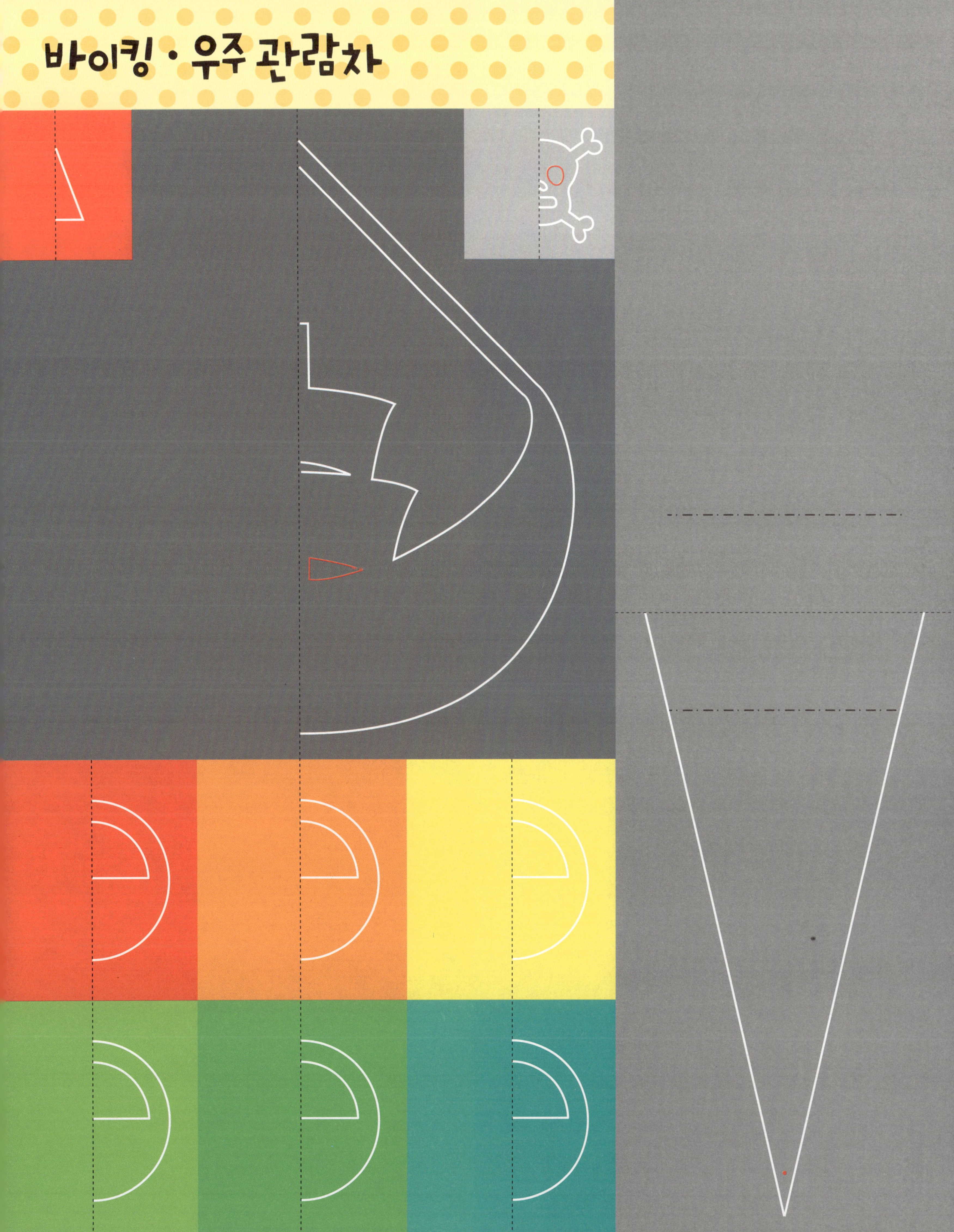

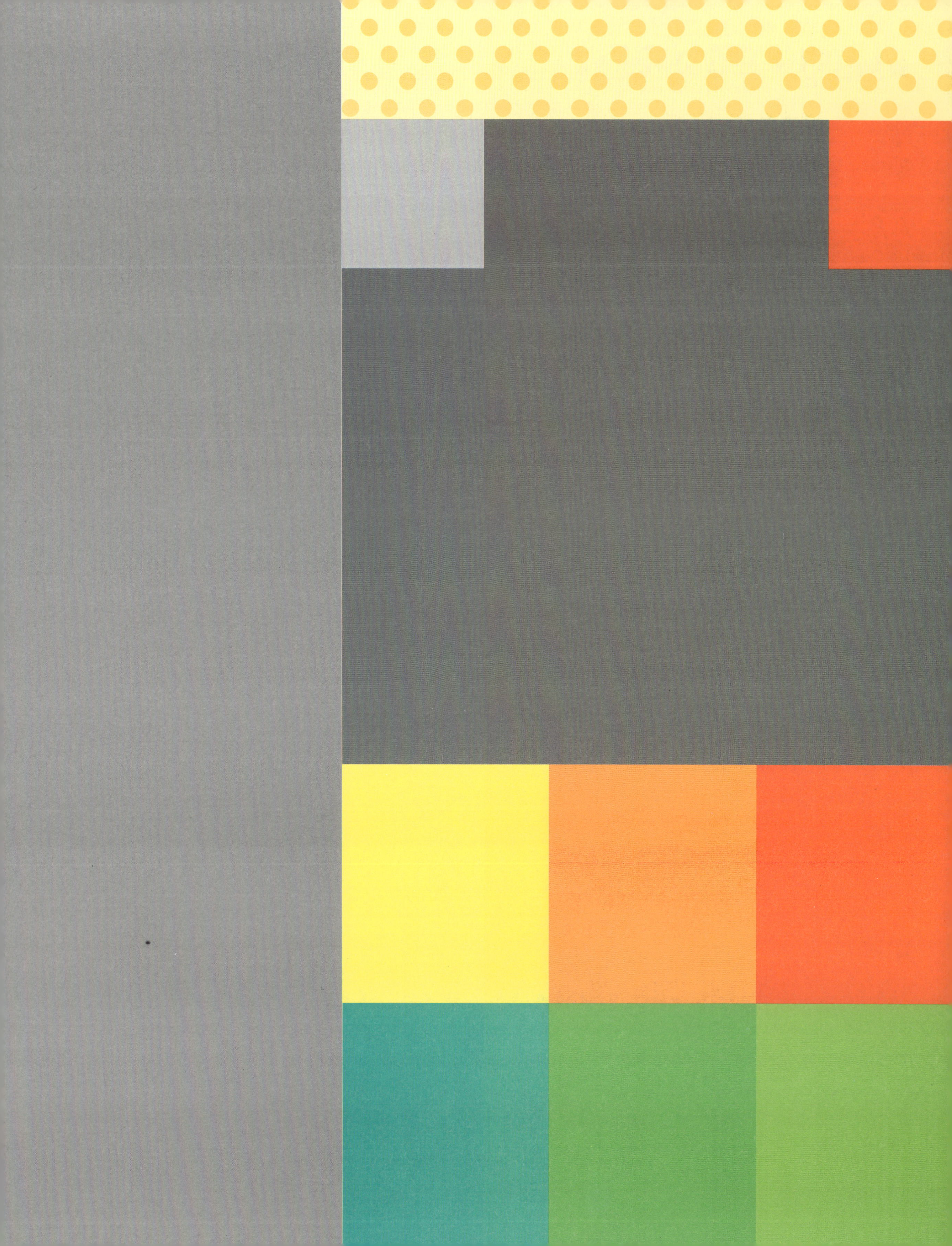

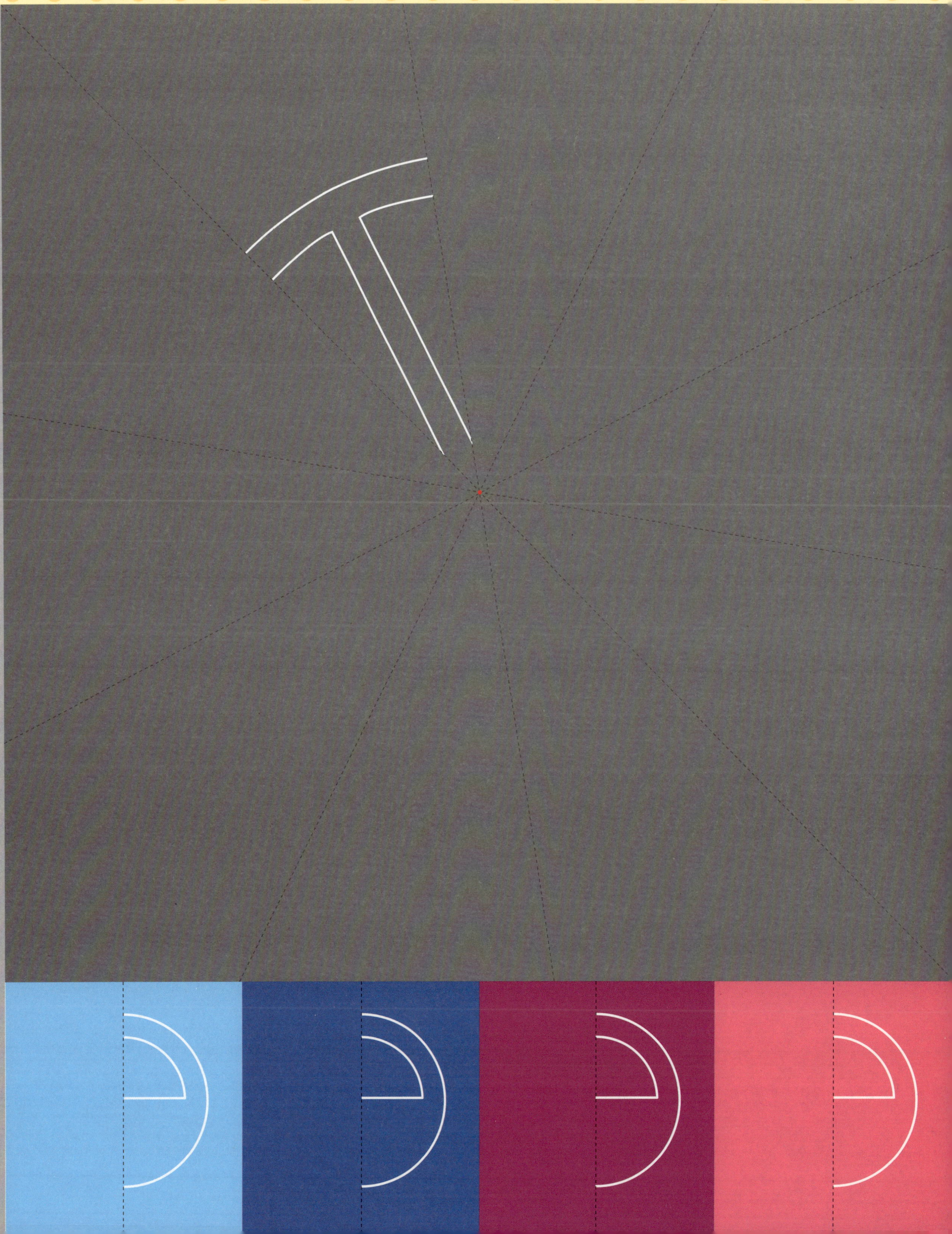

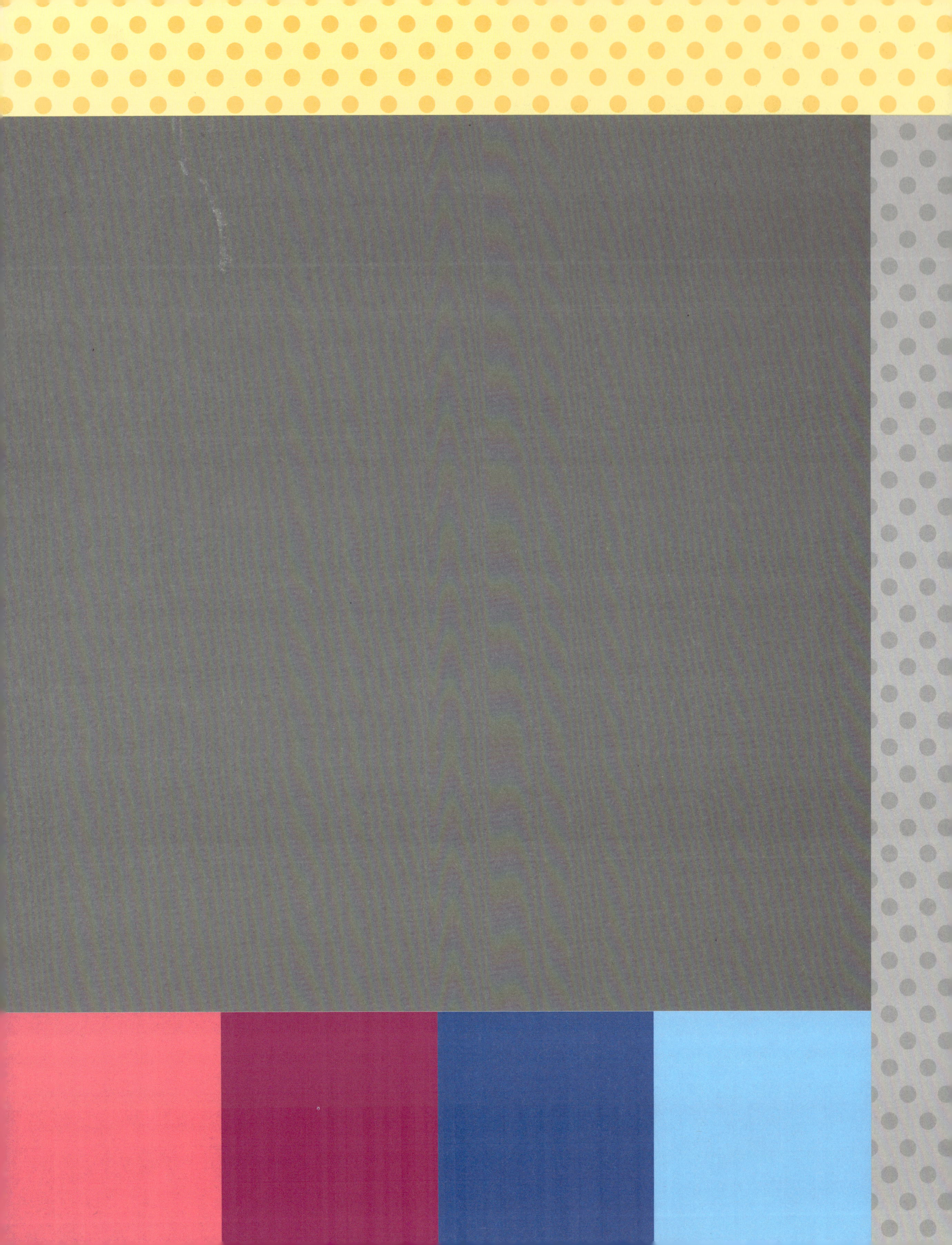

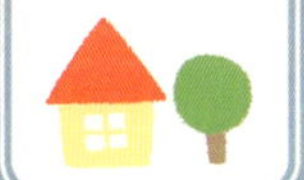

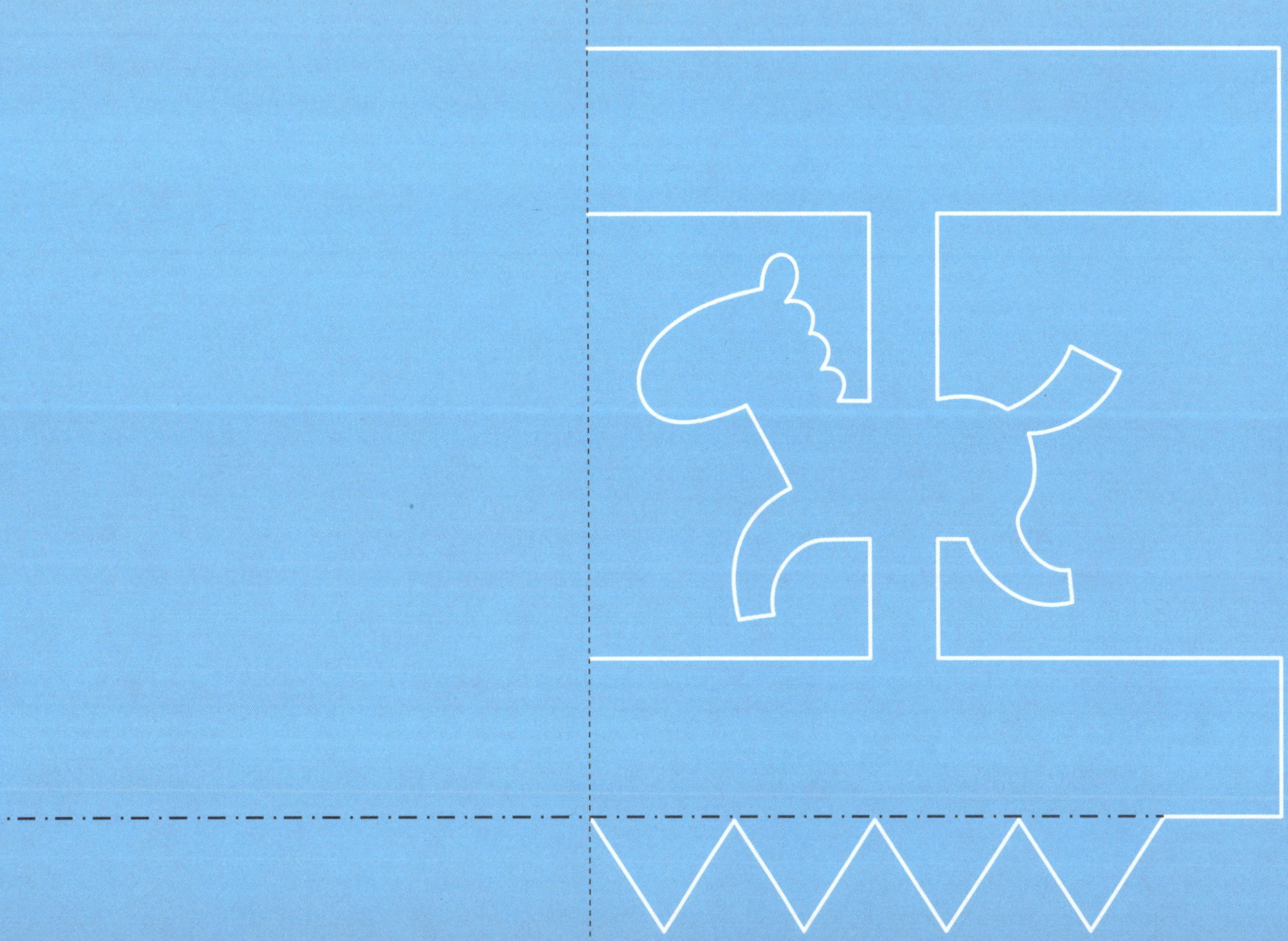

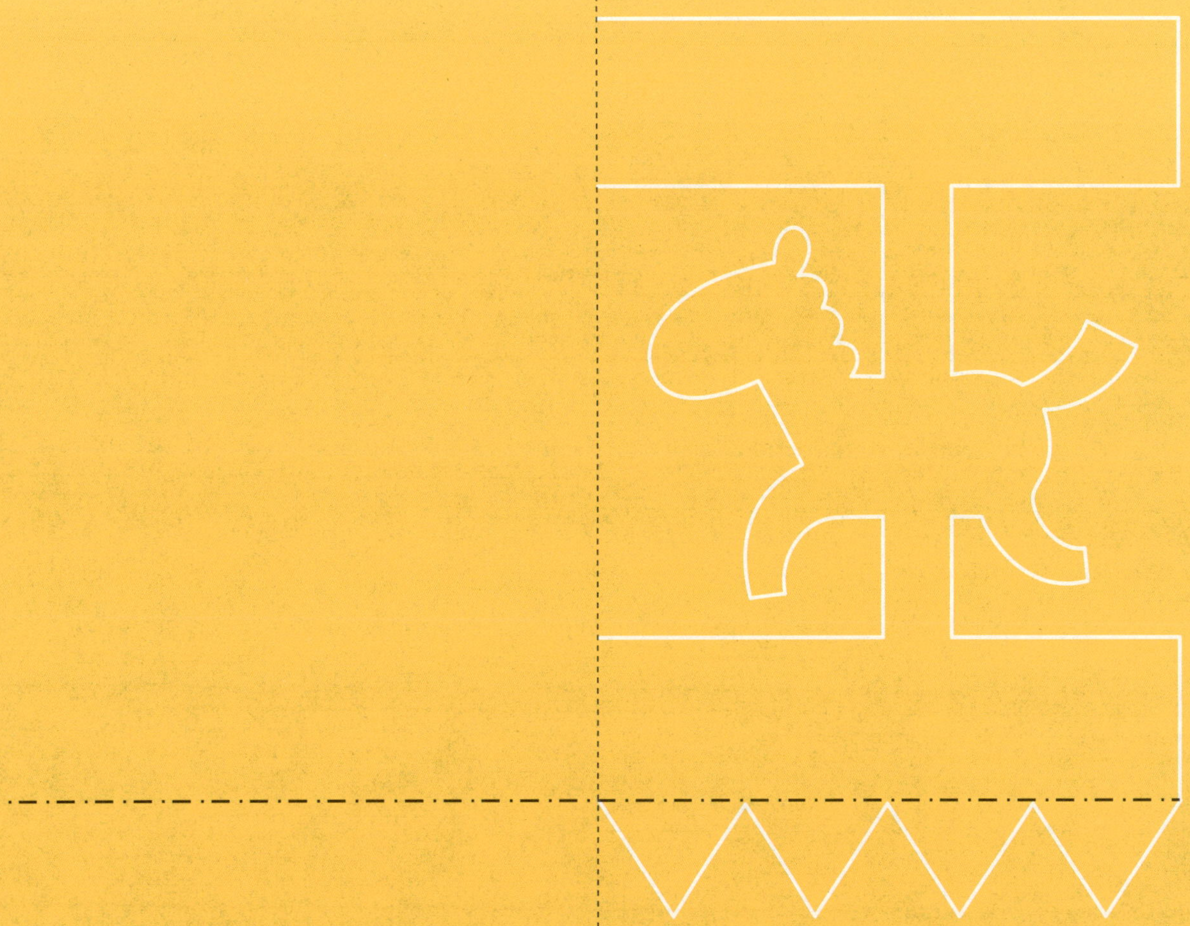

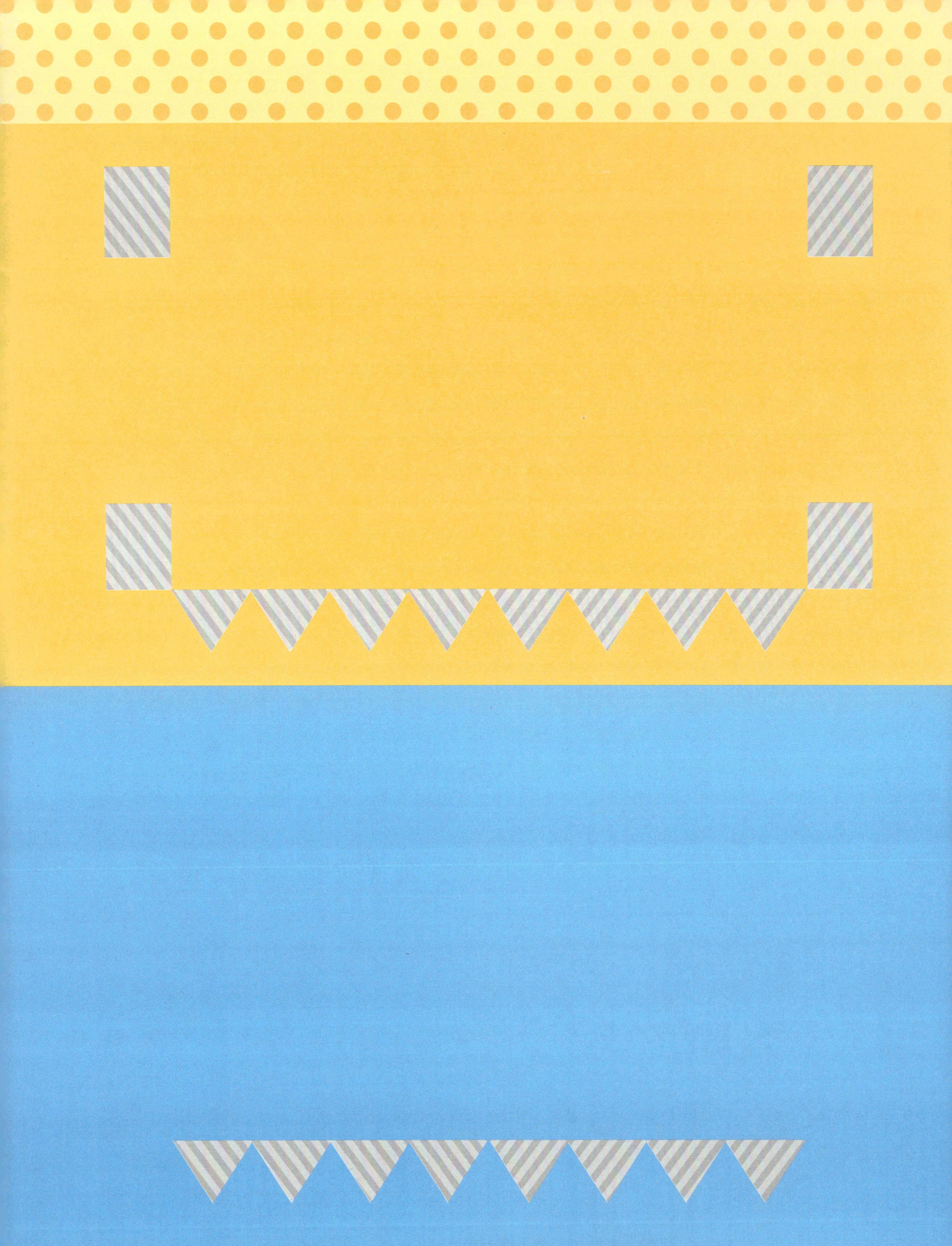

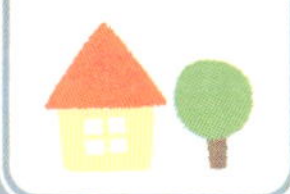

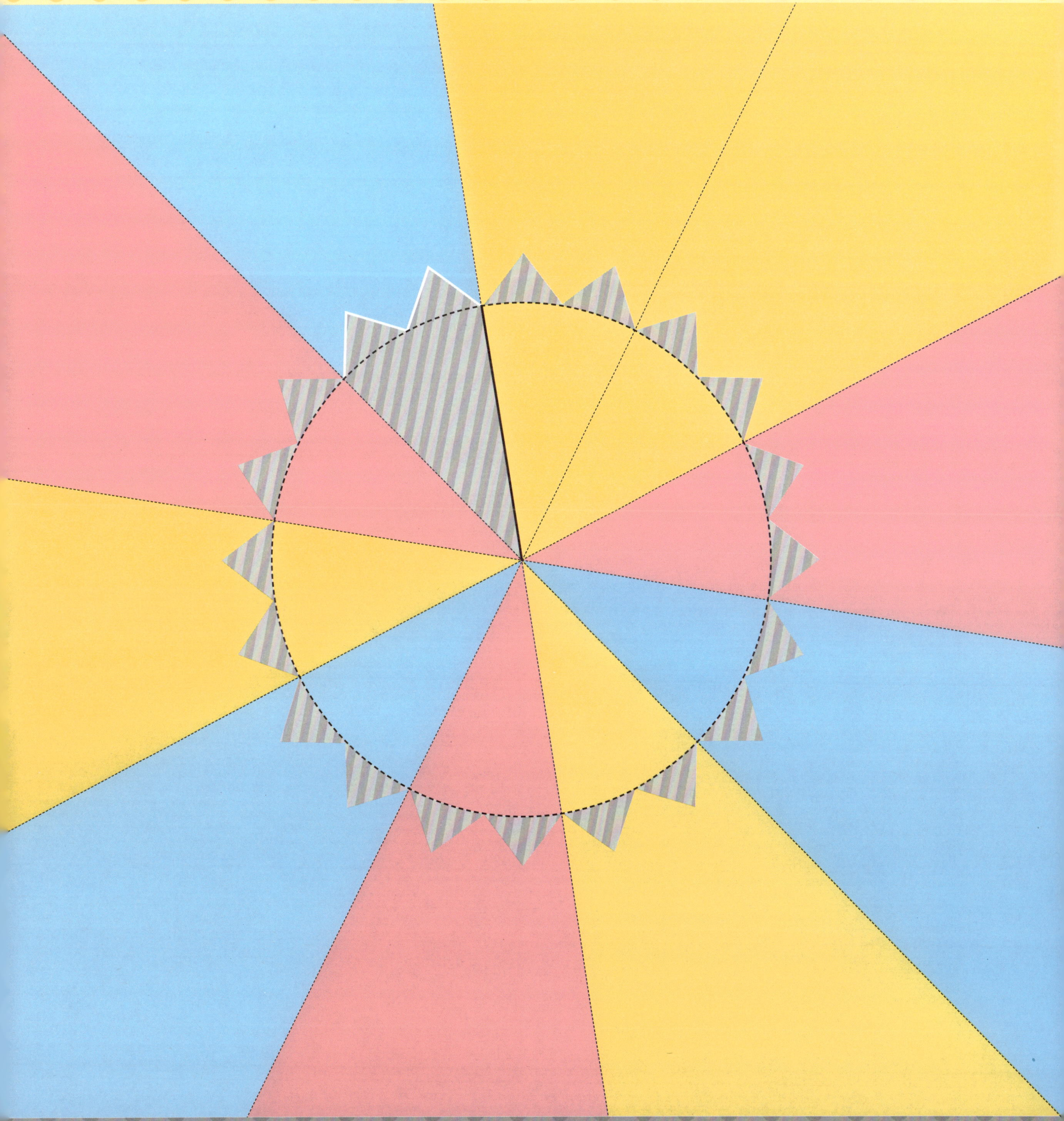

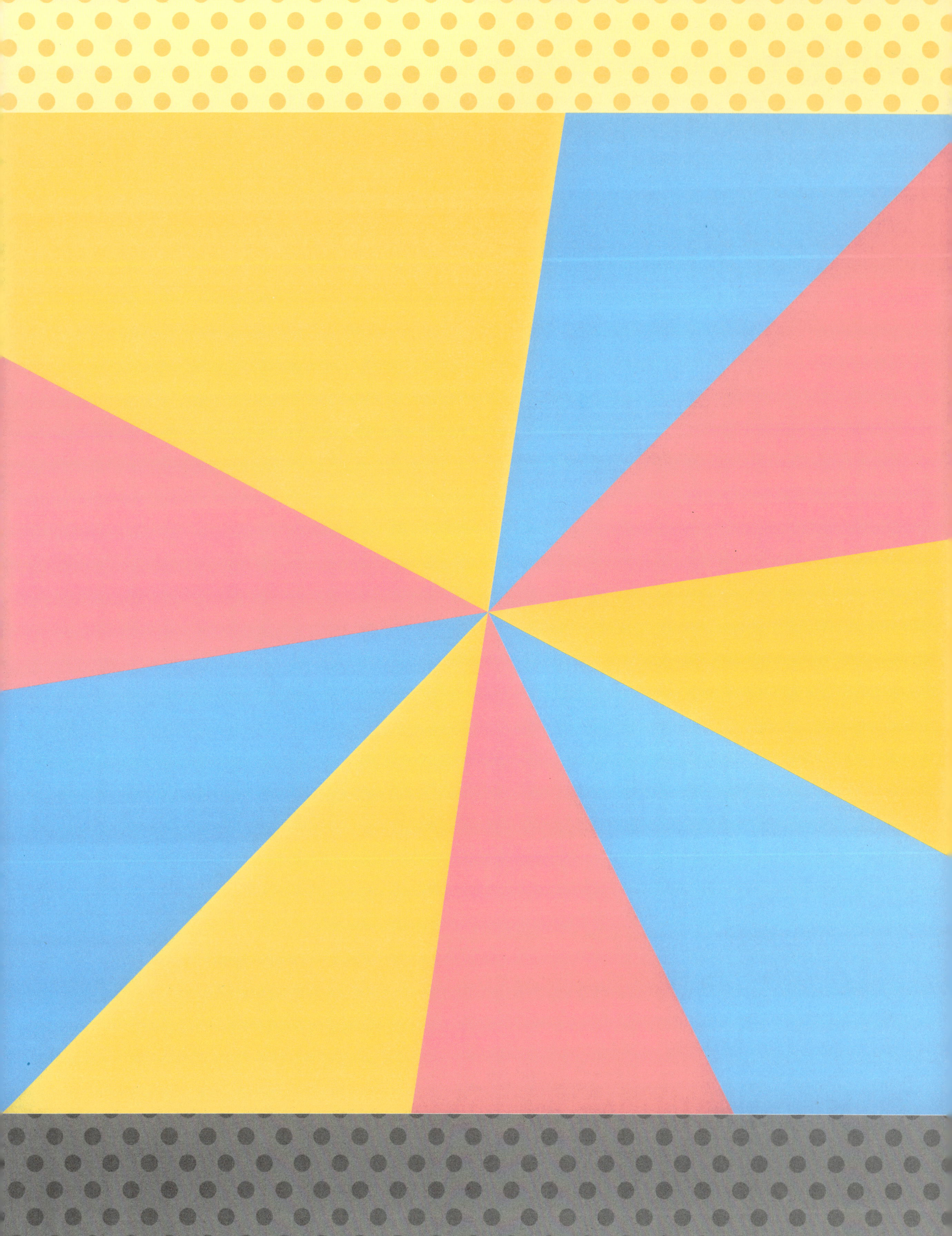

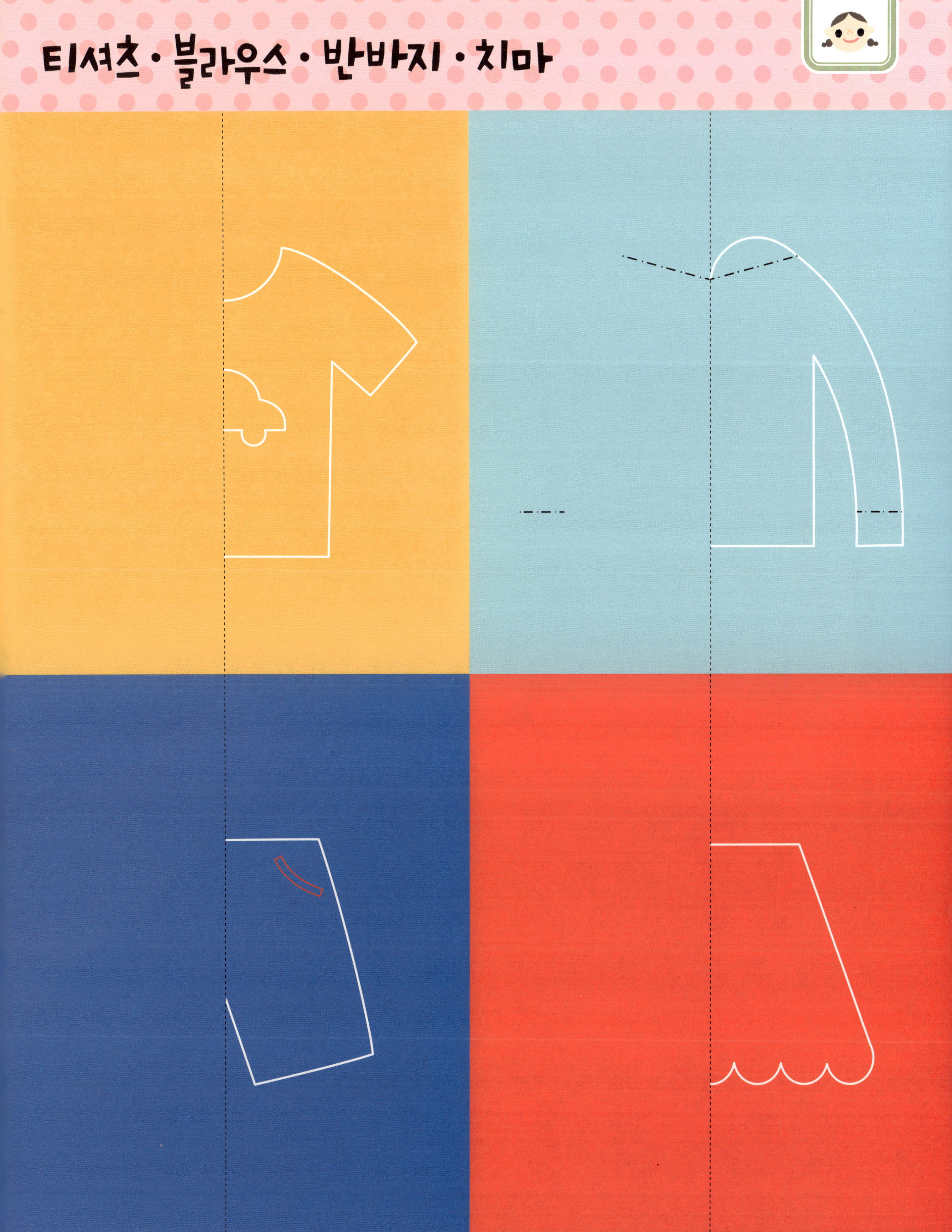

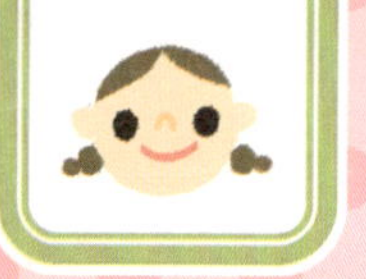

원피스 · 수영복 · 핸드백 · 리본

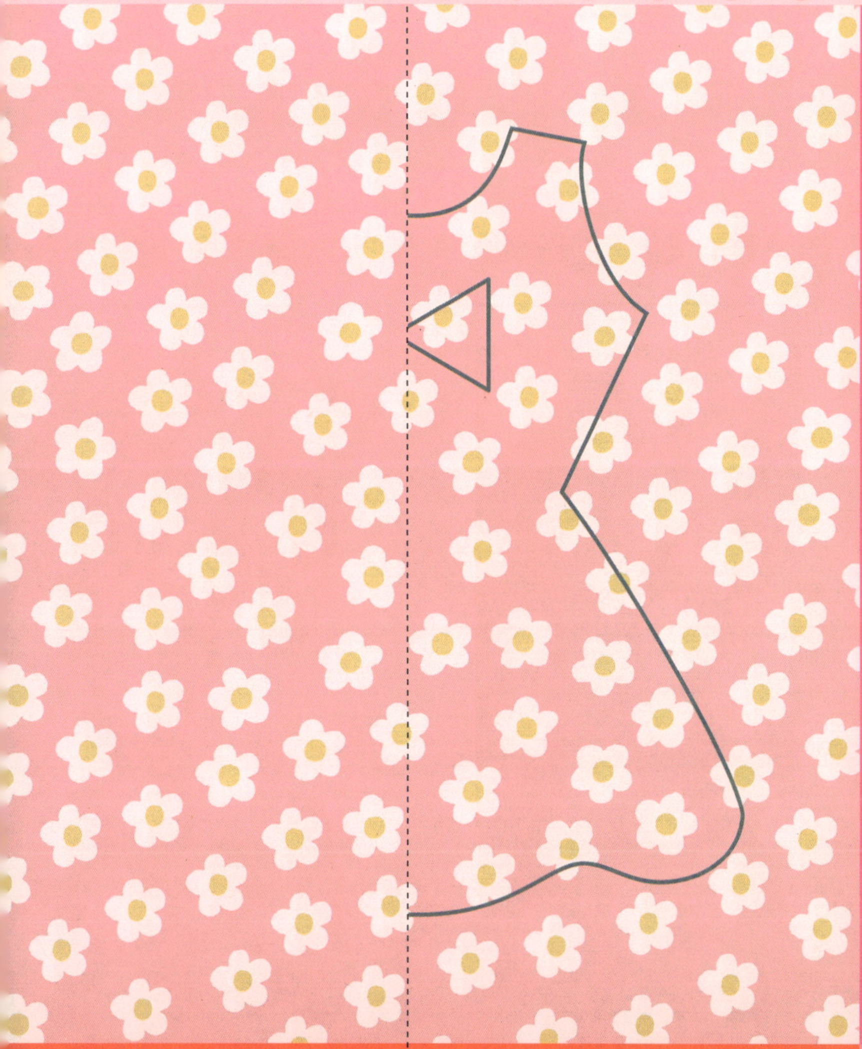

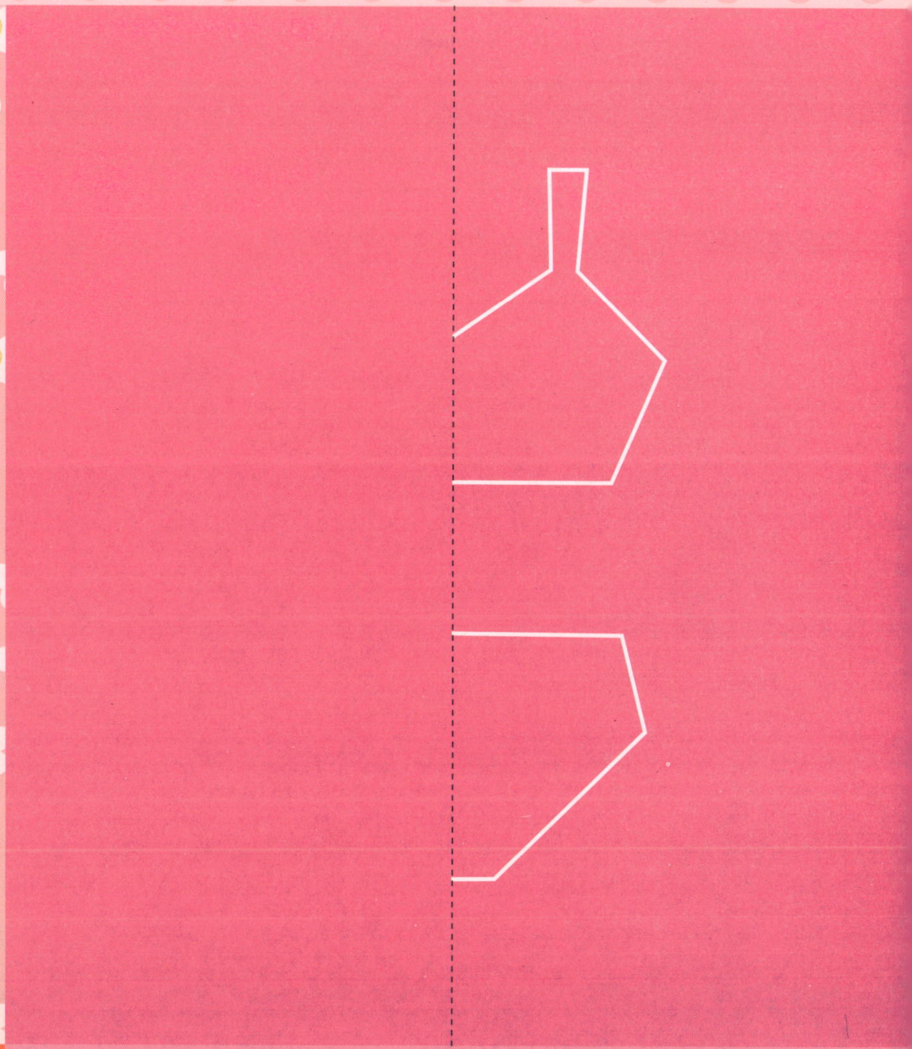

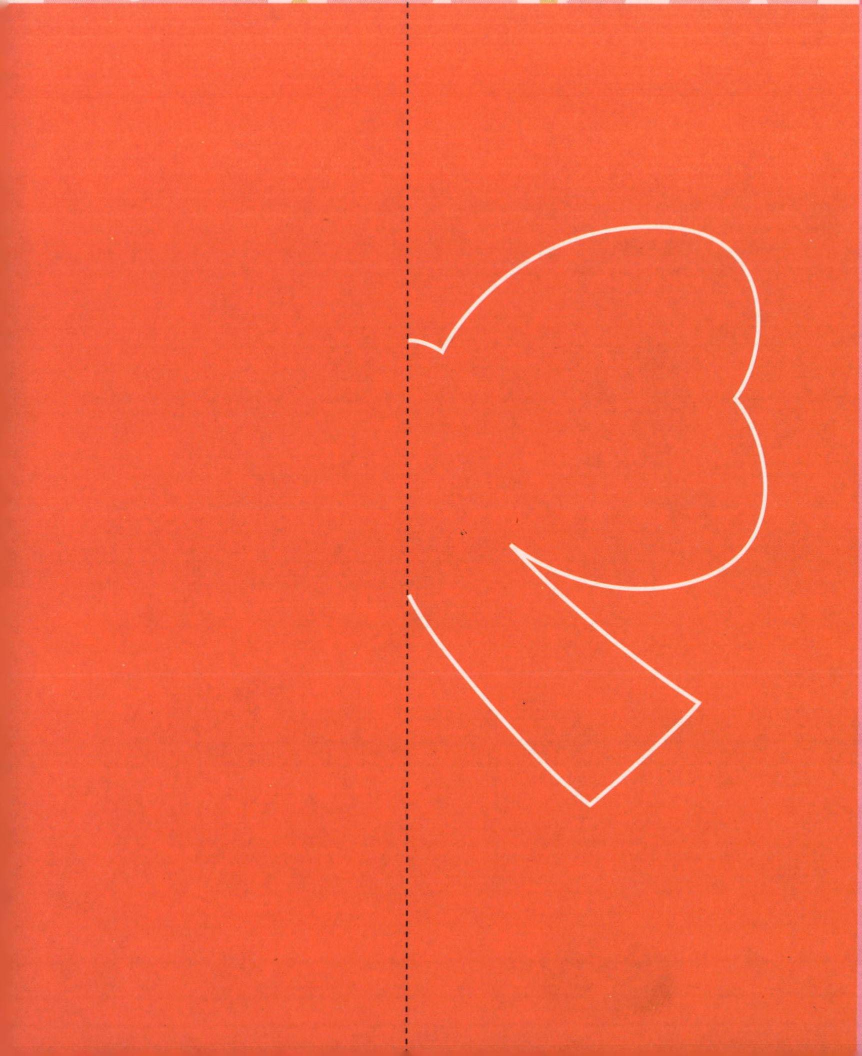

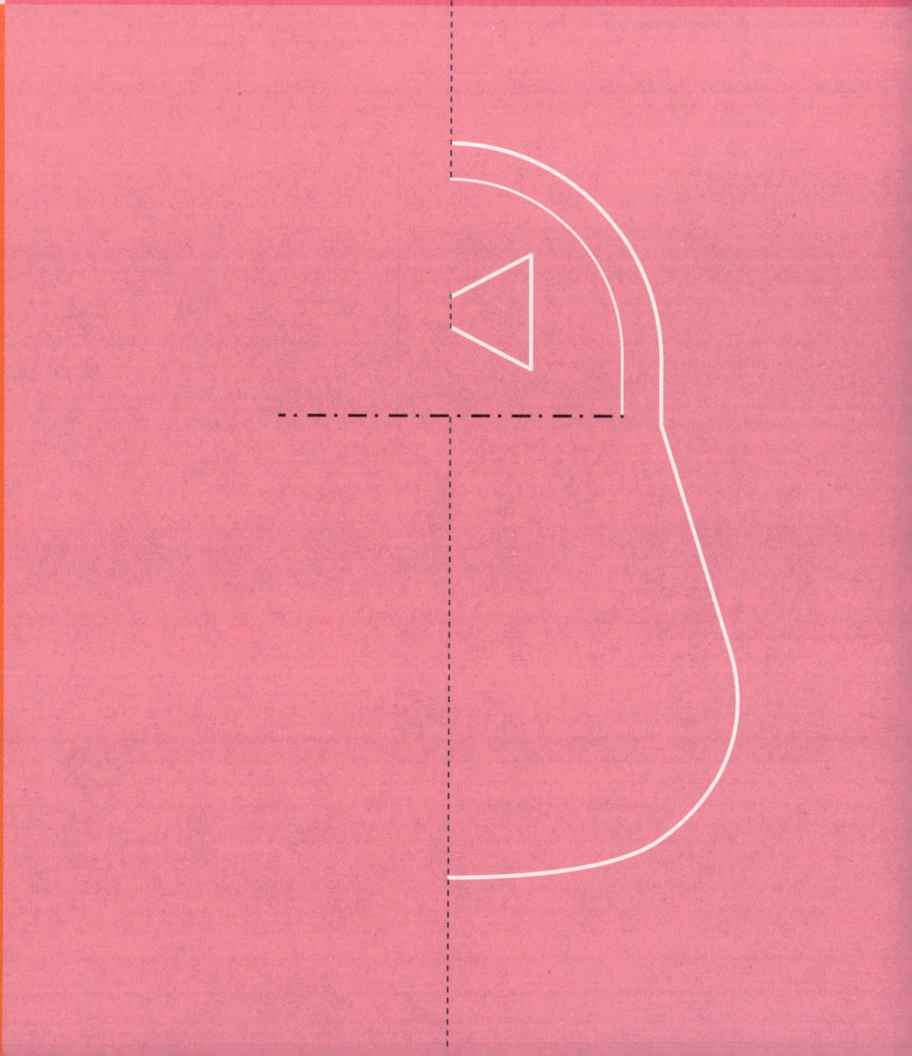

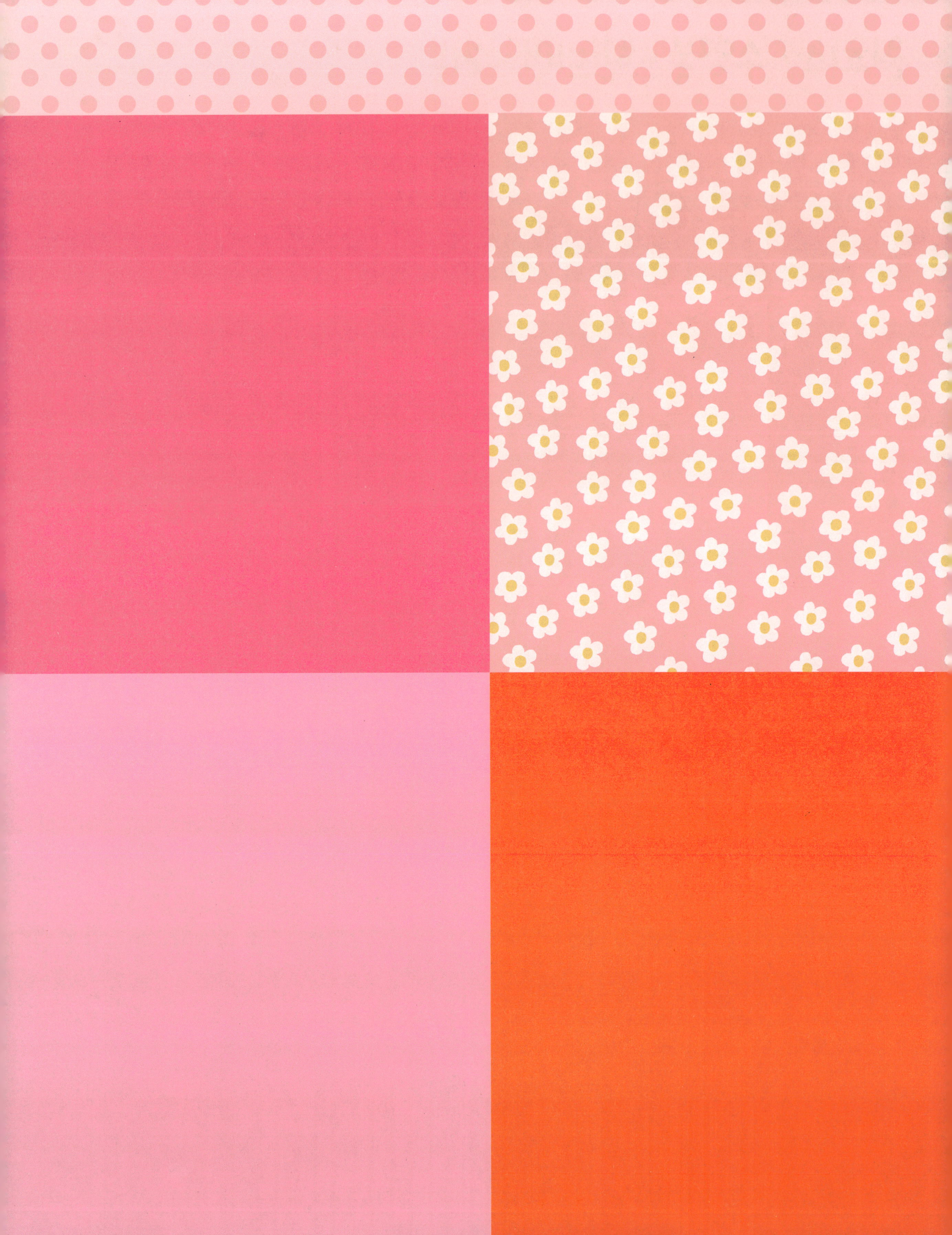

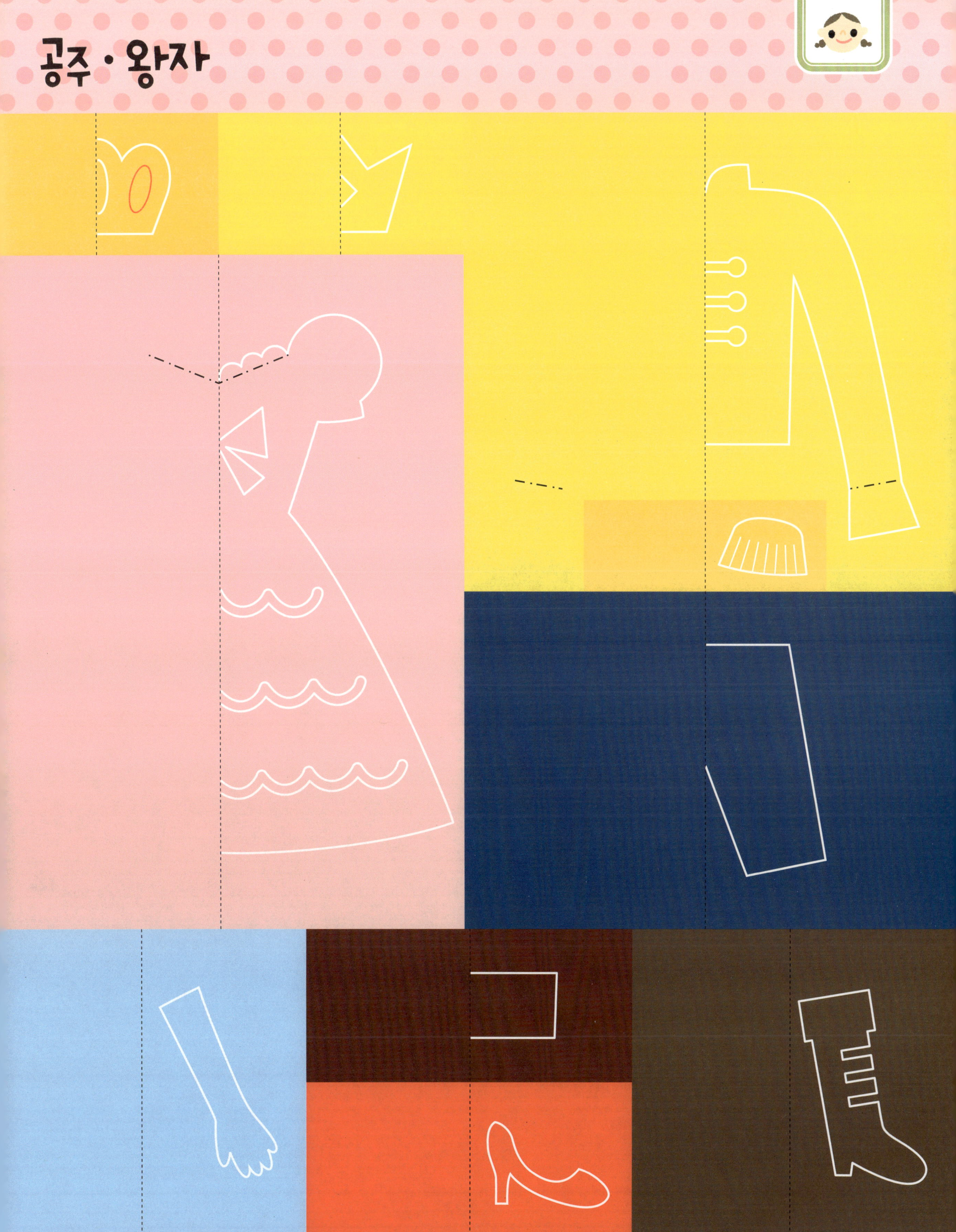

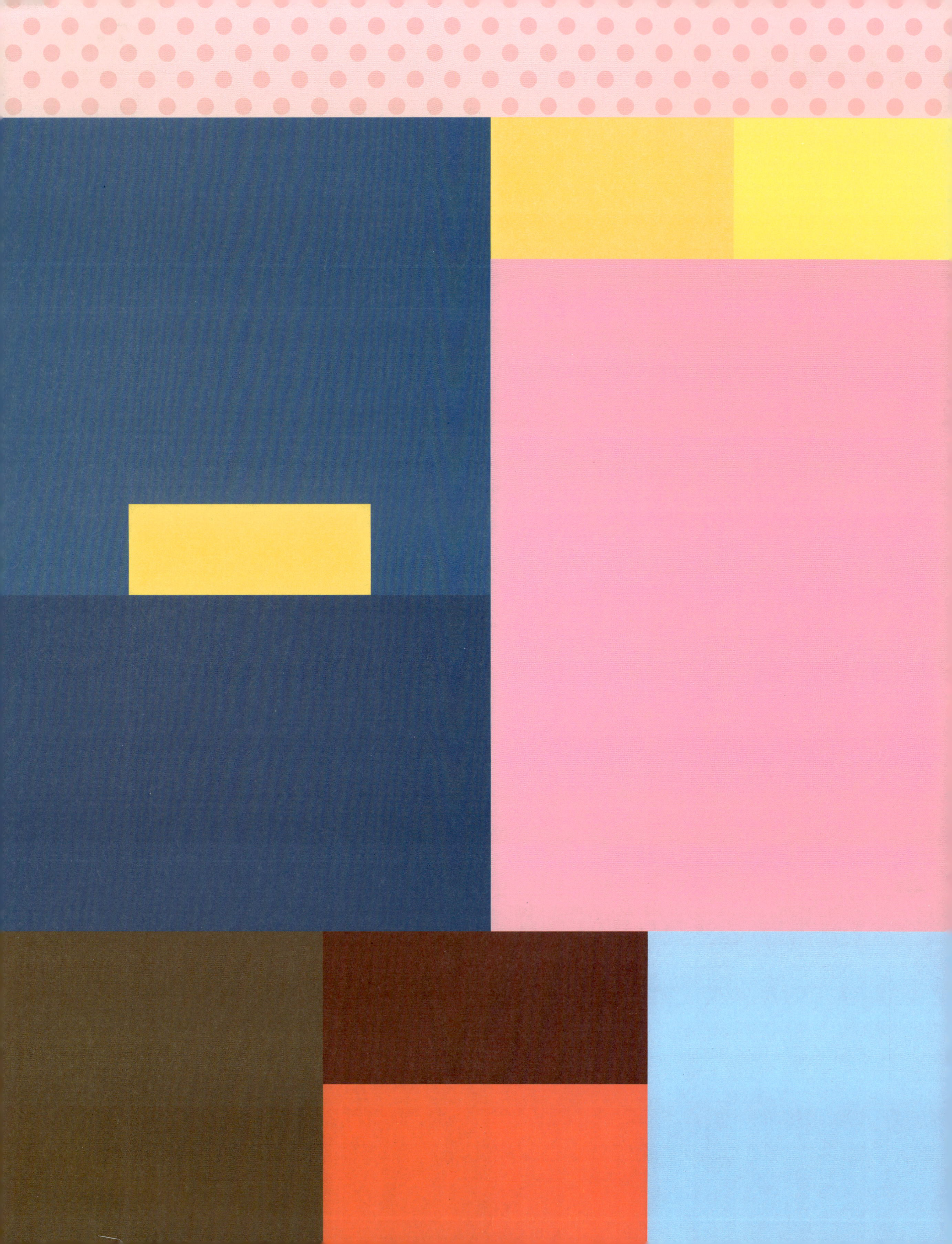

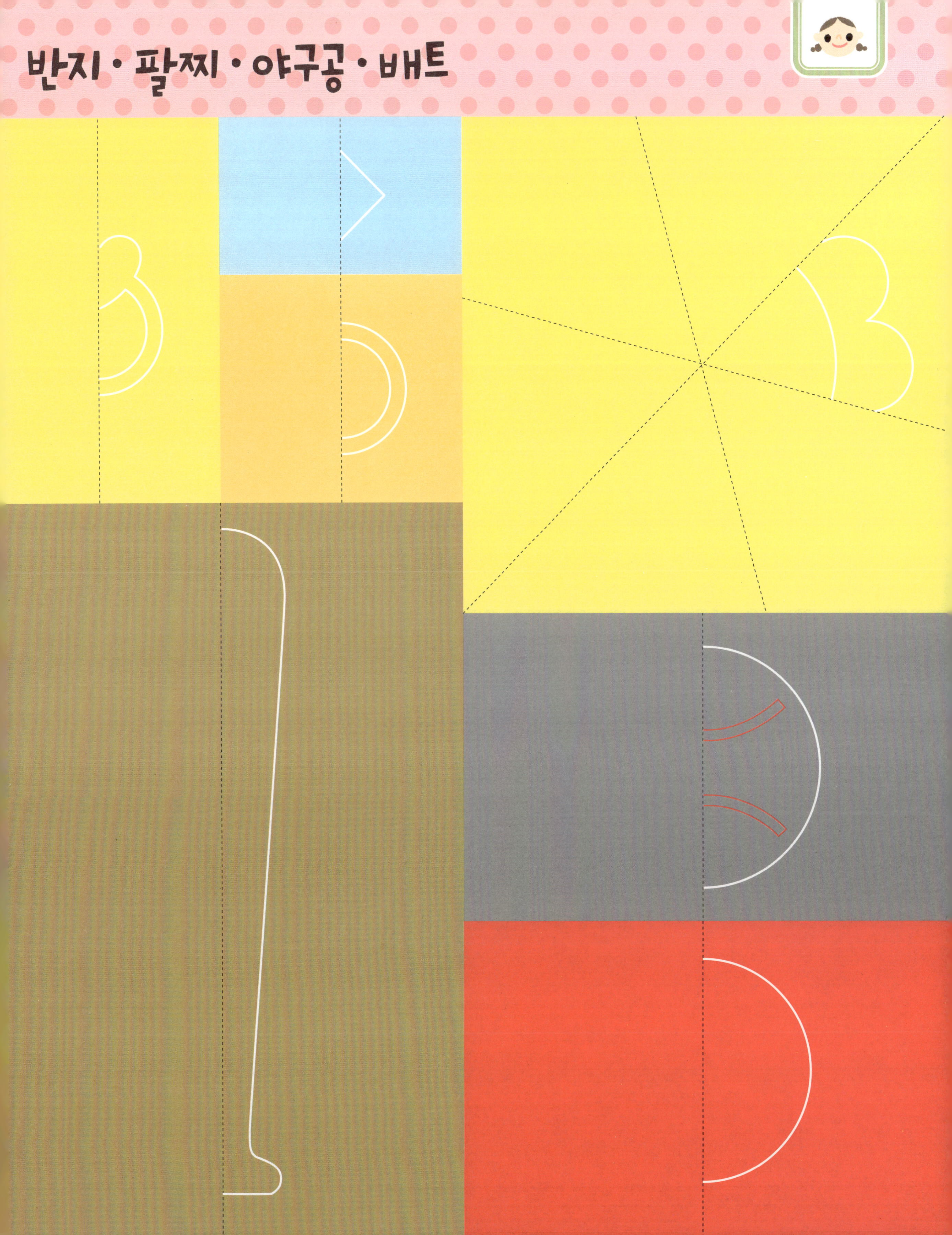

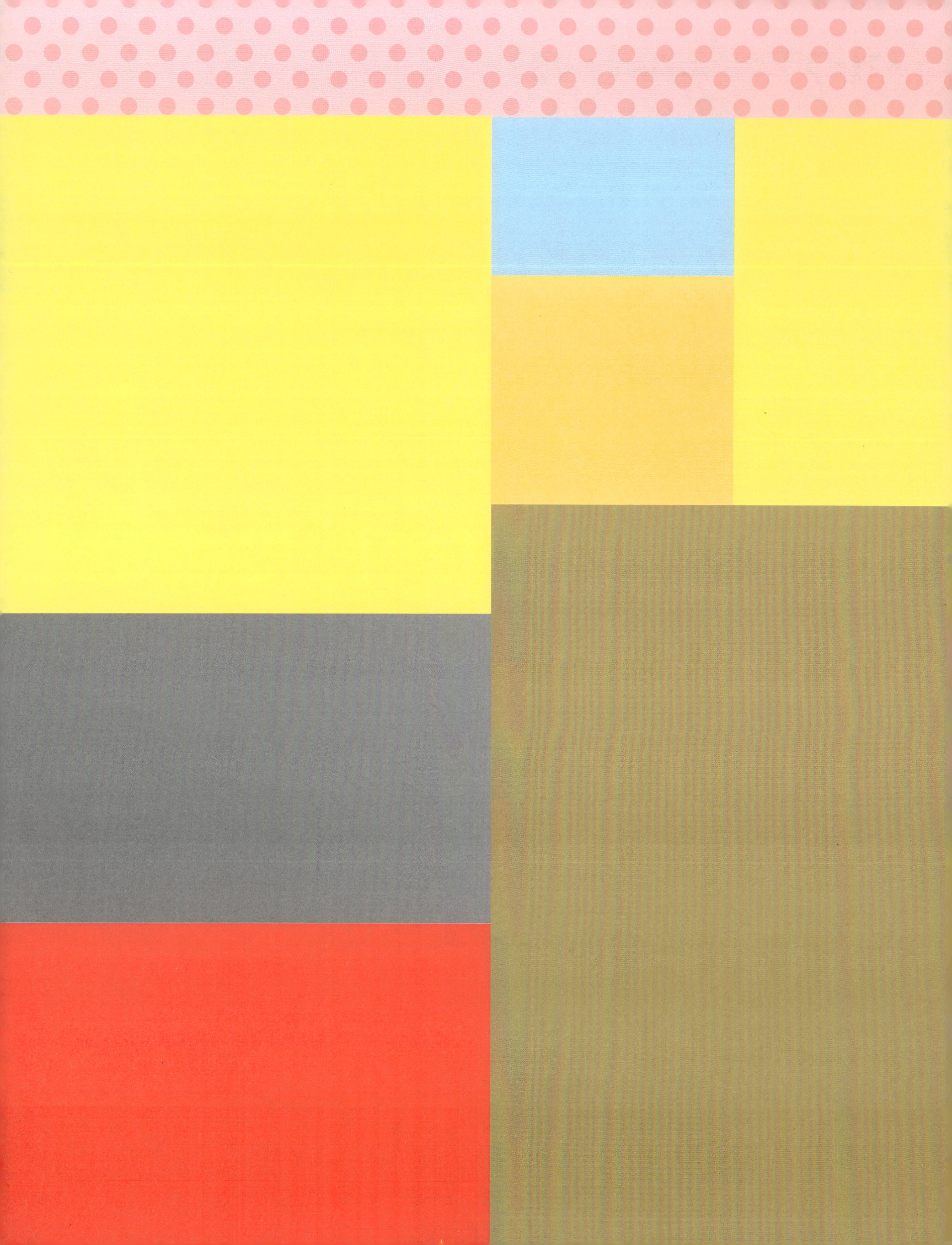

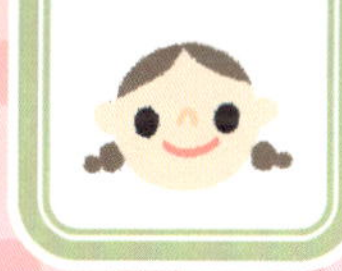

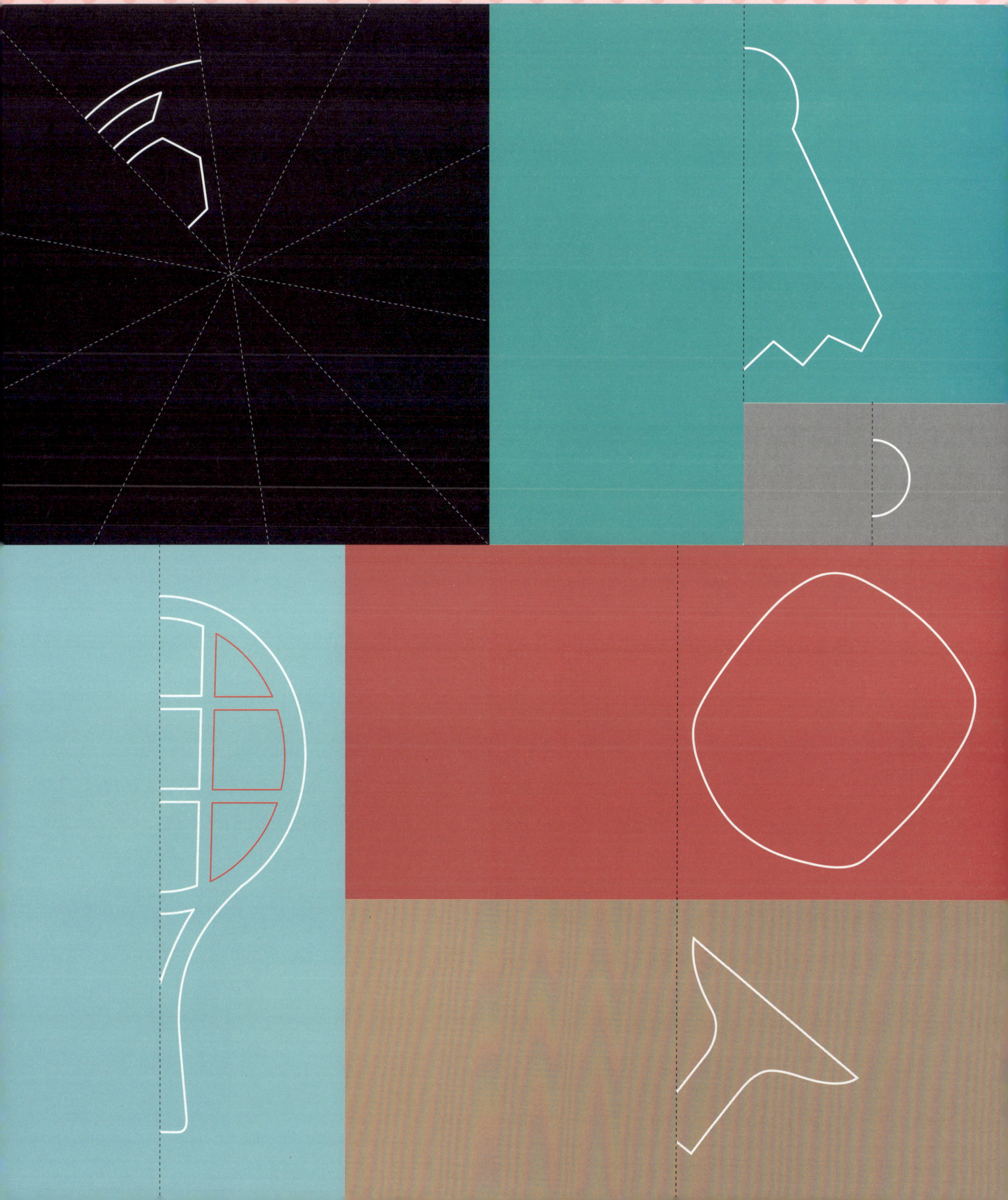

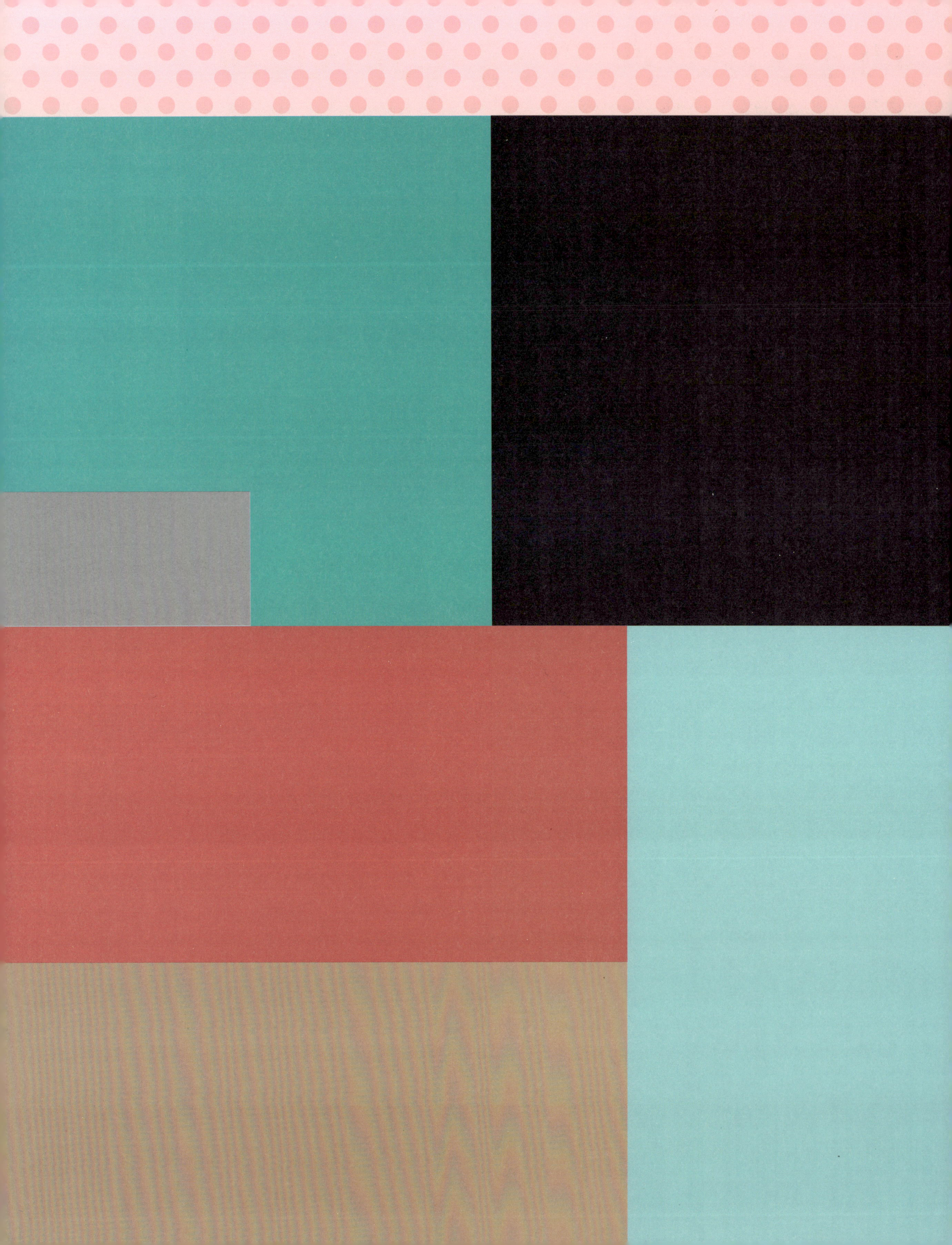

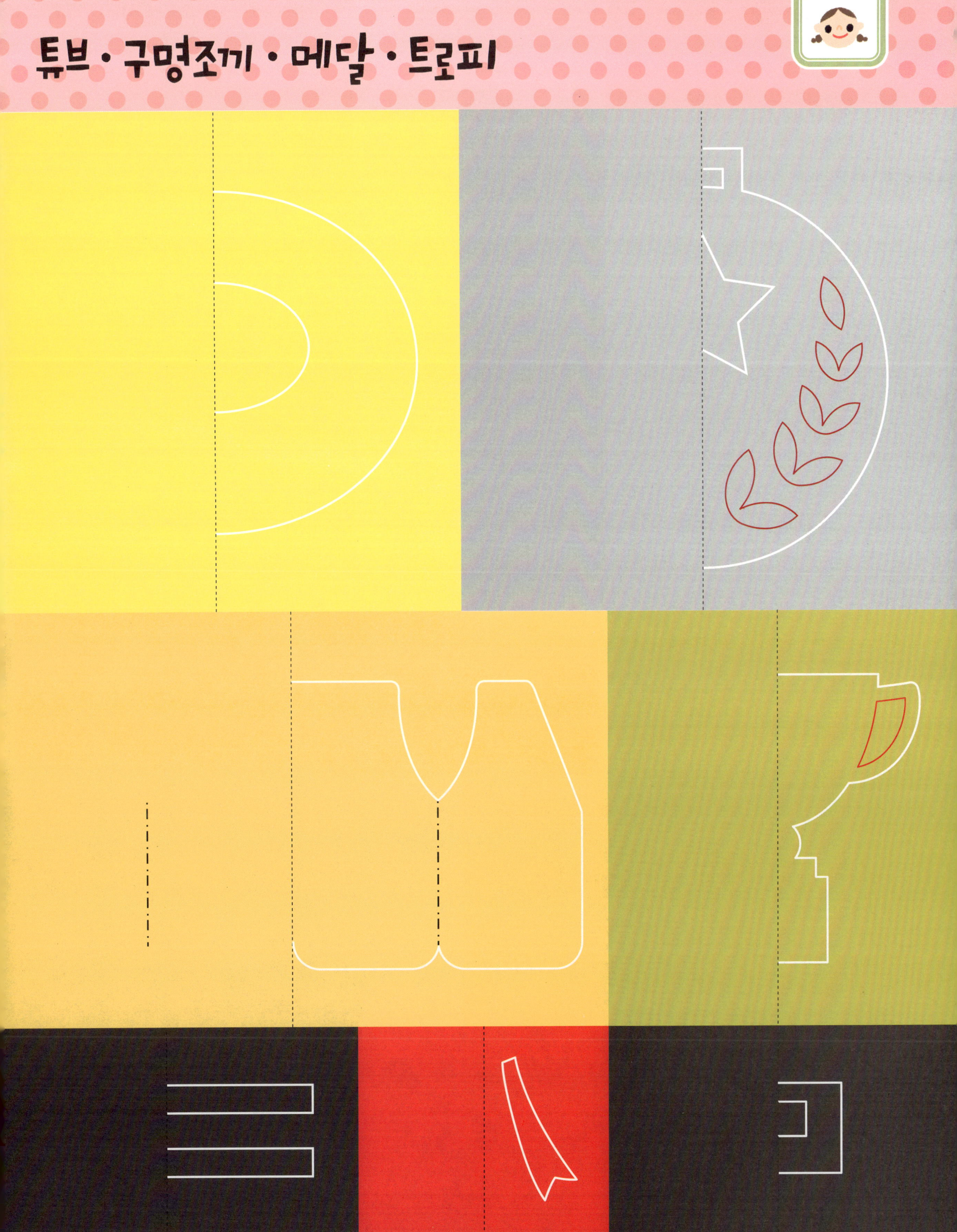

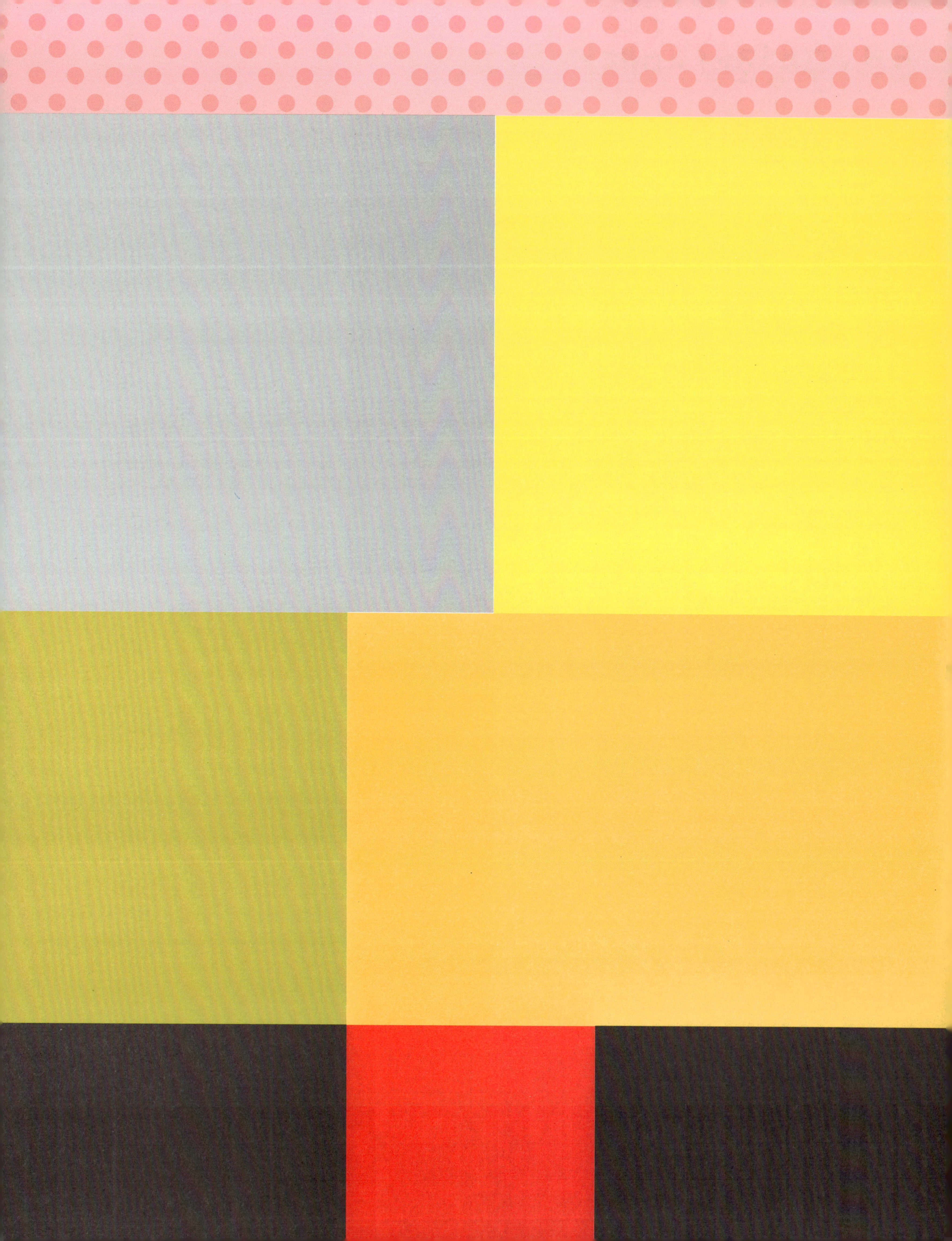